도올의 중국일기

제5권
세기의 대결

Doh-ol's Diary in China Vol.5
The Duel of the Century

통나무

대청루大靑樓

대수부평면도 大帥府平面圖

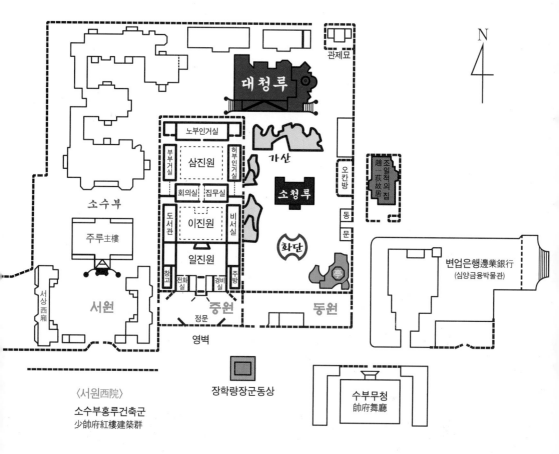

N

관제묘

대청루

노부인거실

부부거실 · 삼진원 · 허부인거실

회의실 · 집무실

가산

소청루

소수부

도서관 · 이진원 · 비서실

주루主樓

일진원

화단

정

오칸방

동문

조일적의집 趙一狄故居

변업은행邊業銀行
(심양금융박물관)

서상西廂

서원

청 · 전화실 · 경비실 · 주방

중원

동원

정문

영벽

장학랑장군동상

수부무청
帥府舞廳

〈서원西院〉

소수부홍루건축군
少帥府紅樓建築群

〈중원中院〉

삼진원三進院
노부인거실盧夫人居室
허부인거실許夫人居室
장학랑부부거실
　張學良與于鳳至居室
이진원二進院
회의실議事廳
집무실辦公室
도서관書齋
비서실秘書長室
일진원一進院
영벽影壁

〈동원東院〉

대청루大靑樓
관제묘關帝廟
가산假山
소청루小靑樓
오칸방五間房
화단花壇
정자亭

끝없이 펼쳐지는 똥뻬이의 너른 들. 심양 부근. 이 땅의 저력을 생각해보라!

위대한 스승의 도과

중국역사에서 쓰는 주요한 개념으로, "도과倒戈dao-ge따오꺼"라는 말이 있다. "창을 거꾸로 돌린다"라는 말이니 창을 무찔러야 할 적 편으로 향하지 않고 그 세력을 휘몰아 아군을 찌른다는 말이다. 이성계의 위화도회군도 "도과"라 할 수 있다. 명치유신의 실제주역인 사쯔마의 사이고오 타카모리西鄕隆盛, 1827~77가 명치천황에게 창끝을 들이댄 것도 일종의 도과라 할 수 있다(세이난전쟁西南戰爭: 사무라이 해체에 대한 반발로 일으킨 반정부 반란). 도과는 쉬운 말로 하면 "반역叛逆," 도과가 성공하면 "쿠데타," 혹은 "혁명"이 된다.

도과에는 야비한 놈들의 배신때림의 이야기도 많지만, 또 슬픈 사연도 많다. 이 도과의 한 주인공이 곽송령이 될 줄이야! 곽송령의 도과로 인하여 동북군 정예 7만 병력(5만으로도 기술됨)이 동북군을 치게 되는 불행한 사태가 벌어지게 된다. 이 사건을 중국현대사에서는 군벌전쟁 중의 하나로 꼽히는 주요사건으로 다루고 있는데, 보통 반봉전쟁反奉戰爭이라고 부른다. 1925년

11월부터 진행된 비극적인 대전쟁이었다. 더구나 이 전쟁은 존경하는 스승과 사랑하는 제자와의 피치 못할 운명적 대결이었다는 데 그 비극성이 더 짜릿하다.

나는 이 사건이 장학량 인생에 던져준 의미가 매우 심원하다고 생각한다. 다시 말해서 장학량이 일으킨 "서안사변"의 모든 프로토타입이 바로 이 "반봉전쟁"의 비극 속에 내재하고 있는 것이다. 서안사변에서 장학량은 곽송령의 역을 연출한다. 그러나 곽송령의 오류를 밟지 않는다. 반봉전쟁은 장학량이라는 인간형성에 너무도 중요한 교훈을 남겼던 것이다. 장학량은 반봉전쟁을 통해 인간세를 초월하는 거대인격으로 우뚝 설 수 있었던 것이다. 그런 의미에서 곽송령은 죽는 마지막 순간까지 자기 삶의 비운을 통하여 장학량에게 가르침을 준 위대한 스승이었다.

자아! 곽송령이 과연 왜 도과를 하였는가? 이 문제를 세밀하게 탐구하다 보면 역사적 사건의 디테일에 휘말려 대의를 파악치 못할 우려가 크기 때문에 그 대강만을 추려보기로 하겠다.

우선 제2차 직봉전쟁直奉戰爭(봉군奉軍 즉 동북군과 직계直系 연합군과의 싸움. 제1차는 1922년, 봉군 대패. 제2차는 1924년, 봉군 대승)이 끝나고 곽송령이 소외된 느낌을 받았다는 이야기는 이미 제4권에서 논의한 바와 같다. 곽송령은 군 내부의 문제에 관하여 장작림에게도, 장학량에게도 계속 개혁할 것을 건의했다. 그러나 그러한 건의는 시원스럽게 받아들여지지 못했다. 그때마다 이미 곽송령은 "반봉反奉"의 심사를 노출했지만, 장학량은 전혀 그것을 눈치채지 못했다. 곽송령이 근원적으로 "민주혁명民主革命"을 꿈꾸는 사람이라는 것은 누구든지 잘 알고 있었다. 그러나 장학량은 어려서부터 부친 장작림의 용인

술을 계승한 사람인지라, 곽송령을 전혀 의심하지 않았다. 장작림의 용인원칙은 이러했다: **"사람을 일단 썼으면 의심치 말라用人不疑, 의심나는 사람은 쓰지 말라疑人不用."** 장학량은 곽송령의 불만에 대해 "동정同情"을 표시했지, "제지制止"를 가하지 않았다. 장학량은 곽의 입장에 서서 곽을 이해하려고 노력했다.

제2차 직봉전쟁이 끝난 그 이듬해, 1925년 10월초 곽송령은 봉군奉軍을 대표하여 일본을 방문하였다. 그런데 곽은 일본에서 장작림과 일본관동군 사이에 많은 밀약이 오간다는 사실을 발견한다. 관동군의 참모본부의 중요직책을 맡은 인물들이 그가 봉군을 대표하는 것으로 생각하여 그러한 얘기들을 발설하였기 때문이다. 일본에 대해서 극도의 반감을 가지고 있는 곽송령으로서는 이러한 금시초문의 사태에 경악한다. 그리고 당장 닥친 일로서는

일본이 봉군에게 군화軍火(무기·탄약의 총칭)를 공급하여 곧 풍옥상 馮玉祥Feng Yu-xiang, 1882~1948의 "국민군國民軍"을 진공할 것이라는 정보였다.

곽송령은 더 이상 군벌간의 세력지도 확대를 위하여 전쟁을 벌이는 그러한 사태는 있어서는 아니 된다는 굳은 신념을 가지고 있었다. 중국군대의 존재이유가 같은 중국인을 죽이는 군벌간의

북양정부北洋政府 시기의 풍옥상

전쟁에 있어서는 아니 된다는 것이 그의 신념이요 철학이었다. 더구나 이러한 신념을 항상 부추기고 있는 것은 심양기독교청년회를 이끌고, 또 빈농학교 등 인도주의적 사업에 전념하고 있는 그의 부인 한숙수의 권면이었다.

한복구. 자는 향방向方. 하북 패현인霸縣人. 1910년에 풍옥상군에 들어가, 1925년 3월, 잠시 편성된 육군 제1사보병 제2려 여장이 되었고, 나중에 서북육군 제1사 사장이 되었다. 1926년 4월 육군중장이 되었다. 1928년 국민정부위원, 하북성 정부위원, 육군 제20사 사장, 12월에는 하남성 정부주석이 되었다. 1929년 북벌결속 후 풍을 버리고 장 휘하로 들어가 산동성 정부주석이 된다. 서안사변 때는 장학량 지지. 1937년 10월, 제3집단군 총사령, 제5전구 부사령장관이 됨. 1938년 1월 24일, 명령을 위반하고 제멋대로 철퇴했다는 죄목으로 장개석은 그를 무한에서 처형한다.

곽송령은 일본에서 풍옥상 국민군 괴멸작전에 대한 소식을 듣고 강렬한 의분을 느꼈다. 그리고 때마침 일본을 방문중이던 풍옥상 국민군의 대표 한복구韓復榘Han Fu-ju, 1890~1938(풍옥상의 심복으로서 풍과 운명을 같이했으나 최후에 풍옥상을 버리고 장개석 휘하로 들어간다. 그러나 장개석은 그를 말 안 듣는다고 처형해버렸다)에게 그 사실을 전한다. 곽의 마음은 이미 반봉으로 굳어져 있었다: "국가의 명운이 이렇게 위태로운 지경에 이르렀는데, 장작림은 아직도 개인권력을 위하여 국가를 팔아먹고 있소. 어떠한 상황에도 나는 이러한 계획에 찬동할 수가 없소. 나는 국가의 군인이지, 한 사적 개인의 주구走狗일 수가 없소. 장작림이 진정 국민군을 치려고 한다면 내가 장작림을 치겠소." 그리고는 한복구를 통해 풍옥상에게 같이 힘을 합쳐 장작림을 치자는 의향을 전한다. 그리고 동경에서 풍옥상의 막료인 웅빈熊斌Xiong Bin, 1894~1964(당시 국민군 제1군 참모장. 북경시장 역임. 대만에서 죽다)을 만나 "연풍도장聯馮倒張"의 결심을 굳힌다.

그런데 내가 생각키에는 곽송령이 풍옥상과 한 패가 된다는 사실은 곽송령의 생애에서 오점으로 남을 수밖에 없는 오판이었다. 풍옥상은 곽보다 나이가 한 살 위였는데, 중국 군벌의 역사에서 가장 컨트로버시가 많은 인물이었다. 그는 수단방법을 가리지 않고 상황상황에 유리한 쪽으로 대처하는 특유한 인생철학을 가진 인물이었다. 풍의 사전에는 지조라든가 변절이라든가 하는 단어조차 존재하지 않는다. 그는 그의 생애를 통하여 수없이 변절하는데 그로 인하여 "도과장군倒戈將軍"이라는 칭호를 얻는다. 중국역사의 흐름을 바꾼 뚜렷한 도과의 역정만 해도 9차례에 이른다.

제2차 직봉전쟁 때만 해도 그는 북경의 조곤曹錕 정부를 위하여 장작림을 열하 일대에서 치고 있었는데, 장학량은 그를 만나 50만 은냥을 건네면서 북경으로 도과케 한다. 그는 비밀리에 그의 군대를 이끌고 북경으로 잠입하여 그 유명한 "북경정변北京政變"을 일으킨다. 북양정부를 뒤엎고 총통인 조곤을 중남해中南海 연경루宴慶樓에 감금시키고, 조곤의 동생 조예曹銳를 자결케 하고, 오패부의 직위를 해제시킨다. 그리고 자신의 군대를 북양군계에서 이탈시켜 독자적인 "국민군國民軍"으로 만들었다.

중국역사에 "국민군"이라는 명칭은 풍옥상의 군대에만 쓰는 이름이다. 그런데 장작림은 풍옥상으로 하여금 북경정변을 일으키게 하면서 정변이 성공하면 북경으로 진입하지 않겠다는 약속을 했다. 그러나 장작림은 그 약정을 깨고 군대를 거느리고 북경에 진주하여 풍옥상을 배제하고 오히려 안휘파인 단기서段祺瑞에게 집정執政 명의를 주고 북경대권을 장악한다. 풍옥상은 이를 갈며 집정 단기서에게 사표를 던지고 서북변방으로 물러났다. 결국 풍옥상이 곽송령과 손을 잡고 반봉을 하게 되는 근원에는 이러한 사연이 배경을 이루고 있었다. 곽송령과 같이 의리를 고집하는 순결주의자가 악수할 손은 결코 아니었던 것이다.

1930년, 풍옥상은 염석산, 이종인 등과 연동聯同하여 장개석에게 대항한다. 이 사건으로 중원대전中原大戰을 인발引發시켰다. 장학량의 개입으로 패배하자 산동 태산에 은거했다. 항일전쟁시기에는 장개석 휘하에 들어가 제3, 제6전구 사령장관을 임任했다. 이 사진은 이즈음의 모습으로 사료된다. 그러나 곧 장개석에 의해 철직된다. 1946년 미국에 건너가 수리水利시설을 시찰하면서 장개석을 비난한다. 1948년 중국공산당의 초청을 받고 소련 여객선 승리호를 타고 오다가 흑해에서 배에 불이 나는 사고를 당해 질식해 죽었다. 66세였다. 이 사진의 모습이 끊임없이 변절하는 풍옥상의 인품을 잘 나타내고 있다.

풍옥상은 또 광적인 기독교도인 것으로도 유명하다. 그는 하남성에 주둔하면서 절이란 절은 모두 철거시켰으며 스님을 다 내몰았다(廢寺逐僧). 대상국사大相國寺를 시장으로 개성改成하고, 전 성에 훼불운동毁佛運動을 전개케 하였다. 모든 비구·비구니를 일률적으로 내쫓았으며 사원의 재산을 몰수하여, 학교, 구제원, 도서관, 혹은 오락시설로 변모시켰다. 그의 지배하에 있는 모든 성이 동일한 운명을 겪었다.

화북의 불교는 그로 인하여 쇠절衰絶케 된 것이다. 잘못된 예수쟁이는 하나님과의 언약만 믿고 인간세의 언약은 마음대로 변절하는 특유한 신념성향을 보이는데, 풍옥상은 그 전범이었다. 그런데도 그의 마지막 변절이 장개석에 대한 도과였기 때문에 중공측 자료에서는 풍옥상에 대한 평이 그리 나쁘지 않다. 주은래도 풍을 "견정堅定한 민주주의 전사"라고 말했다.

그런데 풍옥상과 곽송령의 제휴를 가능케 한 또 하나의 결정적인 이유는 풍옥상의 둘째 부인 이덕전李德全이 바로 한숙수와 연경대학 동창생으로서 매우 절친한 사이였다는 사실을 들 수 있다. 한숙수는 제3차 직봉전쟁은 있을 수도 없고, 있어서는 아니 되는 전쟁이라고 생각했다. 두 차례에 걸친 직봉전쟁으로 똥뻬이의 인민의 삶은 매우 피폐해 있었다.

소수의 권력을 위하여 인민의 삶이 너무 희생되고 있다고 그녀는 절실하게 느끼고 있었다. 전쟁할 돈으로 교육을 흥성케 하고 인재를 배양하고 실업을 개발하여야 한다. 인민이 헐벗고 추위에 떨게 만들 것이 아니라 풍요로운 삶을 향유하게 만들어야 한다고 주장했다. 똥뻬이는 그러한 실력과 가능성이 있는 곳이라고 역설하였다.

1925년 10월 24일, 곽송령은 장작림의 전보를 받고 귀국하여, 천진으로 파견되어 국민군을 분쇄하는 작전을 맡게 된다. 그는 장학량을 대표하여 제3방면군사령부를 조직, 전쟁준비를 했는데, 그 실내면인즉 무장반봉反奉의 준비를 가열차게 진행하고 있었던 것이다. 11월 13일, 장학량은 곽송령, 이경림李景林 등의 장령과 회의를 하여 국민군진공의 밀령을 내렸는데 이 자리에서 곽송령은 공개적으로 항명을 하며, 다시 3차전쟁을 할 수는 없다는 것을 통절하게 진술했다. 이때 비로소 장학량은 곽송령의 복심을 눈치채기 시작했다.

11월 19일 밤, 곽송령은 천진 국민반점에서 비밀회의를 소집했다. 11월 20일 곽송령은 군단장 장학량의 명의로 부대가 난주灤州(고조선의 강역에 속해있었던 난하灤河가 있는 곳)를 철퇴할 것을 하령했다. 11월 21일 곽송령은 난주 기차역에서 군사회의를 개최했다. 100명 정도의 지휘관이 참여했는데 이 자리에 부인 한숙수도 참여했다. 이 전쟁을 통하여 한숙수는 남편과 운명을 같이 할 것을 선언했다.

곽송령은 이 자리에서 국내전쟁은 인민에게 재난을 가져올 뿐이라고 역설하면서 다음과 같이 말했다: "장작림 대수의 빽을 믿고 나와 대적하고 있는 자는 양우정이다. 그 놈은 우리를 자기 지반地盤을 확대하는 수단으로만 활용하고 있다. 그들을 위하여 우리의 고귀한 목숨을 파는 짓을 무슨 명분으로 할 수 있단 말인가? 나는 결코 그런 짓은 할 수가 없다. 나는 이미 나의 행동방향을 정했다. 이번에 나는 국내전쟁에는 참가하지 않는다." 그러면서 곽송령은 장령들에게 동북군의 미래진로로서 두 개의 방안을 제시했다.

첫째는 군대의 기능을 전환시켜 뚱뻬이의 경제를 활성화시키고 내전에는 참가하지 않는다. 둘째는 끝까지 전쟁으로 일관하여 무력통일을 이룩한다. 이 두 개의 미래방안에 대하여, 참가한 장령들로 하여금 소신껏 싸인하게 했다. 대부분의 사람들이 제1안에 싸인했다. 물론 이들은 반봉서약서에도 싸인을 했다. 그러나 제5사 사장 조은진趙恩臻, 제7사 사장 고유악高維岳, 제10사 사장 제은명齊恩銘, 제12사 사장 배춘생裵春生 등 30명은 머뭇거리며 결정을 하지 못했다. 그리고 일부는 반대를 표시했다.

곽송령은 이들을 모두 체포하여 천진의 이경림李景林, 1884~1931(화북 조강인 棗强人. 보정군관학교 졸업한 후 흑룡강순방대에 들어감. 민국 초년, 흑룡강 제1사 참모장, 제1군사령. 제1차 직봉전쟁 후 동북육군 제1사 사장, 봉군 제2군 군장, 직례보안사령 겸 서 직례성장署直隸省長을 역임)處에 압송하여 구류케 하였다. 최후에 곽송령은 말했다: "나의 이러한 행동은 반역이오. 성공하면 문제가 없겠지만, 실패하면 죽음밖엔 없소." 한숙수는 따라 말했다: "저도 같이 죽겠습니다."

1925년 11월 21일 밤, 곽송령은 장작림과 양우정을 토벌한다는 통전을 발출했다. 그 3대주장은 다음과 같다: **1) 내전을 즉각 중지하고 평화를 가져오라! 2) 조국에 화를 입히고 일본에 아부하는 장작림을 하야시켜라! 그리고 주전主戰의 괴수 양우정을 징벌하라! 3) 장학량을 수령으로 옹립하여 똥뻬이 3성을 개혁하라!**

곽송령은 군대를 정편整編하여 5개 군으로 만들었고, 곽이 친히 총사령總司令직을 맡았고 포병사령이었던 추작화鄒作華Zou Zuo-hua, 1894~1973(보정군관학교, 일본육군사관학교 졸업. 항전시기 전국포병 총지휘, 대만에서 죽음)로 하여금 참모장을 맡게 했다. 기실 곽송령의 군대는 동북군 최정예부대였으며 그 기세는 나머지 동북군에 비할 바가 아니었다. 11월 23일, 7만 대군이 봉천(심양)을 향해 호호탕탕浩浩蕩蕩 진발進發하였다. 일장 혈전의 막이 드디어 올라갔다.

전혀 예기치 못했던 곽송령의 돌연한 조반造反은 장작림에게는 청천벽력이었다. 그는 자기 아들 샤오리우쯔가 곽과 한동아리라는 것을 알았기에 처음에는 둘이서 같이 기반起反한 것으로 오해했다. 진상을 정확히 파악한 장작림은 우선 양우정을 해직시키고 대련에 가서 퇴은退隱케 하였다. 11월 24일, 장학량은 아버지께 술과 눈물로 작별인사를 하고 진황도秦皇島(산해관 밑에 북대하北戴河 위에 있다. 진시황이 이곳에서 선약을 구했다하여 붙은 이름. 발해에 연접)로 갔다. 곽송령 신변의 일본인 의사 모리타守田福松를 통하여 면담을 요청하였으나 곽은 거절했다. 장학량은 하는 수 없이 곽에게 편지를 썼다. "무신형균감茂宸兄鈞鑑"이라는 말로 시작되는 편지는 간결한 문언체로 되어 있는

데 장학량의 학식의 깊이를 나타내는 좋은 문장이다.

"저를 옹립하시려는 대형大兄의 후의厚意를 입자옵고 그 융의隆誼에
감격할 따름이오이다. 제가 붕우로서의 의리를 배신할 리 없겠지만,
어찌 견리망의見利忘義하겠으며 아비를 배반背叛하오리까? 형께서
삼성三省을 통어統馭하시어 똥삐이를 새롭게 경영하시겠다는 의견에
관해서 형께서 스스로 얼마든지 가능한 일이라는 것을 잘 아시지
않습니까? 량良, 천만 번을 죽더라도 어찌 감히 승명承命하여 천추
오역千秋忤逆의 이름을 후세에 남기오리까? 군자는 사람을 덕德으로
아낄 줄 알고 오형은 저를 누구보다도 잘 아시는데, 하필 이렇게 상
핍相遍하여 대적할 까닭이 그 어디에 있겠습니까? 형께서 거병擧兵
하시는 그 마음은 제弟가 누구보다도 더 통량洞亮하고 있사옵니다.
군사행동만 자제하실 수 있다면 곧 협상이 시작될 것이며 제기되는
모든 문제는 해결이 어려울 것이 없습니다. 형님과 형수님, 일체 사후
조치에 관해서는 제弟가 목숨 걸고 부책負責하겠사오니, 곤경에 처하
시는 일은 절대로 없을 것이옵니다. … 학량돈수學良頓首."

이 편지에 대해서도 회신이 없었다. 11월 27일, 모리타를 통해 제2차 접촉
을 시도했는데 곽송령에게서 회신이 왔다. 정전停戰의 조건은 다음과 같았
다: 1) 산동 지역은 악유준岳維峻에게 귀속된다. 2) 직례 지역은 풍옥상馮玉祥
에게 귀속된다. 3) 열하 지역은 이경림李景林에게 귀속된다. 4) 곽송령은 봉천
성의 집정執政이 되어 똥삐이를 통장統掌한다. 타협의 여지가 없었다. 곽송령
은 직접 똥삐이를 통장統掌하겠다고 나선 것이다.

장학량은 단정지었다: "곽송령은 나의 명의를 도용하여 도과반봉倒戈反奉하였다. 이것은 명백한 망은부의忘恩負義이다. 그는 타도되어야만 한다." 장학량은 이러한 내용의 전단傳單을 곽군 지역에 비행기로 살포시켰다.

11월 28일 곽군은 산해관을 공점했다. 곽송령은 사령부를 산해관으로 옮기고 부대 명칭을 "동북국민군東北國民軍"이라고 바꾸었다. 그리고 관병官兵이 모두 "우리는 민중을 사랑하며 그들을 괴롭히지 않는다. 목숨 걸고 나라를 구한다.不擾民, 眞愛民, 誓死救國"라는 녹색표지를 찼다. 그리고 더이상 장학량의 명의를 도용하지 않고, "동북국민군 총사령"의 직함으로 통전했고 전국에 전고電告하였다.

장작림도 11월 30일 정식으로 토벌령討伐令을 발포한다. 심복인 장작상張作霜과 아들 장학량으로 하여금 연산連山 일대에 영전迎戰케 하였다. 이 지역이 바로 당태종의 군대가 고구려군과 대치하였던 곳이다. 12월 2일, 백년에 한 번 볼까말까 하는 대풍설大風雪이 요서遼西에 휘몰아쳤다. 당현종 때 당군과 신라군의 연합군이 등주에서 대설을 만나 대무예大武藝의 발해군에게 대패했던 장면을 연상케 한다. 장작림은 대설이야말로 곽군을 싸우지도 않고 괴멸케 할 수 있는 호기라 생각하고 희불자금喜不自禁하였는데, 웬걸, 곽군은 대풍설의 엄호를 역이용하여 연산을 쉽게 돌파해버렸다. 곽송령은 전략의 명장이었다.

12월 7일 곽군은 금주錦州(심양 서남방, 멀지 않은 곳. 요동만 북단)까지 공점해버렸다. 곽군은 파죽지세였다. 장작림은 온돌방에 드러누워 긴 담뱃대(아편)를 빨고만 있었다: "올라면 오라지! 결국 정치라는 게 경극과 똑같애. 곽귀신이 내가 무대에서 노래부르는 게 듣기 싫다구 지랄하는 거야! 그리고 나 보고 내려오라는 거야. 올라가서 노래부르고 싶으면 올라가라지 뭐! 난 무대에서 내려와 듣기만 하면 되지. 뭐 고생하면서 싸울 건덕지나 있나?"

장작림은 심각하게 하야를 고려하고 있었다. 사태가 이렇게 돌아가자, 일본관동군(당시 사령관은 시라카와 요시노리白川義則, 1868~1932: 시라카와는 나중에 상해 홍구공원에서 윤봉길에 의하여 제거된다)은 곽송령에게 먼저 추파를 보냈다. 관동군의 사자들은 금주에서 곽송령을 회견하고 "원조援助"의 조건으로 세 가지를 제출했다: 1) 장작림이 만주에서 일본과 맺은 일체의 조약을 승인한다. 2) 만주에 있어서의 일본의 일체의 우월지위와 특수권리를 보호한다. 3) 만주 경내에 좌파정당의 활동을 허가하지 않는다. 이 세 가지 조건을 받아들이기만 하면, 관동주의 북방한계선을 요양현遼陽縣까지 윤허하고, 관동군은 즉각 장작림을 심양에서 축출한다. 그러면 곽군은 일창일탄一槍一彈도 소비하지 않고 봉천성에 진입할 수 있으며 장작림의 지위를 대신할 수 있다.

곽송령은 즉각 거절했다.

"우리의 거사는 어디까지나 중국의 내정內政에 속하는 일이다. 귀국이 간섭할 사안이 아니다. 일본제국이 만몽에서 우월지위와 특수권리를 갖는다니, 도대체 그게 뭔 말인가? 우리의 거사는 궁극적 목적이 구장驅張(장작림 축출)에 있는 것은 아니다. 구장을 위해 국가민족을 팔아먹다니, 그게 될 말인가?"

"각하께서 일본제국의 우월지위와 특수권리를 인정하지 않으신다면, 우리 제국은 각하를 인정하지 않을 것입니다."

곽송령은 의분에 책상을 치면서 외쳤다: "어찌 그런 이치가 있을 수 있나? 너희 일본이 도리를 강구하지 아니 하고 중국 내정에 간섭한다면, 내가 너희 놈들을 헤어나올 수 없는 진흙구덩이에 빠뜨려 놓겠다!"

곽송령의 엄정嚴正한 애국입장은 추호의 타협도 있을 수 없는 것이었다. 곽송령을 자기편으로 끌어들이지 못한 관동군은 곧바로 장작림과 접촉한다. 곽과는 대조적으로 장은 일본의 요구조건을 1,000% 접수한다. 7개의 철로를 증축하는 것을 허락하고, 중국국가주권을 침해하는 모든 상조권商租權을 양보한다. 전쟁이 끝난 후에 장작림은 자기가 일본과 맺은 반곽밀약反郭密約, 그 모든 것을 후회한다. 그리고 양심에 가책을 받은 그는 자기 사재 500만 대양大洋(따양이란 당시 상해돈을 일컫는 말이었다)을 털어 일본 관방 사람들을 매수했지만 아무런 소용이 없었다. 오히려 그의 목숨만 날아갔던 것이다.

12월 15일 시라카와 관동군사령관은 대석교大石橋, 요양, 봉천, 무순, 철령, 개원開原, 장춘 등 14개 철로연선에 일체의 무장부대가 진입하는 것을 막고 곽군의 통과를 봉쇄시켰다. 그리고 2개 사단 병력을 봉군 지원에 투입하고, 곽군에 비해 취약한 포병을 강화시키고 막대한 탄약을 지원하였다. 봉군은 숨을 돌리기 시작했다. 최후의 결전지는 "거류하巨流河"였는데, 그 동안東岸에 밀집한 장작림 병력은 6·7만 명 정도였다.

장학량은 도도히 콸콸 흘러가는 거류하의 물결을 바라보니 감개가 만단萬端이었다: "우리 운명에 이런 이야기가 쓰여져 있었나보지? 강무당에서 공부할 때 우리는 바로 이 거류하에 와서 작전연습을 했단 말야. 여기 지형은 우리 두 사람이 제일 잘 알지. 학생과 선생이 이제 여기서 진짜 고하高下를 가리게 생겼군!"

이 전쟁의 전개과정에 관해서는 구구한 설명이 필요없을 것 같다. 아무리 곽송령군대가 초기에 강세를 보였다 할지라도 엄동설한에 시간을 끌면 끌수록 곽군대는 보급이 차단되었기 때문에 불리해질 것은 정한 이치이다. 12월 22일, 추위와 식량, 탄약 결핍에 시달리는 곽군은 시간을 끌지 않기 위해 총공격명령을 내렸다. 그런데 오준승吳俊升은 흑룡강 기병대를 이끌고 백기보白旗堡에 있는 곽군의 탄약고를 폭파시켜 버렸다. 곽군은 엄중한 타격을 입었고, 사기가 저락했다.

장학량은 애초부터 위대한 전략을 짜고 있었다. 장학량은 "공심攻心"전략으로 이 전쟁은 승패가 날 수 있다고 생각했다. 곽송령과 장학량은 실전을 시작한 지 무려 7년 동안 계속해서 합서판공合署辦公(같은 부서로 일함) 해왔다. 다시 말해서 곽송령의 부하는 모두 장학량의 부하였던 것이다. 더구나 장학량은 인품이 온화해서 부하들의 사랑과 존경을 받았다. 그리고 부하들에게 더 권위 있는 것은 곽보다는 장이었다.

장학량은 비행기로 계속 전단을 살포했다: "라오장지아르언老張家人뿌따라오장지아不打老張家"(장가인이 된 사람은 장가를 치지 않는다). 매우 간단한 전단이지만 "라오장지아老張家," 이 한마디만 해도 보통 사람들의 정서를 동요시키기에 충분했다.

한 병사가 이렇게 외쳤다: "장가張家 덕분에 먹고, 장가 덕분에 입었는데, 곽도깨비 따라 조반造反을 하다니, 이건 정말 집안에 원한을 부르는 일이다!

吃張家, 穿張家, 跟着郭鬼子造反眞是冤家!"이러한 생각은 순식간에 퍼져 나갔다.

그리고 장학량은 전선에서 직접 확성기로 외치면서 이런 정서를 자극시켰다. 12월 23일 밤, 곽송령은 군사회의를 소개召開하였다. 장령들의 태도는 통일될 수 없었다. 추작화鄒作華, 고기의高紀毅 등은 "정전의화停戰議和"를 적극 주장했다. 12월 24일 새벽부터 일선에 나아가 직접 진두를 지휘했으나 이미 병사들의 대부분의 마음이 장학량에게 쏠려 있었다. 그들은 그들의 진정한 상관은 장학량이라고 생각할 수밖에 없었다. 장령 중에서도 "정전의화停戰議和"를 주장하는 사람들이 대세를 이루기 시작했다. 결정적인 것은 추작화鄒作華가 포병여단을 철회해버린 것이다. 곽군은 대궤大潰해버렸다.

대세가 이미 끝나버린 것을 파악한 곽송령은, 12월 24일 새벽, 부인 한숙수와 막료 몇 사람과 200여 명의 호위대를 이끌고 전선을 탈출했다. 탈출하기 전에 곽은 충직한 군장軍長 제운霽雲에게 나머지 병력을 모아 구방자溝幇子, 금주錦州 방향으로 안전하게 피신할 것을 부탁했다. 추작화는 곽송령이 떠나는 것을 확인하고 각 군에게 진공進攻을 정지할 것을 명했다.

그리고 장작림에게 전보를 쳤고, 장학량에게 직접 전화를 걸어 보고했다: "무신은 이미 떠났습니다. 부하들은 무기를 내려놓았습니다. 모든 것은 장악되었습니다. 군단장께서는 마음놓으시기 바랍니다."

곽송령 일당은 신민新民을 떠나 금주錦州 방면으로 향했는데, 말을 타고 빨리 도주했으면 그나마 피신이 가능했을지도 모른다. 똥뻬이 지역만 벗어나면 당시는 곽이 살 수 있는 길이 많았다. 장작림의 세력권만 벗어나면 곽송령과 같은 재사는 타 군벌이나 국민당에게 유용한 인물이었다. 그러나 불행하게도 부인 한숙수가 말을 탈 줄 몰랐다.

곽송령은 기마를 포기하고, 한숙수와 둘이서 농민복장을 하고 노새 구루마를 타고 갔다. 신민 20리 밖에서 봉군 왕영청王永淸Wang Yong-qing 기병대에게 추적당하였다. 곽송령 부부는 어느 농가의 채소창고 구석에 웅크리고 있는 채로 체포되었다. 24일 오후, 곽 부부는 요중遼中의 라오따황老達房 사오꿔위앤燒鍋院으로 압송되었다.

장작림은 전화를 받고 흔희약광欣喜若狂, 이와 같이 말했다: "그 놈의 곽도깨비 새끼 봉천으로 빨리 보내라우. 내가 내 손으로 직접 창폐槍斃해버리갔어!" 전화를 끊고 곰곰이 생각하더니 다시 전화기를 들었다: "곽도깨비 새끼 내가 직접 좀 봐야겠다야. 내가 사람을 보낼 테니 거기 좀 그대로 놔두라우. 내가 직접 심문해서 왜 조반造反했는지 그 이유를 조사해야겠다야!"

이 소식을 전해들은 양우정은 근심이 천근만근, 야장몽다夜長夢多라, 급히 선수를 쳤다. 장작림이 직접 심문하면 자기 죄상이 낱낱이 들춰질 것이고, 또 장학량은 어떻게 해서든지 그의 목숨을 구할 것이 뻔한 이치였기 때문이다. 양우정은 장작림에게 후환을 근절하기 위해 곽을 즉살卽殺할 것을 간곡히 진언했다. 1925년 12월 25일 오전 10시, 라오따황에서 5리 떨어진 곳에서 고금산高金山에 의하여 총살이 집행되었다.

형장에서 곽송령은 낯빛이 변함 없이 동삼성 인민에게 이와 같이 유언遺言

참으로 눈물겨운 사진이다. 한숙수는 당대 최고의 엘리트여성이었고 휴매니스트였다. 곽송령은
육군대학을 우수한 성적으로 졸업한, 군인으로서는 다방면의 모든 실력을 갖춘 엘리트 사령관이
었고 문무를 겸비했다. 이 찬란한 부부가 같이 찍힌 사진은 오직 이것 하나뿐이다.

했다: "나는 대의를 위하여 일어섰으나 적을 몰아내지 못했으니 죽는 것은 당연한 일이로다. 훗날 동지가 있게 되면 이 피의 길血道을 밟고 오리라." 이때 곽송령의 나이 42세, 한숙수의 나이 35세였다.

처형된 시신이 봉천 소하연체육장小河沿體育場에 갓 옮겨졌을 때의 모습이다. 시민들이 경구심을 가지고 쳐다보고 있는 모습이 인상적이다. 당시 이 시체는 사흘 동안 폭시되어 군중에게 공개되었는데 매일 수천수만 명이 몰려들었다고 한다. 이것을 중국말로 "징일경백懲一儆百"이라고 하는데 하나를 벌하여 백 사람에게 경종을 울린다는 뜻이다.

곽송령의 죽음을 쳐다보는 오늘 우리의 심정은 소위 "운동권논리"를 반추하는 심정이 된다. 곽송령의 이념이나 그 주장하는 내용은 이성적으로 크게 오류가 없다. 그러나 자기 존재가 처한 장場, 그 권력을 가능케 하고 있는 장 전체에 대한 파악이 부족하고, 자기 이념의 정당성을 실현하는 방법이 정당치 못했다. 풍옥상과 결탁한 것도 잘못이고, 자기를 그렇게 신뢰하는 장학량에게 도과한 것도 잘못이다. 동북삼성의 인민을 위해서라면 보다 더 인내하고 학량을 교육시켜 대의를 도모하는 타로他路를 개척할 수 있었을 것이다.

이념의 정당성과 실천의 정당성은 차원이 다르다. 이념의 정당성은 초시간적이지만 실천의 정당성은 철저히 시간적이다. 현실적 시공 내에서 한 걸음 한 걸음 나아가는 수밖에 없다. 오늘 우리나라 민주당이 분열하고, 진보세력이 붕괴되는 것도, 이념만 살아있고 대의를 위한 실천이 부재하기 때문이다.

장학량은 곽이 처결되었다는 소식을 듣고 통석痛惜을 금치 못했다: "**전장에서 내빼지만 않았어도 그는 결코 죽지 않았다.** 如郭不走, 決不致死。" 장학량은 그가 심양에 오면, 아버지에게 간청하여 그 부부를 해외유학을 보낼 계획이었다. 장학량은 그만한 권한과 권위가 있었다. 장학량은 반봉전쟁을 진압한 장본인이었고, 그 과정에서 부하들의 신임을 얻었으며 또 봉군 전체를 완전히 장악하는 권위를 확보했다.

장학량은 곽의 도과에 가담한 장령과 부하들 전원을 사면하고 일체 스트레스를 주지 않았다. 그는 그들의 행위는 오직 곽송령의 리더십에 의한 것일 뿐이며 곽송령 한 사람의 과보로 그들의 업보는 다 씻기는 것이라고 생각했다. 장작림의 심복이며 생각이 깊은 장작상은 이러한 장학량의 처사를 환영

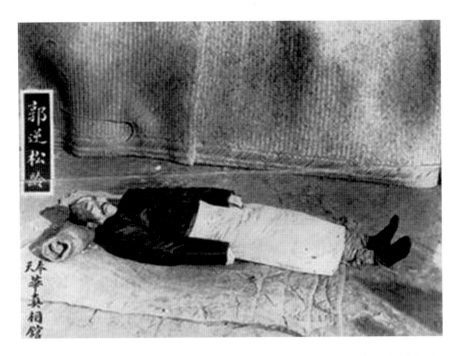

이 두 사진에는 "곽역송령郭逆松齡"과 "곽역송령지처郭逆松齡之妻"라는 글씨가 쓰여져있는데 그 밑에 "봉천화진상관奉天華眞相館"이라는 글씨가 있다. 이것은 장작림이 제작한 포스터(화진사진관 촬영)인데 동북삼성 각시, 각현 전역에 붙였던 것이다. 지금 감각으로 보면 끔찍하게 보이지만, 장작림이 각박하지만은 않았던 것을 알 수 있다. 피묻은 시신을 깨끗이 씻었으며 새로운 의복을 입혔고 벼개와 자리를 깔아 시체를 찍었다. 마지막 예의는 차린 것이다. 사형 후 가족이 모두 도난逃難했기 때문에 친우들이 소동문小東門 밖 주림사珠林寺에 잠시 두었다가 9·18사변 후에 가향으로 옮겼다. 1948년 양자 곽홍지郭鴻志가 심양 동릉구 7칸방묘지로 이장하였다. 장학량은 늙어서까지도 곽송령을 그리워 했다.

하고 장작림을 설득시켰다. 봉군은 곧 질서를 회복했다. 장학량의 사람을 포용하는 거대한 흉금과 평시의 위망威望 속에서 반봉의 상흔은 일어나지 않은 일처럼 사라졌다. 나중 일이지만, 장학량은 아버지의 사후에 자기에게 반기를 드는 기미를 보이는 양우정을 가차없이 처단해버렸다.

곽송령 부부의 시체는 봉천으로 이송되어 소하연小河沿 체육관 앞광장에 3일 동안 폭시暴尸되었다. 매일 수천 관중이 시체를 둘러쌌다. 그리고 폭시되는 장면은 사진을 찍어 포스터로 만들어 동삼성 각시各市, 각현各縣에 붙여 설한泄恨케 했다.

장학량은 곽송령의 목숨을 구하지 못한 것에 대해 계속해서 가슴에 멍이 들었다. 그 내구內疚의 심정은 점점 원한으로 비하되는 것이 아니라, 곽송령에 대한 회념懷念, 사모의 심정으로 승화되어 갔다. 이듬해 장학량이 요한상饒漢祥에게 보낸 편지를 보면 그 심정이 잘 나타나있다.

> "나 리앙良(본인을 지칭할 때, 이름의 마지막 한 글자로 말한다)은 무신과 공사共事한 지 7년이요. 그 우의가 골육보다 더 진했는데, 지난 겨울 그가 거사한 일이 노망魯莽키는 하다고 하나, 내가 사전에 그의 의중을 알아차리고 미리 방비했어야 했던 일이오. 일이 낭패로 흘러간 후에는 도움을 줄 수가 없었소. 지나간 풍진을 기억하면 오직 나 리앙良만이 부끄러울 뿐이라오."

장학량의 타고난 성품이 얼마나 너그럽고 선생을 모시는 마음이 얼마나 지극했나를 알 수 있다. 그 뒤로도 그가 어려운 일로 곤욕을 치를 때마다,

이렇게 탄식하곤 했다: "아~ 무신이 옆에 있다면, 내 어찌 이 따위 일로 곤혹스러워 하리오?"

장학량이 언젠가 자기 부하인 주광목朱光沐이란 인물(군단 군법처장)에게 보낸 편지에는 이와 같은 이야기가 적혀있다: "요즈음 『정관정요貞觀政要』를 읽다보니 이세민의 성공대업이 결코 세민 개인의 공훈이 아니라는 생각이 드는군. 그가 공업을 이루도록 도와준 많은 명신이 있지만 위징魏徵을 능가하는 공신은 없지. 위징이야말로 제일절대공신이야. 한 번 간해서 안 들으면 두 번 간하고, 두 번 간해서 안 들으면 세 번 간하고, 마음을 가지고 있는 인간이 어찌 안 들을 수 있겠나? 더구나 세민은 영명한 인물이지 아니 한가? 나는 지금 내 옆에서 난관을 무릅쓰고 간해줄 무신茂宸이 없어! 무신을 내가 잘못 다스린 게 죄야! 무신에게 보다 적합한 직위를 주어야 했어! 내 인생의 가장 큰 과오는 내 주변에 진정으로 간할 사람이 없었다는 것이지." 이것은 좀 맥락을 달리하는 언급이지만, 곽송령이 반봉反奉을 하지않고 장학량과 함께 동북군을 지켰더라면 대륙은 공산당에게 장악되지 않았을 가능성도 있었다.

고구려패러다임이 건강한 20세기 중국의 주축으로서 장개석과 모택동을 다같이 잠재웠을 수도 있었다. 허나 이러한 클레오파트라의 코와 같은 이야기들은 단지 우리의 이매지네이션을 자극하기 위한 멘트일 뿐이다. 곽송령의 죽음은 가장 건강한 동북세력의 한 축의 궤멸이다. 어린 장학량은 진실로 곽송령과 같은 성숙한 명장의 보좌를 필요로 하는 인물이었다.

1981년, 9·18사변 50주년을 맞이하여 장학량이 지난 일을 회고하는 자리에서 그는 장탄長嘆하면서 이와 같이 썼다:

"만약 그때 곽송령이 무사히 살아있었더라면 일본인은 감히 9·18사변을 일으키지 못했을 것이다."

이 회고는 중대한 의미를 지닌다. 9·18사변에 대한 그의 "부저항"이, 음모와 술수의 도사, 그 어리석은 장개석의 "필선안내必先安內"의 명령으로 빚어진 사건이라 해도, 그 사건에 대처한 자신의 결정에 오류가 있었음을 본인이 시인하는 내용이기 때문이다. 장학량이 자기가 타도한 곽무신에 대하여 이토록 심절深切한 면회緬懷를 가지는 그의 품성을 생각할 때, 서안사변에서 왜 그가 스스로 타도한 장개석을 그토록 옹호하는 입장을 취했는지에 관해서도 이해가 가는 구석이 있다.

내가 하는 행위가 아무리 옳은 일이라 하더라도 주변 인간들에게 의리를 저버릴 수는 없는 것이다. 자기희생의 길이 거시적으로 더 나은 결과를 낼 수 있다는 것을 곽의 반봉사건을 통하여 깨달은 것이다. 장학량은 주어진 생애의 사건 속에서 철저한 교훈을 얻을 줄 아는 인간이었다. 이것이 고구려패러다임의 거대인격이 아니고 또 무엇이리오!

거대한 똥뻬이의 들판. 곡창지대. 일본은 이 땅을 빼앗는 것만이 대륙 전체를 삼키는 첩경이라고 생각했다.
중국침략의 중핵부대인 관동군關東軍의 터전이기도 했다.

장작림과 일본

자아! 이제 장작림과 일본의 관계에 대해 잠깐 살펴볼 필요가 있다.

장작림이 친일인가 아닌가, 이런 문제는 실상 매우 복잡해서 일률적인 평가가 어렵다. 훗날 장학량의 구술에 의하면 자기 부친은 일본세력을 이용하여 주체적인 동북을 건설하려고 노력했다고 옹호했다. 일본에게 겉으로만 대응하였으며, 오히려 일본의 침략을 연기시켰다고 말했다. 자기 부친은 결코 매국賣國할 인물이 아니었으며, 똥뻬이에 대한 사랑 때문에 일본놈들에게 살해되는 비극의 씨앗을 일찍 뿌려놓았으니 그는 민족영웅이라 해야 한다는 것이다.

그러나 우리 민족의 입장에서 보면, 3·1민중독립항쟁 이후 많은 조선의 지사들이 만주로 건너가 독립군을 조직하고 항일무장투쟁을 전개하자, 일본은 훈춘사건을 조작한다. 그리고 자국민 보호를 위하여 마적을 토벌해야 한다는 구실하에 대규모 병력을 출동시켜 똥뻬이 지역의 조선인을 무차별 학살하는 만행을 저질렀는데 이것이 모두 장작림의 묵인 내지는 후원하에 이루어진 것이다. 조선민중에게 장작림은 원망의 대상이었다. 봉오동전투, 청산리대첩, 그리고 경신참변의 참혹한 역사가 모두 장작림의 일본비호하에 이루어진 것이다.

그런데 장작림에 관해서 그가 일본으로부터 똥뻬이의 땅을 지키려 했다는 이야기도 실록으로서 전해내려오고 있다. 다음의 일화는 실화로서 사가들이 의심치 않는다. 장작림은 빈농출신이었기 때문에 땅의 고귀함을 잘 알고 있었다. 어느날, 장작림이 출석한 일본고관들의 주회酒會였는데, 술잔이 세 번 돌아가고 나서, 한 명류名流임을 자처하는 일본인이 지필묵을 깔고서 장작림에게 서도를 부탁한 것이다.

일본인들은 장작림이 토비출신이며 무식하다고 생각했기 때문에 사람들이 보는 앞에서 망신을 줄 생각이었던 것이다. 장작림이 무식하기는 하지만 그는 어려서 서당에 기웃거렸으며 학식에 대한 끝없는 동경이 있었다. 더구나 그는 고구려 고토에서 태어난 인물이다. 고구려인은 아무리 평민이라도 "송경습사誦經習射"가 기본이라 했으니 무식한 듯이 보이는 인물에게도 경학의 소양이 다 깔려있었던 것이다. 그런 것을 "문화"라 하는 것이다. 대수부 건물의 품격을 보아도 장작림을 단지 무식한 인간으로 치부하는 것은 넌센스다.

장작림은 순간 과감하게 붓을 잡더니 전지全紙에 크게 호랑이 "호虎"자를 휘갈겼다. 그리고 그 밑에 장작림이 쓴 글씨라는 것을 나타내는 제관題款을 마치고 제자리로 돌아갔다. 명류라는 일본인은 장작림의 제관을 보고 기대했던 바가 나왔다는 듯 깔깔 웃어댔다.

장작림은 제관을 "장작림수흑張作霖手黑"이라고 썼던 것이다. 그러자 장작림

장작림을 무식하다고만 생각하는 것은 오류에 속하는 일이다. 이것은 장작림의 판공실 입구 양쪽에 걸려있었던 본인이 직접 쓴 대련인데 "서유미증아독書有未曾經我讀, 사무불가대인언事無不可對人言" "장작림張作霖"이라고 읽힌다.

내가 그 출전의 선후문맥은 다 밝힐 수는 없으나(청나라 동치연간에 주희도周希陶가 편한 『중정증광重訂增廣』에 있는 한 구절이라고 한다), 그 뜻인즉, "책은 있어도 내가 충분히 읽지 못했지만, 인생을 살아가는데 일어나는 일들은 내가 타인들과 이야기하지 못할 것이 없다"는 것이다.

장작림, 그 인간의 담박하고 솔직한 측면을 잘 나타내고 있다. 공부를 못했다는 것을 솔직히 자인하면서도 이만한 글씨를 쓸 정도면 그 인간을 결코 무식하다고 말할 수는 없을 것이다. 서도의 품격도 낮지 않다. 공부를 안 한 사람은 쓸 수 없는 글씨이다. 자기 나름대로 상당히 면학의 길을 걸은 사람이라는 것을 알 수 있다.

1916년 4월 22일, 원세개는 장작림을 성무장군독리봉천군무盛武將軍督理奉天軍務 겸 봉천순무사로 임명했고, 실제로 봉천 최고통치자가 되었다. 이때 장작림은 어떻게 구체적으로 나라를 다스릴까 하는 방안을 수립했는데 그가 최초로 행한 사업이 공적인 고시문을 모두 백화문으로 하라는 것이었다. 장작림의 백화문고시는 후 스胡適의 백화문운동을 앞지르는 것이다. 장작림은 대중문화에 대한 비젼이 있었다.

대수大帥를 시종하던 사람이 무안한 표정을 지으며 한마디했다: "대수께서 쓰신 수묵手墨의 묵 자가 밑에 흙 토土가 빠졌습니다. 그래서 저놈들이 깔깔 대고 있어요."

그러자 장작림은 일어나 눈을 부릅뜨고 서도작품을 가리키며, "*니에미씨 발놈媽了個巴子的! 내가 묵墨 자를 어떻게 쓸지를 모르는 줄 알아? 일본놈들을 상대하는 데 내 손이 시커멓지 않으면 되갔어? 난 일본놈들한테 촌토寸土도 넘겨주지 않아!*"

묵墨 자에서 흙 토土를 빼면 흑黑이 된다. 그런데 "수묵手墨"(친필묵서)이라 는 말 대신 "수흑手黑"이라는 말은 묘한 뉘앙스가 묻어있다. 보통 "헤이서우

연길의 상징이라고도 할 수 있는 모아산에 안치되어 있는 똥뻬이호랑이의 석상. 조만문명권의 상징은 뭐니뭐니 해도 호랑이이다. 일본 산하에는 호랑이가 없다.

黑手"라 하면 음모활동 하는 사람, 즉 "마피아"의 의미가 된다. 흙 토를 빼고 안 쓴다는 것은 "촌토불양寸土不讓"의 의미와 동시에 "나는 너희들을 위에서 조종하는 마피아 같은 사람이다"라는 선언이 되는 것이다. 게다가 호랑이 "호虎"자를 썼으니, 그것은 일본에는 없는 "대륙의 호랑이"라는 호쾌한 기상을 나타낸다. 그 자리에 있던 중국인들은 회심의 미소를 지었고 일본인들은 멍청하게 말문이 막혔다. 하여튼 장작림은 일본인들에게 만만한 상대는 아니었다.

일본은 먼저 평화롭게 살고있는 조선인들의 삶의 터전을 통채로 처먹는 강도짓을 성공적으로 감행하였다. 이것은 정말 날강도짓이다. 다음 단계의 강도짓은 물론 똥삐이를 처먹는 것이다. 다른 말로 표현하면 신라패러다임은 쉽게 처먹을 수 있었지만 고구려패러다임은 쉽게 처먹을 수 있는 대상이 아니었던 것이다.

강도짓을 할 때에 가장 중요한 것은 당지에서 "일본 대리인"을 찾는 것이다. 대리인의 요건으로 그들이 세운 기준은 다음과 같았다: 첫째, 일본에 대하여 호감을 가지고 있을 것. 둘째, 민주혁명을 반대하는 보수세력일 것. 셋째, 능력(=실력)이 있는 자일 것. 넷째, 야심은 있으되 확고한 신앙을 가지고 있지 않은 자일 것. 일본에 대하여 호감을 가지고 있으면 영·미에 거리를 둘 줄 알며, 혁명을 반대하면 대체로 반소anti-Russian이며, 능력이 있으면 지원할 가치가 있고, 야심이 있으면 똥삐이를 독립시키려 할 것이며, 확고한 신앙이 없으면 이권사업에 쉽게 현혹되어 이용해먹기가 편하다는 것이다.

일본은 이러한 인물을 헌팅하기 위해 자그마치 12년을 관망했다. 그러다가 1916년 6월에 이와테현 출신으로서 의과대학을 졸업하고 내무성 위생국장으로서 공직을 시작하여 일본제국의 식민지개척에 공이 큰 고토오 신페이後藤新平, 1857~1929(대만총독 코다마 하의 민정장관. 초대 남만주철도 총재, 척식국 총재, 내상,

외상, 동경시장 역임. 일생 일본의 대륙진출에 진력)를 똥뻬이에 파견했다. 그는 각계 인물들을 만나보고, 각 방면의 의견을 청취한 후, 장작림이 일본 대리인이 되기에 가장 적합한 인물이라고 결론을 내렸다:

1) 장작림은 근원적으로 중앙에 근거가 없다. 그래서 "국가"라든가 "통일"이라는 개념이 없다. 그래서 일본의 "만몽독립滿蒙獨立"의 책략에 유리하다.

2) 장작림은 관장官場의 경험이 없다. 즉 공무원 생활을 한 사람이 아니기 때문에 일처리에 구멍이 많다. 즉 일본이 쑤시고 들어갈 여백이 많다.

3) 장작림은 똥뻬이에 근거하고 있으며 세력과 능력이 있다. 따라서 장작림을 통하여 똥뻬이를 노리는 외세를 막고 똥뻬이 내의 반일세력을 누를 수 있다.

4) 장작림은 학문이 없고, 이론이 없고, 신앙이 없다. 권력을 중시하고 이익을 도모한다. 이러한 장작림의 가치관을 활용하면 일본이 원하는 것을 바꿔 먹을 수 있다.

5) 장작림은 똥뻬이에 있어서의 일본의 특수지위를 인정하고 있다(조선독립군을 타도케 해주는 등).

6) 장작림은 "똥뻬이 킹東北王"의 실력이 있다. 그가 동북의 대권을 장악하면 똥뻬이는 자동적으로 일본의 금련禁臠(남이 접근 못하는 자기만의 고깃덩어리. 독점물)이 된다.

장작림은 초대 조선총독으로 우리에게 악명이 높은 테라우찌 마사타케寺內
正毅, 1852~1919(육군 대장. 1916년 10월 내각을 조직)와도 절친했다. 테라우찌가 조
각組閣을 하면서 장작림지원을 일본국책으로 정했던 것이다.

그래서 향후 12년간 일본과 장작림 사이에서 외면적으로 보면 매우 절친
한 관계가 유지되는 것처럼 보인다. 그러나 양자의 관계는 팽팽한 긴장관계
였으며 장작림은 일본에게 실리를 포기하는 그러한 짓을 하지 않았다. 일본
은 장작림이라는 젖소에게 1바가지 물을 주고 10바가지 젖을 뽑으려 했지만
장작림은 반 바가지 젖도 주지 않았다. 여기 우리가 알아야 하는 것은 장작
림은 똥뻬이의 풍요로운 자원을 배경으로 엄청난 부를 축적한 인물이라는
것이다.

후앙꾸툰사건이 일어난 바로 그곳. 그 유지.

그가 소유한 방산房産, 지산地産, 은행존관銀行存款, 실업實業 등의 총재산은 당대 중국의 제1갑부라 말해도 될 정도였다. 그가 소유한 광창礦廠만 해도 100개가 넘는데, 그 하나만 해도 갑부가 될 수 있는 재원이었다. 그런데 장작림은 이 모든 재산을 사적소유로 장악했음에도 불구하고 극도의 절제된 궁핍에 가까운 생활을 했다.

장학량은 회고한다: "아버지가 집에 계실 때는 우리는 맛있는 것을 먹지도 못했다. 화려하게 먹으면 얻어맞았다. 평상시의 식사는 주방에서 쓰거차이四個菜만 먹을 수 있었다."

집안에 6부인이 있었지만(한때에 다 같이 있은 적은 없다) 이 부인들의 생활을 살펴보면 매우 규율이 있었다. 1) 부인들은 일체 정사에 관여할 수 없다. 2) 부인들은 모여서 한담할 수 없다. 3) 각방 부인들은 존비의 서열이 없고 서로 "부인夫人"이라 존칭해야 한다. 4) 부인은 개인의 수연壽宴(생일잔치)을 할 수 없다. 5) 하인을 학대할 수 없다. 6) 엄격한 월봉급제에 따라 생활하고 가계부를 써야 한다. 7) 식사는 각기 자기방에서 분찬分餐한다. 8) 외출활동은 저녁 10시를 넘을 수 없다.

장작림은 그 방대한 부를 왜 모았으며 어디에 썼는가? 장작림의 훌륭한 점은 그의 사적재산을 기본적으로 공적인 목적을 위하여 활용했다는 것이다. 군대를 관리하고, 교육에 투자하여 인재를 양성하고, 경제를 활성화하는 시설에 투자하는 등등의 사업에 자신의 사재를 선순환시킴으로써 동북의 리더로서의 자신의 확고한 카리스마를 창출하였다.

일본주화공사駐華公使(당시 외상外相은 카토오 타카아키加藤高明)가 1915년 1월 18일 원세개에게 제출한 비밀조관秘密條款에 "21조"라는 것이 있다. 원세개는 결국 이 21조를 수용했지만 전국인민의 견결한 반대로 정식체결은 되지 않았다(그 주요한 내용은 다음과 같다. 1) 산동성에 있어서 독일의 권익을 일본이 계승한다. 2) 남만주·동부 내몽고에 있어서 권익의 강화. 3) 한야평공사漢冶萍公司의 일화합병화. 4) 중국연안의 항만·제도諸島를 일본외의 나라에게 할양하거나 대여할 수 없다. 5) 중국정부의 정치·재정·군사고문으로서 일본인을 채용할 것 등등. 이 대화21개조요구對華二十一個條要求 때문에 5·4운동이 일어났다). 그러나 일본은 이 21조를 빙자하여 끊임없이 똥뻬이를 압박했다. 일본은 이 21조에 부속된 "남만주 및 동부 내몽고에 관한 조약關于南滿洲及東部內蒙古之條約"에 의거하여 세 가지 권리를 취득했다고 우겨댔다: 1) 남만南滿 및 동몽東蒙의 토지상조권土地相租權 2) 잡거권雜居權 3) 합판농업 및 부수공업권合辦農業及附隨工業權.

이 "삼권三權"은 실제로 일본이 만주를 점차적으로 잠식蠶食하여 탄병吞倂하는 것을 의미했다. 장작림은 이 "평화적" 음모를 잘 파악하고 있었다. 일본이 요구하는 3권은 결국 똥뻬이 인민의 생존권, 독립권, 존엄권 3권의 해체를 의미한다고 그는 생각했다.

일본놈들이 마음대로 들어와, 건물을 짓고, 공장을 짓고, 중국인과 마음대로 잡거雜居할 수 있다면 똥뻬이는 곧 제2의 일본이 되어 버린다는 것을 잘 알고 있었다. 장작림은 일본과 겉으로 "하오, 하오" 하면서 속으로는 일본의 3권을 저지시키는 치밀한 전략을 비밀훈령으로 계속 발했던 것이다. 그 밀령이 40개가 넘었다.

그리고 가장 일본을 광분케 한 것은 장작림이 철로를 자력으로 건설한 것이다. 1922년부터 치밀한 계획을 세워, 만철을 능가하는 동·서 양대간선철로를 만들고, 1925년부터 금조철로錦朝鐵路, 봉해철로奉海鐵路, 길해철로吉海鐵路, 학강철로鶴崗鐵路, 호해철로呼海鐵路, 앙제철로昂齊鐵路 등을 개통시켜 동북자체건설철로망의 기본틀을 완성했다. 일본의 간섭에서 벗어나고 일체 외자에 의존하지 않는 자체적 실력을 과시했다.

이 철로들은 일본 생명선의 주동맥을 교란시켰다. 일본은 대량의 물자와 여객과 군인이 동북자건철로東北自建鐵路로 유통되는 것을 두 눈을 크게 뜨고 바라볼 수밖에 없었다. 일본의 만철에게 실락失落과 실망만을 안겨주었던 것이다. 그리고 장작림은 그들이 생각하던 똥뻬이의 로컬한 리더가 아니라, 일본의 백업을 활용하여 형식적으로 전 중국을 대표하는 북양정부의 국가원수로 그 세력권을 넓혀 나갔다. 자기들이 컨트롤할 수 있는 젖소가 아니라 대륙전체를 호령하는 호랑이의 모습으로 변해가고 있었던 것이다.

그들은 장작림을 제거하는 것만이 유일하고도 신속하고도 간결한 대처방법이라고 생각했다. 1928년 6월 3일 새벽 5시 23분, 북경에서부터 출발한 장작림 대원수 전용열차가 후앙꾸툰皇姑屯역 가까이 있는 산똥챠오三洞橋 다리 밑을 지날 때 거대한 폭음을 내면서 폭파된다.

중국현대사에 보통 "후앙꾸툰사건" 혹은 "후앙꾸툰작차안炸車案"이라고 부르는 이 참사는, 일본이 순전히 자신의 짐승과도 같은 야욕을 위하여 대방對方의 국가원수를 공포습격의 수단으로 제거했다는 사태의 맥락에서, 국제사회의 상식으로 볼 때 너무도 터무니없는 짓이며, 일본사회의 비이성적 광분이 어느 정도에까지 발전할 수 있는가를 보여주는 좋은 사례라 할 것이다.

공분을 일으키기에 충분한 참안이었다. 일본 육군성은 재빨리 이 사건을 장개석에게 가화嫁禍(누명을 덮어씌움)하여 발표했다. 믿을 자 아무도 없었다.

이 사건이 터질 당시 관동군사령관은 무토오 노부요시武藤信義, 1868~1933 대장(일본 육군사관학교 3기)이었고, 내각의 수반은 테라우찌 밑에서 성장한 육군대장 타나카 기이치田中義一, 1864~1929였다(수상 겸 외상). 그리고 육상陸相(육군대신, 국방부장관)은 시라카와 요시노리白川義則(앞서 언급한 관동군 사령관. 육사 1기)였다. 그런데 이 후앙꾸툰사건이 과연 이들 계통 내에서 확고한 명령계통을 밟은 사건인가에 관해서도 의문점이 많다.

실제로 이 사건을 주도한 사람은 일본관동군 고급참모였던 카와모토 오오사쿠河本大作라는 인간이었는데, 훗날 『내가 장작림을 죽였다』라는 책을 자랑스럽게 공간하여 그 속에서 다음과 같이 증언한다: "장작림은 일본이 배양해준 인물이었다. 그러나 그는 오히려 은혜를 망각하고 의리를 저버렸다忘恩負義. 영국, 미국에 접근하면서 제멋대로 배일운동排日運動을 전개하였다. 어찌 이럴 수가 있겠는가? 일본의 만몽정책의 최대 눈에 가시眼中釘가 곧 장작림이었다." 그는 전해(1927) 일본 동경에서 열린 "동방회의東方會議"에서 장작림을 제거해야 한다는 것을 역설했고, 관동군사령관과 무토오 노부요시의 동의를 얻었다고 주장했다.

1928년 5월 28일, 관동군사령부 비밀회의에서 자기는 큰소리로 외쳤다고 했다: "장작림만 죽여 버리면 모든 문제가 면도날로 자르듯이 다 해결될 수 있습니다! 장작림의 하야를 촉구하고 타인이 그 자리를 계승한들, 장작림보다 다루기가 쉽다는 것을 누가 보증하겠습니까? 장작림을 죽여 버리기만 하면 그 아들 장학량이 가만히 있지 않을 것이고, 그 부하들이 반드시 소동을 피울 것입니다. 그러면 우리 관동군이 치안을 유호維護(유지보호)한다는 명의로써 봉군의 무장을 해제시키고, 일거에 만주를 점령해 버리고, 인적구성을 쇄신하고, 아군의 보호하에 정부를 조직하면, 우리가 노심초사했던 만주권익문제가 단 한 번의 수고로 만사 오케이가 될 것이 아니겠습니까? 豈非一勞永逸?"

참으로 단순논리의 극치라 할 것이다. 동북의 군룡群龍의 대가리를 제거하면 사회동탕社會動蕩의 국면이 전개될 것이고 이 기회를 틈타 무장침략의 계획을 실현한다는 것이다. 당시 중국의 국가원수였던 장작림을 죽이는 프로젝트를 암묵적으로 진행시킨 내각수반 타나카田中義一는 쇼오와昭和 천황, 재위 1926. 12. 25~89. 1. 7의 질책을 받고 사퇴하여 다음 해에 죽는다(이 사건에 관하여 쇼오와천황은 사전에 알지를 못했다). 육상陸相 시라카와 대장은 부내통제력部內統制力을 상실했다는 질책을 받았고, 1932년 제1차 상해사변 때 상해파견군

☆ 이것은 오오사카大阪 아사히신문朝日新聞 호외에 실린 사진인데, 폭탄투척 직후의 상황을 보여주고 있다. 단 위에 있던 시라카와白川義則 육군대장, 일본 해군 제3함대사령관 노무라野村 중장, 육군 제9사단장 우에다植田 중장, 주중 공사 시게미쯔重光葵, 일본거류민단장 카와바타河端, 주중 총영사 무라이村井,

민단간부 서기장 토모노友野가 모두 중상을 입었고 시라카와, 카와바타는 절명했다. 이 사건의 전후맥락을 이해하는 것이 중요하다. 1931년 9·18사변으로 일본은 만주를 점령했다. 그 후 상해임시정부는 한인애국단을 결성하여 이봉창으로 하여금 동경 사쿠라다몬櫻田門 앞에서 쇼오와천황에게 수류탄을 던졌으나

천황을 죽이지는 못했다. 이 사건을 중국인들은 "불행부중不幸不中"(불행하게도 맞지 않았다)이라고 표현했는데, 상해사변을 일으키는 구실이 되기도 하였다. 이봉창 의사의 거사가 있은 지 20일만에 상해사변이 일어났고 이 상해사변의 전승기념일을 홍구공원에서 거행하는 자리에서 또다시 윤봉길이 의거를 감행한 것이다.

사령관으로 갔는데, 상해 홍구공원에서 우리의 애국선열 윤봉길 의사의 도시락폭탄투척 의거義擧로 인하여 목숨을 잃는다.

장작림을 죽인 원수를 윤봉길 의사가 갚아준 셈이니 역사의 아이러니는 끝이 없다. 반면, 윤봉길 의사의 의거가 일어나자, 장개석은 충격을 받았다. 그리고 이와 같이 외쳤다: "일개 조선청년 한 사람이 우리 국민혁명군 3군단도 해내지 못할 일을 해냈다. 참으로 장쾌하다!" 그리고는 대한민국 상해임시정부에 거금의

← 상해 홍구공원 내에 중국말과 한국말로 상세하게 시말이 적힌 거대한 기념비가 아름답게 조성되어 있다. "윤봉길의거현장, 1932. 4. 29"라고 확실하게 그 "의거義擧"를 밝히고 있다.

2005년 6월 8일 홍구공원에서

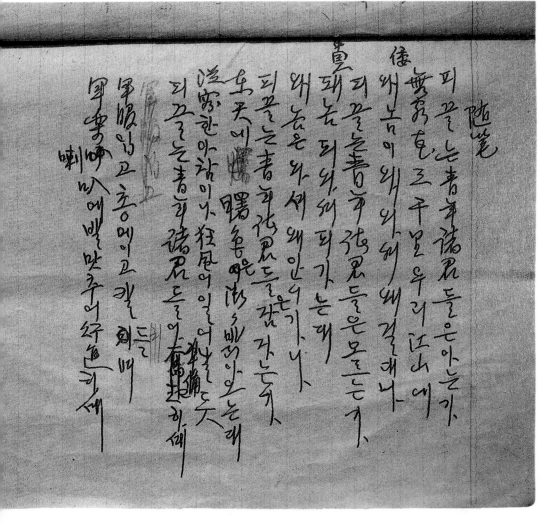

윤봉길이 죽으러 가는 모든 준비가 완료된 시점에 김구는 윤 의사에게 "자서전"을 쓰게 한다. 김구는 차마 "유서"라는 말을 꺼내지 못했다. 윤봉길은 그 말씀을 알아차리고 그 자리에서 『자서약력自書略歷』과 시 몇 편을 썼다. 여기 이 수필은 윤 의사가 조선의 청년들에게 조국의 미래를 부탁하는 마지막 자필이다. 윤봉길은 거사 전전날에 홍구공원에서 기념식장을 사전조사하고 있었는데 자기 구두발 밑에 짓밟힌 잔디가 어떤 것은 일어나지 못하고 어떤 것은 다시 분연히 일어서는 것을 보고 깊은 감회가 서렸다고 했다.

피끓는 청년제군들은 아는가? / 무궁와 삼천리 우리 강산에 / 왜놈이 왜 와서 왜걸대나? /
피끓는 청년제군들은 모르는가? / 돼놈(中國人) 되와서 되가는데 왜놈은 와서 왜 아니가나? /
피끓는 청년제군들은 잠자는가? / 동천에 서색曙色은 점점 밝아오는데 / 조용한 아침이나 광풍이 일어날 듯 /
피끓는 청년제군들아 준비하세 / 군복입고 총메고 칼들며 / 군악나팔에 발맞추어 행진하세!

우파정권의 득세 하에 벌어지고 있는 일본의 현금의 정치상황은, 우리나라 젊은이들에게 똑같은 노래를 들려줄 수밖에 없게 한다. 대한민국의 청년학도들아! 윤봉길 의사의 말씀 듣고 피가 끓지 아니 하뇨!

이 서도글씨는 윤봉길이 1930년 3월 6일, 만주–상해로 떠나기 전에 본인의 심경을 읊어놓은 것인데 그 글씨가 정갈하기 그지없고 그의 학식의 높은 경지를 나타내주는 품격있는 작품이라 할 것이다. "장부출가생불환 丈夫出家生不還"이라 했으니, 그 뜻인즉 이러하다: "장부가 집을 떠날 뜻을 세웠으면 어찌 다시 살아 돌아오리오." 윤 의사는 떠날 때 이미 의거를 가슴에 품었다는 것을 알 수 있다. 집을 떠날 때, 아무에게도 그 본심을 알리지 않았고 나중에 편지로만 전했다. 그 굳은 의지와 인간적으로 서글펐던 그의 심정을 엿보게 하는 글씨이다.

윤봉길 의사는 1908년 6월 21일(음력 5월 23일), 충남 예산군 시량리柿梁里 178번지에서 파평 윤씨 황璜의 맏아들로 태어났다. 1918년 덕산공립보통학교에 입학하였으나 3·1독립항쟁에 자극받아 식민지교육을 배격하고 학교를 자퇴, 마을 유생 최병대崔秉大 문하에서 한학을 수업한다. 그 뒤로 오치서숙烏峙書塾에서 공부하면서 본격적인 유학을 수업하고 근대학문에 눈을 뜬다. 그의 생애를 뒤바꾼 "묘표사건"이라는 것이 있었다. 어느날 항상 오가던 공동묘지 산자락에서 어느 시골청년이 그에게 다가왔다. 가슴에 묘지 팻말을 가득 껴안고 있었다. 이 청년은 일본순경에게 맞아죽은 아버지의 묘소를 유랑길을 떠난 후에 찾아왔는데, 이름을 분별할 능력이 없어 주변의 모든 팻말을 뽑아가지고 온 것이다. 김선득이라는 이름은 찾았으나 묘표를 다 뽑았으니 묘지를 찾을 길이 없었다. 이 청년뿐만 아니라 타인들도 자기 부모 묘소를 찾을 수 없게 된 것이다. 윤봉길은 이 땅의 무지가 일본의 탄압과 수탈보다 더 무섭다는 것을 깨달았다. 그 후로 윤봉길은 야학을 운영하고『농민독본農民讀本』을 저술하여 농촌계몽의 선두적인 역할을 한다. 그러다가 이흑룡李黑龍이라는 독립운동 공작원을 만나 민족혁명투쟁의 방략에 관해 새로운 결심이 선다. 윤봉길의 의거는 중국역사의 본류 속에서 크게 조명되어야 한다. 상해의 중국인민들의 반일심정은 너무도 열화와 같았으나 그것을 표출할 길이 없었다. 동북을 빼앗기고 상해마저 빼앗긴 상황에서 윤봉길의 대첩은 중국인의 민족감정을 크게 고취시켰다.

홍구공원에서 내가 EBS『도올이 본 한국독립전쟁사』를 찍고 있다. 홍구공원에는 "매정梅亭"이라는 윤봉길의사기념관이 있다. 중국인들이 이러한 기념관을 운영한다는 것은 매우 이례적인 것이다. 윤봉길의 호가 매헌梅軒인데, 그 "매梅"는 그가 평소 성삼문의 절개를 사모하였기 때문에 따온 것이다. 성삼문의 호가 매죽헌梅竹軒이다.

오준승吳俊升, 1862~1928은 "오준승吳俊陞"이라 쓰는 것이 옳다. 자를 흥권興權, 산동 역성인歷城人(제나라 역하읍歷下邑). 아버지를 따라 창도부昌圖府에서 정가둔鄭家屯(요원遼源)으로 이거하였다. 사실 오준승은 장작림보다 13살이나 위이며, 장작림이 ↗

자금을 쾌척했다. 그리하여 시들어가던 임정의 활동은 활기를 되찾는다.

하여튼 우리가 후앙꾸툰사건을 통해서 알 수 있는 것은 일본군부가 얼마나 개판인가, 얼마나 생각이 모자라는 망나니들의 마구잡이 집단인가, 그런 현실을 직시케 해준다는 것이다. 우리나라 군사독재시절에도 그러했지만, 군부가 정치권력과 결탁하게 되면 군부는 타락하지 않을 수 없는 것이다.

후앙꾸툰에서 터뜨린 폭탄은 매우 정교했다. 일본군인들의 경계선 내의 구역이었기 때문에 기차가 지나가는 것을 위에 설치되어 있는 강루崗樓에서 보면서 터뜨린 것 같다. 작차炸車시각은 1928년 6월 4일 새벽 5시 23분이었다. 장작림이 앉아 있었던 열차칸은 완전히 다 날아갔고 두 개의 기차 바퀴만 남았다. 장작림 군대의 최고명장이었던 오준승吳俊升은 장작림을 맞이하러 봉천에서 산해관으로 달려가 기차에 올라탔는데, 두개골에 큰 못이 박혀 즉사했다.

___

돌 지나 말 배우고 있을 때 보안대 대원노릇을 했다. 오준승은 일찍 청군의 파총把總이 되었고 1906년에는 토비討匪의 공이 커서 봉천순방대奉天巡防隊 통령統領이 되었다. 장작림도 점점 성장하여 초비剿匪의 거물로서 세력을 확장하여 갔는데 자연 오준승과 알력관계에 있게 되었다. 처음에 오준승은 장작림을 우습게 알고 홀대하였는데 자기 앞에서 모욕을 참으면서 기회를 엿보는 그의 기민한 자세에 그가 비범한 인물임을 알아차린다. 후에 장작림이 봉천군정계에 자수가열炙手加熱(손을 잡으면 그 손이 불덩어리 같다는 뜻으로, 권세등등한 모습)의 중요한 인물이 되자, 준승은 갖가지 방법으로 장작림의 신임을 얻고 파결봉승巴結奉承한다. 1921년 3월, 장작림은 오준승을 흑룡강성 독군 겸 성장으로 임명하고, 1922년 제1차직봉전쟁 때는 동삼성보안부사령에 임했다. 제2차직봉전쟁에도 직접 출정하여 공이 컸고, 곽송령반봉 때도 물불을 가리지 않고 장작림을 구원하였다. 장작림은 북양정부 육해군대원수의 보좌에 앉은 후에도 그를 잊지 않고 동삼성변방군총사령에 임명하여 명실공히 봉계제2의 인물로 만든다. 1928년 6월 3일 장작림이 북벌국민혁명군에게 대항할 수 없음을 자인하고 봉천으로 철수할 때, 그것이 위기상황이라는 것을 알아차리고 산해관으로 가서 열차에 올라탄다. 뜻밖에 그를 본 장작림은 감격의 눈물을 흘린다. 준승 말한다: "우리는 생사를 같이 하는 형제인데 내가 죽는다면 대수하고 같이 죽을 수밖에!" 준승은 자기의 죽음을 예언했다. 후앙꾸툰에서 폭탄이 터졌을 때도 장작림이 제일 먼저 한 소리가 "라오빠시옹老把兄"이었다. "오수吳帥의 상처를 먼저 돌봐드려라!" 그러나 오준승은 이미 불귀의 객이 된 후였다. 동북군의 끈끈한 의결義結 감정이 이와 같았다. 그러나 오준승은 흑룡강성 성장으로서 조선족을 심하게 탄압했다. 우리 독립군에게 그는 원망의 대상이었다. 역사적 인물에게는 항상 명암이 동시에 서린다.

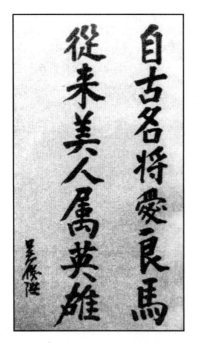

동승했던 교위처장校尉處長 온수선溫守善은 상처를 입었지만 중하지 않았다. 황망히 일어나보니 장작림이 땅위에 널브러져 있는데 목구멍에 구멍이 나 피가 콸콸 쏟아졌고 만신이 피투성이였다. 온수선은 비단수건으로 장작림의 상처를 잡아매었고 장학증張學曾(제4부인 소생)과 함께, 급히 달려온 제은명齊恩銘의 자동차로 장작림을 옮겼다. 자동차에는 의관 두택선杜澤先이 타고 있었다. 황고둔은 심양에서 멀리 떨어진

오준승의 글씨: "자고명장애량마自古名將愛良馬, 종래미인속영웅從來美人屬英雄." 예로부터 명장은 양마를 사랑한다. 이때 명장은 장작림이요, 양마는 오준승 자기를 가리킨다. 종래 미인은 영웅을 좋아한다. 영웅은 장작림이요 자기는 미인이다. 일생 충심으로 장작림을 섬긴 자기의 모습을 읊은 것이다. 샤오띠小弟가 따꺼大哥가 되었고, 따꺼가 부하로 변신한 두 사람 사이! 오준승은 동생同生을 구하지 않고 동사同死를 구했다.

후앙꾸툰 열차폭파 현장사진. 열차 뚜껑이 완전히 날아갔다. 이런 상황에서도 장작림이 서너 시간을 더 살았다는 것이 기적이다. 장작림은 권력의 승계에 관하여 온전한 마무리를 해놓고 죽은 것이다.

곳이 아니었다.

차는 전속력으로 달려 장수부 동원東院으로 들어갔다. 장작림은 자기가 가장 사랑하는 제5부인이 처하는 소청루小靑樓 1층 회객청會客廳에 눕혀졌다. 두택선과 소하연성경시의원小河沿盛京施醫院의 영국의사가 응급조처를 했다.

장작림이 수부에 도착했을 때, 숨은 넘어갈 듯했지만 그의 정신상태는 매우 청석했으며 아직 이야기를 할 수 있었다: "내가 부탁할 것이 있으니 중요인원重要人員을 빨리 소집하라." 그가 제일 먼저 건넨 한마디는 다음과 같았다: "일본놈들이 한 짓에 틀림이 없다. 나의 생명은 이미 구하기 어렵다."

장작림은 자기 삶의 시점의 전후맥락을 명료하게 파악하고 있었다. 그는 일본인의 음모를 눈치채고 있었던 것이다. 장작림은 국가원수인 자기를 이렇게 죽일 놈들이라면 곧바로 난동을 획책하여 전면적인 무력침략을 감행할 놈들이라는 것을 의식하고 있었다. 그가 건넨 두 번째 말은 다음과 같았다.

"비밀을 엄수하고, 바깥사람들로 하여금 이 사실을 모르게 하라. 일체 아무 일이 없었던 것처럼 진정鎭靜하여 질서를 유지하라!"

이 명령에 관하여 그가 총애하는 제5부인 수부인壽夫人은 놀랍게 침착하고 모든 사태를 원만하게 진행시켜 주변 사람들의 존경을 받았다. 봉군은 계엄을 선포하여 질서를 지켰다. 수부인은 장작림의 유일한 만족 부인으로 알려져 있지만, 그는 명나라의 독사督師로서 누얼하찌努爾哈赤에게 패배를 안겨준 명장군 원숭환袁崇煥의 9세손녀였다.

원숭환은 청나라 팔기병에게 저항한 위대한 장군이었기에 오히려 강희대제는 앞에 그 유명한 소청루小靑樓건물이 있다. 실제로 가서 보면 참으로 아름다운 건물이다. 뒤로 태호석 정원이 있고 그 뒤로 로마식 궁전인 대청루大靑樓가 있다. 대청루는 1922년에 완성된 것으로 누고樓高가 37m, 심양고궁의 봉황루를 마주보고 있었다. 소청루는 대청루보다 먼저 지어졌는데 그의 제5부인 수씨를 위하여 1918년에 낙성한 것이다(건평 450m²).

장작림

소청루 1층의 서상방西廂房 회객청會客廳.
장작림은 치명적 상처를 입은 후 바로 이 자리에 누워있으면서 분부를 내리고 삶의 최후를 맞이하였다.

그 후손을 대접했고, 원숭환의 핏줄에서 3사람의 청군 명장이 배출되어 이들은 결국 만족滿族이 된 것이다. 수부인의 아버지 원수산袁壽山은 청나라의 명장이었다(장작림이 죽었을 때, 수부인은 불과 30세였다. 학량보다 3살 위였다. 그는 종신 수절하였는데, 9·18사변 후 천진으로 거처를 옮겼다가, 1948년 말에 대만으로 갔다. 1966년에 타이뻬이에서 병서病逝하였다).

장작림의 세번째 유촉遺囑은 다음과 같았다.

"샤오리우쯔를 불러 봉천에 돌아오게 하여 정사政事를 주지主持케 하라.
그대들은 샤오리우쯔를 보조補助키를 나를 보조하듯 하라!"

장작림은 북경에서 떠나올 때, 장학량의 손을 잡고 있었다: **"샤오리우쯔! 니 생일도 내가 못해주겠구나. 니 스스로 경축하렴."** 교묘하게도 장작림이 죽는 날이 장학량의 생일이었다(장학량의 생일은 양력 6월 3일이지만 음력으로는 4월 17일 이었다. 장작림이 서거한 날이 6월 4일이었지만 음력으로는 4월 17일이었다). 당시 장학 량은 황고둔피작被炸의 소식을 즉각 연락받았지만, 함부로 운신할 수 없었다.

1928년 4월, 장개석을 우두머리로 하는 풍옥상, 염석산閻錫山(산서山西군벌), 이종인李宗仁, 1890~1969(광서廣西를 장악한 신계계수령新桂系首領, 북벌장군, 나중에 반장反蔣)의 연합북벌세력이 맹렬하게 북경을 치자, 장작림은 그 봉망鋒芒을 피하기 위해, 1928년 6월 2일, 봉군의 북경철회北京撤回를 선언했던 것이다. 따라서 장학량은 봉군을 심양으로 이동시키는 문제에 관해서 뒷마무리해야 할 일이 또 있었다. 그리고 또 감정적으로 북받쳐 성급히 움직였다가는, 일본 군의 공격을 받을 수도 있었다.

장학량은 자신의 거취를 일체 발설치 않고 여기저기를 거치면서 서서히 봉천 으로 접근했다. 장학량은 기차를 탈 때에도 얼굴을 석탄재로 바르고 화부로 위장하여 탔다. 산해관에서 일본군이 열차를 30분이나 검색했는데 장학량의 존재를 눈치채지 못했다. 장학량의 이러한 행동은 매우 주도면밀한 것이었다.

장작림은 사건 당일(6월 4일) 소청루에서 오전 9시에 숨을 거두었다. 장수 부에 도착한 지 얼마 안돼서 유명을 달리한 것이다. 그런데 장학량이 기차화부의 옷차림으로 장수부에 들어선 것은 14일이나 지난 6월 18일 오전이었다. 6월 19일 하오 동북임시보안위원회가 정식으로 성립하고 장학량을 위원장으로 추대했다. 그리고 6월 21일, 장학량, 장학명學銘, 장학증學曾 등 형제자매 14인 의 연명으로 부고를 내었다. 장작림은 6월 21일에나 사망한 것으로 공식선포되었다.

7월 2일, 동삼성의회연합회는 장학량을 동삼성보안총사령 겸 봉천보안총사령으로 임명한다. 7월 4일, 장학량은 그 직책에 취임한다는 것을 정식선포하였다. 7월 9일, 선서의례가 정중하게 거행되었다.

일본이 예상한 혼란은 전혀 일어나지 않은 것이다. 중국역사상 이러한 공백기에 이렇게 모든 사람이 일치단결하여 한 치의 틈새도 없이 평화로운 권력의 승계를 이룩한 유례는 중국군벌역사에 없었던 일이며 지난 중국왕조사에도 유례를 보기 힘들다. 송태조 조광윤趙匡胤이 후주 군벌에 의하여 옹립된 것을 미담으로 말하기도 하지만 그것은 조대의 변화를 수반한 것으로 장학량의 옹립과는 좀 성격이 다르다. 그러나 양자간에 분명한 공통점이 있다.

하여튼 똥뻬이의 정국은 장작림시대에서 장학량시대로 부드럽게 넘어갔다. 일본인이 상상도 하지 못한 결과였다. 따라서 무력침공은 3년이나 지연된 것이다. 이것은 장작림과 장학량 부자가 모두 똥뻬이 민중과 군대와 수령들의 진실한 성원을 얻었기 때문이다. 장작림이 역사에서 물러난 것이 불과 그의 나이 53세였고, 장학량이 명실공이 동북의 황제로 등극한 것은 그의 나이 만 27세의 생일을 맞고나서 바로였다(중국인들은 나이를 말할 때 세라고 하면 대강 전통나이를 쓴다. 이 책에서도 전통나이와 서양식 만나이가 혼용되었다). 참으로 아름다운 청춘의 봄날이었다. 황고둔사건 이후 장학량이 고구려패러다임 즉 동북삼성의 실제적인 황제로 등극하였다는 이 중요한 역사적 맥락의 대강을 망각하고서는 서안사변을 이해할 수 없다.

일본이 일으킨 황고둔사건은 여러 가지 맥락에서 중대한 실수였다. 그 실수는 정치사적인 맥락에서의 실수일 뿐 아니라 문화사적·정신사적 맥락에서도 최대의 낭패였다.

중국최근세사에서 우리가 중국인민대중의 정신상태를 바라보는데 가장 중요한 문제 중의 하나가 근대적 "민족국가의식nationalistic sentiments"의 유무에 관한 것이다. 중국인민은 광활한 대륙에 살면서 그 전체를 하나로 묶는 국가나 민족의 개념이 부재했다. "천하天下"라는 것은 "하늘 아래" 어디든지 해당되는 것이므로 특정한 인간세人間世의 단위를 지칭하지 않는다.

더구나 근대적 개념의 "민족국가nation state"라 하는 것은 국경의 확고한 구획성을 갖는 영토, 그 영토 내에 존재하는 단일한 개념의 국민, 그 국민을 지배하는 유일최고의 권위를 상징하는 주권state sovereignty, 이 삼자가 구비된 정체政體를 의미한다. 도시국가polis나 제국empire이나 봉건국가feudal monarchy나 막연한 천하All under Heaven를 의미하지 않는다.

근대적 "국가개념"은 중국을 하나의 획일적 단위로 인식하고 이에 대항하는 동등한 국가권력의 존재를 인정하고 인식할 때만 가능한 것이다. 역으로 말하자면 확고한 외재적 국가의 존재를 인식함으로써, 자내의 통일적 인식으로서의 국가개념이 생겨나는 것이다. 그런데 중국의 천하나 중화라는 개념으로는 이러한 대자적 인식이 생겨나지 않는다. 광활한 벌판에 일본놈들이 쳐들어와도 그것은 마적떼의 광란과 다르게 인식할 아무런 근거가 없다. 군벌의 발호나, 왜놈들의 주둔이나, 토비의 할거나 별반 다를 게 없는 것이다.

중국근대사를 만들어간 모든 지성인들의 과제상황은 어떻게 "중국민족국가"라고 하는 통일적 인식, 그리고 그 통일적 인식과 더불어 대등한 국가들의 존재를 인지하도록 만드느냐에 있었다. 손문孫文의 삼민주의三民主義Three People's Principles는 이러한 지성의 노력을 대변하는 것이다. 그가 민족·민권·민생이라는 3테마를 내건 것도 이러한 문제의식을 전제로 하지 않으면 이해되지 않는다.

특히 "민족"이라는 개념이 제1테제로 돌출하고 있는 것도 지금 내가 말하는 "민족주의nationalism"적 정서를 전제로 하는 것이다. 애초에 그가 말하는 "민족"은 반청反清(구제달로驅除韃虜라고 말하는데 "달로"는 만주족을 의미한다)이었으나 점점 반제국주의적 민족주의로 재해석되었다. "민권"은 자산계급의 민주공화정체를 의미하는 것이었으나, 점점 프롤레타리아의 계급까지도 포섭하는 사회혁명의 의미로 확대되었다. "민생"은 경자유전의 지권평균地權平均을 의미했으나 그것도 점점 "자본절제資本節制"의 의미로 확대해석되었다.

일본이 터뜨린 황고둔사건은 첫째, 중국인들에게 일본이라는 적대국가의 존재를 확고하게 인식시킴으로써 반일제 민족주의적 감정을 똥뻬이의 사람들에게, 그리고 전 중국인민에게 뿌리내리게 하는 데 크게 기여했다. 거시적으로 본다면 황고둔사건은 위만주국 설립을 위한 전초전에 불과한 것이었지만, 위만주국의 성립이야말로, 중국인들에게 "중국"이라고 하는 민족국가를 대자적對自的으로 의식화시키는 데 크게 기여했다. 이 민족주의적 정서를 적극 활용할 줄 아는 정치세력이 바로 마오가 이끄는 공산세력이었다. 장개석은 이 위대한 기회를 활용할 줄 아는 전술·전략이 부재했다.

둘째, 황고둔사건은 장학량에게 철두철미한 항일의식을 심어주었다. 자기를 끝까지 아끼고 사랑하던 아버지가 일본놈들한테 그토록 무자비하게 살해되었다고 하는 사실은 그의 개인적 감정의 실뿌리 속속까지 일본은 용납될 수 없다는 절대적 판단력을 심어놓았다. 이러한 장학량의 항일의식을 이해하지 못하면 서안사변은 이해되지 않는다.

셋째, 황고둔사건을 저지른 일본이 가장 크게 판단착오를 한 것은 장작림보다 장학량이 훨씬 더 다루기 어려운 상대라는 것을 몰랐다는 것이다. 장학량은 비록 곽송령의 도과를 좌절시켰지만 곽송령의 명분의 모든 진실을 겸허하게 수용했다. 그것은 삼민주의의 원칙을 수용하는 것이며 내전을 중단하는 것이며, 어떠한 외세에도 굴복하지 않을 수 있을 만큼 자체역량을 증가시킨다는 것이다.

장작림은 공적마인드를 지닌 위대한 토비출신의 국가대원수였지만 장학량은 세계사적 새로운 조류를 수용하는 근대적 가치관의 신종新種 인격체였다. 장학량은 일본제국주의와 타협할 수 있는 일말의 허점도 가지고 있질 않았다. 장학량의 이러한 가치관은 동북의 대권을 장악한 직후부터 바로 표출되기 시작했다. 그는 허술한 "후아후아꽁쯔花花公子"(부잣집 아들로서 완락玩樂에 도취한 인물)가 아니었다. **전인적인 판단력을 갖춘 시대의 아방가르드였다.**

똥뻬이 대권을 장악했을 즈음의 장학량, 실제로 당대 중국의 실세 제1인자였으며, 가장 매혹적인 미남이었다. 장학량이 대권을 장악했을 때의 나이가 불과 만 27세였다. 휴매니스트의 표정이 있지만 결기가 엿보인다.

양상처단楊常處斷

그는 뚱뻬이대권을 장악한 그 순간부터 곧바로 뚱뻬이역치易幟의 담판을 시작했다. 1928년 7월 1일, 장학량은 장개석에게 평화통일의 감람지橄欖枝(감람나무가지 잎새, 평화의 상징)를 흔들어 보이기 시작했다.

중국역사에서 "역치易幟"라는 말을 잘 쓰는데, 그것은 "기치旗幟를 바꾼다"는 말이니, 어떠한 정치집단의 아이덴티티를 바꾼다는 의미이다. 실제로 "도과"의 반대개념에 해당된다. 자기를 치는 대적집단과 협상하여 그 대적집단의 아이덴티티를 수용한다는 뜻이다. 이것은 "투항"과는 전혀 다른 의미이다. 다시 말해서 동북군의 아이덴티티를 남경국민정부의 군대의 아이덴티티로 바꾸는 것을 의미했다. 장작림에게 이런 역치는 상상할 수도 없는 것이었다.

장개석의 패러다임은 어찌되었든 동북의 패러다임에 비하면 보다 근대적인 이념의 소산이다. 손문의 공화정republican system 구상을 장작림은 근원적으로 이해하질 못했다. 강력한 리더십에 의한 평천하만이 중국의 살길이라고 믿었다. 따라서 장개석은 타도의 대상이지 타협의 대상일 수 없었다. 역치는 상상도 할 수 없는 것이었다. 그러나 역치는 근대적 교육을 받은 장학량에게는 어려운 일이 아니었다. 이러한 정세의 동향에 대해 일본은 난감해질 수밖에 없었다. 당시 장학량이 장악한 동북군의 규모는 줄잡아 30만 대군이었고, 해군과 공군은 중국최강의 정예시설과 인재를 갖추었다.

사실 "역치"라는 것은 뚱뻬이 전역의 군대·관공서에 걸려있는 홍·황·남·백·흑의 오색기五色旗가 하룻밤에 청천백일기靑天白日旗로 바뀐다는 것을 의미했다. 이것은 결코 쉽게 수용될 수 있는 변화가 아니다. 그러나 오히려 민중은 쉽게 수용할 수 있었다. 왜냐하면 그것은 형식상 중국대륙의 남·북통일, 즉 중원패러다임과 고구려패러다임의 통일을 의미하는 것이고, 민중에게 끝없는 슬픔을 안겨주는 "내전內戰"이 사라진다는 것을 의미했기 때문이다.

그러나 군부 내에서 "노파老派"와 신파 중에서도 곽송령과 대척점에 있었던 양우정일파의 저항은 만만한 것이 아니었다. 그런데 장학량에게는 정말 고마운 사람이 한 사람 있었다. 장학량 못지않게 스케일이 크고 침착하고 상황적 변수 속에서 최적의 변통을 택하는 명철한 인물, 고구려패러다임의 명장이라 할 수 있는 인물이었다. 그가 바로 뚱뻬이 장작림시대의 실제적인 제2인자였던 장작상張作相이었다. 앞서 장작림시대에서 장학량시대로 스무스하게 넘어갔다고는 했지만, 실상 노파나 양우정일파는 대권이 막바로 장학량에게 넘어가는 것을 저지하려 했다.

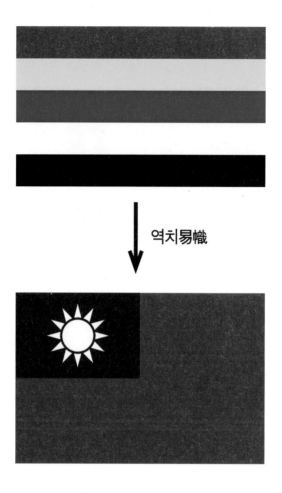

역치易幟

　동북원로회의는 똥뻬이의 신주新主는 아직 나이가 어리고 각 방면에 경험이 부족한 장학량이 담당할 수 없다고 생각하여 장작상이 똥뻬이의 군정대권을 통할統轄하여야 한다는 추천서를 공문서 형식으로 세 차례나 장작상공관으로 보냈다. 그러나 장작상은 그것을 거부하면서, "노수老帥께서 아직 이 세상에 계실 때, 한경漢卿(장학량의 자字)을 보살펴 부업계승이 순리성장順理成章하도록 그렇게 간곡히 부탁하셨는데 내가 이 자리를 꿰차면 구천지하九泉之下에 계시는 노수를 무슨 면목으로 뵙겠는가?"라고 말했다.

양상처단

그리고 단정키를, 한경이 부업을 계승하는 것은 천경지의天經地義이며 오히려 한경이 젊기 때문에 이 험난한 정국을 늙은 자기보다 더 잘 헤쳐나갈 것이며 똥뻬이의 온정穩定을 보지保持할 수 있을 것이라고 말했다. 그리고 장학량이 돌아왔을 때 모든 사람이 있는 곳에서 그는 장학량에게 큰소리로 다음과 같이 명료하게 말했다:

"한경! 안심하고 잘만 하라우! 우리가 모두 너를 지지할 테니까. 공적 방면에서 우리가 너의 명령을 불복하면 너는 우리를 군법으로 다스리라! 그러나 사적으로는 너는 아직도 우리 조카 같지 않겠니. 니가 잘못 일을 처리하면 내가 사람이 없는 데서 너에게 바른말을 해줄 테니 그리 알라우."

장작상의 글씨. 글씨가 호방하고 그의 호쾌한 성격을 잘 나타내준다. "도덕위회道德爲懷"라는 것은 "도덕으로 평상심의 회포를 삼는다"는 뜻이니, 그가 얼마나 전통적 도의윤리를 중시했나를 알 수 있다. 1949년 3월, 장작상은 뇌일혈로 돌연히 세상을 뜬다. 주은래가 이 소식을 듣고 아쉬움을 표했다: "노선생께서 벌써 가시다니! 우리가 노선생을 모셔다가 같이 일하려고 했는데 …."

장작상은 봉계원로 중에서도 가장 존경받는 인물이었다. 장작상의 이 한마디는 장학량의 계승권 문제에 관해 누구도 말 못하게 만들었다. 장작상은 계속 장학량을 보좌했으며 만주국이 성립된 이후에도 일체 일본놈들과 타협하지 않아 핍박을 받았다. 그런데 놀라운 것은 원로인 장작상이 장학량의 "역치"를 적극 지원했다는 것이다.

훗날 "서안사변"에 대해서도 장작상은 학량이가 위대한 일을 했다고 프라이드를 느끼며 그를 구하기 위한 노력을 경주했다. 그 후로 장개석은 장작상을 탐내서 1945년 전승 이후로 계속 추파를 보냈으나 모두 거절했다. 장개석은 대만으로 떠나기 전날에도 장작상에게 대만 가는 비행기표를 보냈고, 그가족들이 탈 수 있는 배편 좌석을 보냈다. 그러나 장작상은 장학량을 가둔놈의 초청을 왜 받아들이겠냐고 하면서 추호도 동심動心치 않았다.

대청루는 9급 대계臺階 위에 굉대하게 올라앉은 건물이다. 건축면적이 2,460m²이며 지하1층, 지상3층으로 되어있다. 현관문을 들어서면 바로 정면에 연회청宴會廳이 있다. 이 사진은 연회청의 모습이다. 천정이 천화天花라는 푸른색계열의 규칙문양으로 구성되어 있는데 참 아름답다. 용, 봉, 학, 꽃의 도안으로 이루어져 있다. 이곳에서 파티를 열었다.

양우정은 외면적으로 반대를 하지 않았지만 장학량이 대통을 잇는 것도, 역치를 하는 것도 탐탁하게 생각하지 않았다. 그리고 사실상 장학량이 국민정부에 가담하는 것을 암저暗阻했다. 양우정은 장작림의 총애를 한몸에 받았고 재략이 뛰어났으며 동북군정사무를 주관했다. 장작림은 심지어 그의 개인도장까지 그에게 주어 일을 처리케 할 정도로 그를 신임했다.

양우정은 장학량보다 나이가 15세나 위였으므로 학량을 우습게 알고 발호했다. 장학량이 총수가 된다는 것은 곧 자기권력의 축소가 수반된다는 것을 누구보다도 더 잘 알고 있었다. 양우정은 호쾌하고 정력이 충패充沛했으나, 사상이 시대의 흐름을 바르게 따라가지 못했고 지나치게 과신하여 분수를 지나쳤다.

상음괴常蔭槐:
중국말로는 "츠앙 인화이"라고 읽는다.

그의 수하에 상음괴常蔭槐Chang Yin-huai라는 인물이 있었는데 1910년에 봉천 법정학당法政學堂을 졸업하고, 경봉철로국국장京奉鐵路局局長, 교통부 대부장代部長, 동삼성교통위원회 대위원장代委員長, 흑룡강성주석主席 등의 직무를 역임했다. 과단상쾌果斷爽快하고, 간련다재幹練多才했으며, 일을 하는데 신속하고 엄격했으며 남이 감당치 못하는 일도 잘 처리했다. 그런데 상음괴는 양우정 이외의 누구 말도 듣지 않았다.

1929년 1월 10일 하오, 양우정과 상음괴는 수부 노호청老虎廳(장수부 대청루大靑樓 1층 동북 코너에 있는 객청. 입구에서 북쪽으로 바라보이는 창문 양옆에 두 호랑

연회청의 바로 오른편 코너에 노호청老虎廳이 있다. 두 마리의 호랑이가 북벽 양쪽을 지키고 있어서 "라오후팅"이라 부른 것이다.

이 박제가 있다)에 나타나 장학량을 면담했다. 그들은 "중동철로中東鐵路가 중국과 소련이 합작한 철로인데 일체 똥뻬이교통·위원회의 지휘를 받지 않고 있다"는 사실을 지적하면서 똥뻬이철로독판공서東北鐵路督辦公署를 새로 창립할 것을 요청했다.

그리고 그 공서의 장(督辦)으로 상음괴를 강력히 추천하였다. 상음괴 또한 이와 같이 말했다: "똥뻬이철로독판공서를 창립하면, 중동철로는 우리의 관할범위 내로 들어올 수 있습니다."(중동철로中東鐵路는 만주리滿洲里에서 수분하綏芬河까지 전장 1,467km. 중국과 러시아의 공동투자로 1897년에 개공開工하여 1903년에 완공. 항전시기에는 일본에게 강점되었다).

장학량은 이러한 제의에 관하여 이것은 외교문제를 동반하는 중대한 안건이기 때문에 장기의 계획에 따라 신중히 움직여야 하며 초솔草率히 종사할 수 있는 문제가 아니라고 말했다. 남경정부南京政府와도 상의한 후에 결정할 문제라고 말했다(이미 역치 이후의 사태임). 장학량이 이런 문제에 관하여 즉각적으로 이런 반응을 보인다는 것은 이미 이 안건에 찬동할 수 없다는 의견을 내비친 것이다. 눈치가 빠른 사람이라면 적당히 주제파악을 하고 물러섰어야 할 일이었다.

그런데 평소에 비양발호飛揚跋扈하는 이 두 사람은 장학량이라는 총사령관을 어린애로만 취급했고 안중에도 없었다. 그러면서 이 일은 즉각 처리되어야만 할 일이라고 우기면서 자기들이 가지고 온 문서를 장학량에게 툭 던지면서 다음과 같이 말했다: "이 안건은 우리 둘이서 이미 상량商量을 끝낸 일일세. 더 이상 왈가왈부 할 건덕지가 없는 일이야! 니가 싸인만 해주면 바로 우리가 공표할 테니까 …!"

이러한 양·상 두 사람의 강경태도에 장학량의 노화는 속에서 들끓어 올랐다. 하마트면 장학량은 책상을 치고 일어날 뻔 했지만 눈치 못채게 노화를 꾸욱 눌러버렸다. 장학량은 노련하게 얼굴에 웃음을 띄우며 말했다: "그대들의 건의는 내가 잘 고려하겠소. 지금 날이 벌써 어두워지고 있으니, 하인들에게 저녁을 준비시킬 테니까, 저녁이나 같이 먹은 후에 다시 의논하기로 합시다."

양과 상은 서로 얼굴을 쳐다보며 안색을 맞춘 후에 말했다: "그래도 좋겠군. 저녁은 우리는 먹을 생각이 없어. 밖에 처리할 일이 좀 있거든. 저녁식사가 지난 후에 우리는 다시 와서 결과를 듣기로 하겠네." 말을 마치고 두 사람은 총망히 나가버렸다.

두 사람이 나간 후, 장학량은 즉각 경무처장警務處長 고기의高紀毅Gao Ji-yi를 불렀다. 고기의가 노호청에 들어서자 이와 같이 말했다:

"양우정과 상음괴가 나를 모멸하기가 이루 말할 수가 없다. 내가 역치를 할 때에도 온갖 방법으로 역치하는 것을 방해하더니만, 이제 동북철로공서를 만들어 상음괴를 철로독판으로 임명해달라고 강요하는 거야. 남경정부와 상의해서 결정할 문제라고 말해도 즉각 싸인하라고 날 협박하는 거야. 이래가지고 어떻게 내가 군을 통솔할 수 있겠나? 그들은 밥 먹고 곧 돌아올 거야. 나는 그대에게 명령하네. 돌아오는 대로 두 사람을 즉결처분하게. 경호부대를 동원하여 실수없이 집행하도록 하게."

평소에 양·상 두 사람이 너무 비양발호한다는 것을 느끼고 있었던 고기의高紀毅이지만 이 말을 듣고는 깜짝 놀라지 않을 수 없었다. 그러나 군대는 명령이다. 고기의는 마음을 안정시키고 물었다: "어디서 처치할까요?" 장학량은 말했다: "바로 여기 노호청에서!"

이 말이 끝났을 때가 오후 5시 반半이었다. 6명의 호위병이 적당한 자리에 배치되고 일체 출입이 통제되었다.

대략 두 시간 가량의 시간이 지나고, 전혀 사태를 눈치채지 못한 두 사람이 노호청에 당당하게 들어섰다. 그리고 문건을 내밀며 장학량이 싸인하기만을 기다렸다. 그때 곧바로 고기의와 담해譚海Tan Hai(경호실 부관副官)가 완전무장한 6명의 호위병(衛士)을 데리고 들어왔다. 두 사람은 화들짝 놀라, "이게 뭔 짓이냐?"하고 소리쳤다. 고기의는 선포했다: "장관의 명령을 집행한다. 너희 두 사람은 신정新政을 저해하고, 통일統一을 파괴했으니 죄질이 사형에 해당된다. 즉시 집행한다." 두 사람은 선혈을 흘리면서 쓰러졌다. 왕년의 명장들이지만 경악의 숨 한 번 제대로 쉴 겨를도 없이 힘없이 쓰러졌다.

훗날 외교사무를 책임지고 있던 왕가정王家楨Wang Jia-zhen의 회고에 의하면, 이날 상오에 장학량이 왕가정에게 이런 문의를 했다는 것이다: "우리 내부 인사에 무슨 큰 변화가 있다면, 자네 생각에 외교상 문제될 것이 있는

대청루 2층에 있는 장학량부부 침실. 두 사람은 금슬이 좋았다. 장학량은 저기 저 소파에 앉아 동전을 던졌을 것이다.

가?" 이것은 곧 양·상이 수부에 오기 전에 이미 그 둘을 제거할 결심이 서있었다는 것을 의미한다. 그리고 양·상이 왔다간 후 2시간 동안 장학량은 우부인의 방에서 동전을 던졌다.

원세개의 얼굴이 있는 정면이 나오면 죽이기로 했는데 세 번 다 원세개 얼굴이 나왔다. 그래서 동전이 잘못됐나보다 하고 반면으로 바꾸어 결정했는데 세 번 다 반면이 나왔다. 장학량은 양·상을 창살槍殺하는 것이 천의天意라고 생각했다. 우부인은 눈치채고 울었다고 한다(1989년 본인의 회고담).

길거리에서 내가 취미로 산 1원짜리 동전인데 바로 장학량이 던진 동전일 것이다. 오원짜리는 싸이즈가 더 큰데 원세개얼굴이 있기는 마찬가지다. 중화민국 3년으로 쓰여져 있으니까 1914에 주조된 것이다. 소재는 백동.

분명 양·상의 창살(=총살)은 우발적인 것이 아니다. 미리 기획된 것이 분명하다. 단순히 "철도청"의 문제는 아닌 것이다. 과연 무엇이 근인近因·원인遠因이었을까?

우리가 사가적史家的인 입장에서 흘러온 동북역사의 맥락을 짚어본다면, 곽송령과 양우정의 대립에서 이미 양우정의 죽음은 예정되어 있었다고 보아야 할 것이다. 곽송령은 도과로 죽임을 당했지만 그를 죽게 만든 신파新派 중 양우정의 사관파士官派 세력은 꺾임을 당하지 않고서 곽송령의 심복제자인 장학량시대를 맞이할 수는 없었다.

곽송령은 식병지전息兵止戰의 평화주의pacifism와 똥뻬이 인민의 보경안민

保境安民local economic prosperity을 주장했는데, 양우정은 그와 정반대로 끊임없이 전쟁을 해야만 한다는 주전파이론militarism과 똥뻬이보다는 중원으로 진출해야 한다는 중원패권주의The hegemony of Central China를 주장하며 장작림을 고취시켰다. 따라서 장학량의 역치는 양우정파의 입장에서 보면 말도 안되는 "좌절"이었던 것이다.

그리고 양우정과 상음괴의 인간적인 미숙함이 도가 지나쳤다. 양우정은 중요한 회의가 있을 때마다, 장학량에게, "이 일은 너는 몰라, 상관하지 말어? 你不知道, 你不要管"라는 식으로 말을 해서 장학량의 얼굴을 붉게 만든 적이 한두 번이 아니었다. 역치결정 후에도 각파 대표가 심양에 왔을 때 그들은 모두 총사령관인 장학량을 제껴두고 양우정에게 먼저 갔다.

그런 상황에서는, 제정신이 있는 양우정이라면, 당연히 그들로 하여금 먼저 장학량에게 가라고 권고해야 했을 것이다. 그런데 공공연하게 이렇게 말했다: "관외關外의 일(산해관 동쪽을 말하는 것이니 곧 똥뻬이를 가리키는 셈)은 내가 주관한다. 한경이는 아직 어린애야. 걔는 신경쓸 것 없어!"

이 말을 전해들은 장학량은 마시던 찻잔을 떨어뜨렸다고 한다. 상음괴도 마찬가지였다. 중인들 앞에서, "샤오리우쯔는 어려서 사리를 몰라!" 이런 소리를 쉽게 내뱉었다. 그리고 공사公事가 있을 때면 장학량을 만나야 한다고 하면서 대청루 2층 침실로 직접 쳐들어오곤 했다는 것이다. 우부인이 잠옷을 입고 누워있는데도 상관치도 않았다는 것이다.

그리고 장학량의 명령을 거절하고 수행치 않은 적이 한두 번이 아니었다.

그런데 같은 명령을 양우정이 내리면 장학량이 보는 앞에서 그 명령을 수락했다. 최악의 사태는 남경에서 철로관계 회의가 열려 중동철로 독판인 여영환呂榮寰이 내려가는데 그 인편에 상음괴가 장개석에게 편지를 보냈다. 여영환이 그 편지를 도중에 뜯어보았는데 거기에는 다음과 같이 쓰여 있었다: "똥삐이의 일에 관해서는 장학량을 찾을 필요가 없소. 그는 매일 아편이나 하고 춤이나 추고 정사는 관심이 없소. 정사에 관해서는 양 독판이나 나를 찾으면 될 것이요." 여영환은 이 편지를 장개석에게 전하지 않고 장학량에게 전했다.

나는 지금 중국역사의 가십을 들춰내고 있는 것이 아니다. 역사적 사건의 배후에 어떤 인간이 있으며, 그 인간들의 마음에 어떤 감정이 서리고 있는가 하는 아주 사소한 이야기라도 역사의 대세를 판가름하는 데 주요한 계기가 될 수 있다는 것을 말하려는 것이다. 역사는 인간들의 이야기일 뿐이다.

양·상과 장학량의 대립적 관계는 이미 일본영사관에 충분히 파악이 되어 일본영사인 하야시 곤스케林權助, 1860~1939(동경대 출신의 외교관. 노일전쟁 때 한일의정서, 제1차·제2차 한일늑약을 체결. 1906년 주청공사駐淸公使. 대륙침탈의 강력외교 추진)가 양자를 이간시키는 작전을 폈다고도 하고, 장개석이 양·상사건 발생 이전에 이미 백숭희白崇禧가 양우정을 책동하여 장학량 자리를 빼앗으려는 음모를 짜고 있으니 양우정을 제거하라는 밀신을 장학량에게 보냈다고 하는 등, 여러 설이 있으나, 내가 생각키에 양·상의 창살에 대한 결단은 장학량의 주체적인 판단에 의한 것으로 보아야 할 것이다.

본시 중국속담에도 "이산룽뿌시아얼후一山容不下二虎"라는 말이 있듯이 양우정과 장학량은 공존이 불가능한 관계였다. 양·상사건 3일 전에 있었던 한 장면을 그려보자! 1929년 1월 7일, 양우정의 아버지는 칠순 수연을 맞이하고 있었다. 양우정은 이 생일잔치를 심양 한복판의 자기집에서 열었다. 똥뻬이 문무백관文武百官, 지방명류뿐 아니라, 장개석, 백숭희·염석산 및 광동·사천 지방의 실력파 계열의 대표단, 그리고 일본정계의 요직자들까지 다투어 양부 楊府로 몰려들었다.

축수지일祝壽之日, 장학량은 부인 우봉지于鳳至를 대동하고 자동차로 양부 수당壽堂으로 가서 라오타이애老太爺에게 세 번 큰절을 하는 "삼국궁대례三鞠躬大禮"를 행하였다. "똥뻬이의 천황"이라고도 할 수 있는 장학량이 이 예를 행하고 있는 동안에도 객청을 가득 메운 사람들 중, 떠들던 사람은 계속 떠들고, 술 마시던 사람들은 계속 마시고, 마작놀이를 하던 사람들은 계속 타패打牌를 했다. 단지 몇 사람만 장학량에게 경의를 표했을 뿐이다.

그런데 조금 있다가 아주 대비적인 사건이 발생했다. 사람들이 갑자기 숙연해지더니 모두 기립하는 것이다. 그리고 열렬히 박수를 치는 것이다. 환호성 속에 객청으로 엄숙히 입장하는 것은 다름 아닌 양우정이었다. 장학량은 한 곁에서 이 장면을 지켜볼 수밖에 없었다. 이날 밤, 우봉지는 학량에게 이렇게 말했다: "똥뻬이의 주인은 니가 아냐! 양우정이야말로 똥뻬이의 진정한 주인이더구나!"

바보 같은 양우정은 지 애비 칠순잔치 한번 거하게 차려드리고 지 목숨을 날린 것이다. 양우정의 죽음은 본인이 자초한 너무도 당연한 장학량의 처결이었다.

"양·상사건"은 그 자체로 보면 좀 무리가 있었다. 본인들은 물론 주변의 누구도 전혀 눈치채지 못했고, 또 법적인 절차를 거치지 않았을 뿐 아니라, 외면적으로 보면 철도국 얘기를 좀 건방지게 했다가 우발적으로 총살당한 꼴이니, 그 사건의 전후만을 들여다보면 장학량의 처결에 대한 시비를 걸 수 있는 소지가 충분히 있었다. 장작상도 이 소식을 듣고 학량에게, "이번 거사는 좀 지나쳤다는 평을 면키 어려울 것 같군. 此擧未免過甚!"이라고 말했다. 학량은 자기를 사랑하는 장작상에게 이렇게 대답했다: "제가 잘못 행동한 것은 없습니다. 그러나 동삼성 부로父老들에게 심려를 끼친 것에 대한 사과는 하겠습니다." 간결했다.

장학량이라는 불과 28세의 총사령관의 위인의 위대함을 나타내주는 고사는 그 즉결처분 후부터 그가 취한 행동의 위풍당당함에 있다. 보통사람 같으면 그러한 행동을 "꼼수"로서 포장하기 마련이다. 최근 우리나라 정치인들이 국민에게 보여온 쥐새끼 같은 꼼수를 생각하면, 장학량의 처신은 고구려패러다임의 어떤 스케일감, 그리고 서안사변을 일으킬 만한 선천적인 기량의 거대함을 감지케 해준다.

장학량은 우선 "창폐양상槍斃楊常"의 사실을 합법적인 시형施刑으로 문서화하여 그 판결서判決書를 전국에 공표했다. 판결서의 주요요지는 철도국과 관련이 없고, 당우黨羽를 암결暗結하여 내란을 도모하였고, 국부國府를 전복하고 화의和議를 저해한다는 것이다.

그리고 그날로 시체는 선혈이 낭자한 양탄자로 말아 강등선姜登選의 묘廟(강등선은 곽송령에 의하여 처단된 사관파의 한 거물이다)에 옮겨 놓았다. 그리고 가족에게 각기 휼금恤金 1만 냥씩을 보냈다. 그리고 양우정 부인에게는 정성 어린 눈물의 편지를 같이 보냈다. 편지 속에서 당태종이 이건성李建成과 이원 길李元吉을 죽여야만 했던 고사(현무문玄武門의 변變)를 언급하면서 잠 못 이루는 쓰라린 가슴을 호소했다.

그리고 전국에 통전하여 선포하였다: "양우정과 상음邙가 중용한 모든 관원은 위법하지 않는 한 일체 신변에 해가 없을 것이다." 그리고 양·상의 상여가 나갈 때, 친히 쓴 만장을 휘날리게 했고, 그 만장의 내용을 『신민만보 新民晚報』 등의 신문에 실리게 했다. 이 만장의 짧은 구절 속에 관숙管叔과 채숙蔡叔, 회음후淮陰侯 한신韓信, 그리고 마속馬謖(= 유상幼常)이 언급되어 장학량의 식견과 결단의 불가피했음을 매우 카리스마틱하게 과시하고 있다.

"양상사건"을 보도한 『신민만보』의 기사. 1월 13일자 신문에는 장학량이 양우정 부인에게 보내는 편지전문이 실렸다: "제弟가 인갈鄰葛과 더불어 상교相交한 두터움은 수족과도 같사옵니다. 단지 제弟 국가를 위해 생각하고, 인민의 촉탁을 받자옵고, 국가가 맡겨준 책임을 생각하여 사정私情에 끌릴 수가 없었나이다. 당태종의 영명한 재능에 관해 고금에 칭송하는 바, 건성建成·원길元吉을 처단한 일이 어찌 무슨 책략이 있기 때문이었겠나이까? 楊大嫂鑒: 弟同鄰葛相交之厚如同手足, 但爲國家計, 弟受人民之囑託, 國家之寄任, 不能顧及私情。唐太宗英明之才, 古今稱頌, 建成、元吉之事, 又有何策乎? … 운운."

이제 더 이상 똥뻬이의 군대는 장작림의 군대도, 노파의 군대도, 사관파·육대파의 군대도 아니었다. 오직 장학량의 군대였던 것이다. 장학량은 이 사건을 당당하게 밀고 나감으로써 완벽한 카리스마를 구축했으며 똥뻬이의 군령軍令과 정령政令을 통일시켰다. 항우項羽에게 모자랐던 것, 그것은 장학량의 결단이었다. 장학량의 결단, 그것은 고구려패러다임의 한 모식이라고 나는 말하고 싶다.

역사의 흐름을 총체적으로 검토할 때 이 양·상의 처결은 장학량으로서는 불가피한 결단이었고, 또 군통수권을 장악한 자로서 내려야만 했던 용단이었지만 훗날 동북군의 명운命運에 먹구름을 드리우는 사건이기도 했다. 그 먹구름에 관해서는 앞으로 전개될 이야기들이 스스로 말해줄 것이다.

이곳이 대청루 1층 남향쪽으로 있는 제1회객실第一會客室인데, 장학량시대에 동북정무위원회東北政務委員會의 회의실이 되었으며 주요한 정치회담이 여기서 이루어졌다. 이 사진은 역치 후의 모습인데 손문초상화 왼쪽으로 국민당기가 있고 오른쪽으로 중화민국 남경국민정부의 국기가 걸려있다. 즉 동북이 남경정부체제 속으로 들어갔다는 것을 알 수 있다. 그 누가 알았으랴! 이곳이 위만주국 제1군관구사령부가 될 줄을!

똥뻬이역치 東北易幟

양우정의 얘기 때문에 시간이 좀 뒤로 흘렀는데, "역치"의 상황을 조금 더 자세히 설명하면 다음과 같다.

장학량은 "북벌시기"에 이합집산하는 군벌들끼리의 치열한 전투를 많이 겪으면서 인민의 고초를 체험했고, 소수 집권자의 세력다툼 때문에 중국인들끼리 서로 죽이는 것이 얼마나 무의미한 것인지를 깊게 통찰하였다. 그러나 장학량은 명장으로서 중요한 전투를 잘 치러내는 혁혁한 군공을 계속 쌓아나갔다.

하북성 북경 근교의 탁주의 전투涿州之戰(유비劉備의 출신지. 황제와 치우가 한판 대결했던 곳)에서 탁주를 고수하려고 상대방군이 100일이나 완강한 수성守城의 저항을 지속하고 있는 상황에서, 장학량은 비행기, 탱크, 대포, 독가스탄 등의 무기뿐 아니라, 철로작업, 지하갱도폭파 등의 방법으로 전방위적 입체

공방전을 펼친다. 이 칠전탁주七戰涿州의 치열한 공방은 중국전쟁사에 남는 유명한 전역이다. 후에 모택동도 이 탁주의 전투를 버티어낸 부작의에게 편지를 쓰면서, "오랫동안 그 영명英名을 전사에 남기었다"는 평어를 전했다.

그 엄청난 대량공격에도 끝까지 굴복하지 않고 버티어낸 전설적인 영웅이 진군晉軍(산서성 베이스의 군벌)을 지휘한 부작의傅作義 Fu Zuo-yi, 1895~1974(산서성 영하인榮河人. 염석산 휘하의 사람. 국민혁명군 제3집단 제4사 사장師長)였다. 부작의는 7차에 걸친 장학량의 공격을 견디어 냈다. 사실상 성내에는 더 버틸 식량이 없었다. 장작림은 아들에게 전보를 쳐서, "부작의가 투항하지 않으면 성안에서 모두 굶어죽게 하라"고 명했다. 봉군이 공성攻城을 정지하고 포위망을 풀지않고 기다리면 모두 굶어죽을 판이었다.

부작의는 중국역사에 살아있는 하나의 전설적 영웅이다. 산서성 영하인榮河人으로 산서육군소학당에 들어가 무창기의 때부터 이미 학생군 배장排長으로 두각을 나타내었다. 보정군관학교를 졸업하고 진군晉軍의 핵심이 되었다. 문무를 겸하고 문장을 잘 썼으며 백전백승의 전공을 올리는 탁월한 전략가였다. 곽송령과 유사한 엘리트사령인데 성격이 매우 상식적이고 온유하다. 항일전쟁시기에 제7집단군총사령, 차하얼성정부주석, 화북초비총사령을 지내면서, 북경, 천진, 보정의 수비를 맡았다. 끝까지 장개석을 위해 최선을 다해 싸웠지만 역사의 대운이 변하는 것을 깨닫는 순간 북경을 공산당에게 평화담판을 통해 넘긴다. 공산당은 부작의 때문에 북경(당시 북평北平)에 평화로운 입성을 할 수 있었다. 생긴 것만 보아도 얼마나 반듯한 사람인지 알 수 있다.

1927년 12월 10일, 중국적십자회(중국에서는 적십자를 "홍십자회紅十字會"라고 한다)가 개입했고, 각지의 동향회同鄉會(향우회) 대표들이 파견되어 와서 장학량에게 평화적인 해결을 촉구했다. 장학량의 본의는 부작의가 무기만 내려놓으면 살아있는 사병과 노백성老百姓(평민)에게 은혜를 베풀 생각이었다. 그런데 부작의는 끝내 투항을 거부하고 참모장 주석장朱錫章을 내어보내 사절들을 접대케 했다. 그리고 각방의 성의盛意를 거절했다.

탁주성은 본래 큰 성이 아니었다. 1만 명 이상의 사람들이 성안에 몰려들어 석 달 이상의 싸움을 지속했으니 식량이 다 떨어질 수밖에 없었다. 술찌게미까지 다 먹어버리고 이제 아사의 길밖에는 없었다. 부작의가 성을 고수한다는 것은 이미 의미가 없었다. 그의 상관인 염석산이 이미 산서山西 노가老家로 철수해버렸기 때문이다.

제4사第四師만 탁주를 점거한다 한들, 외원外援이 끊긴 상태에서는, 기만 명의 막강한 봉군에 포위된 채 죽음을 기다리는 것밖에는 달리 할 일이 없었다. 따라서 성안의 성민대표들이 모여 부작의에게 무릎 꿇고 빌었다: "제발 정전停戰해주십시오." 부작의는 결국 담판에 응할 수밖에 없었다. 만 단위로나 셀 수 있는 시체를 밟고 공방攻方의 대장 장학량과 수방守方의 대장 부작의는 드디어 100여 일만에 얼굴을 마주볼 수 있게 되었다. 부작의는 장학량을 만나자마자, 곧바로 장학량에게 요구했다: "탁주성 안의 모든 군민이 이미 이틀 동안 단한 톨 아무것도 먹지 못했소."

1920년 3월, 장학량이 동북육군강무당을 졸업했을 때의 사진이다. 만 19살의 앳띤 모습이다. 그러나 이 해 11월에 그는 육군소장으로 승진하여 훌륭한 지휘관이 된다. 역사가 사람을 키운다는 말이 이를 두고 하는 말일 것이다.

장학량은 부작의의 말이 끝나기도 전에 만복린萬福麟에게 지시했다. 탁주성 내의 군민 모두에게 무조건 3일분의 식량을 주도록 했다. 부작의는 장학량에게 감사를 표시했다. 그러자 학량은 큰 도량으로 말했다: "양편이 모두 알고보면 일가一家일 뿐이오. 모두가 나라를 걱정해서 이 짓을 하고 있는 게 아니오? 이번 일에 관하여 크게 괘념하실 것이 없소. 우선 빈관에서 쉬시지요."

부작의는 장학량에게 화의조건을 내걸었다: "이제 더이상 관병을 살해하지 않는다. 우리 진군晉軍은 투항하되 봉군에게 투항하지 않는다. 중화민국 육군부에 투항하는 조건이라면 투항하겠다."

이 소리를 들은 만복린 이하 봉군 지휘관들은 화가 끓어올랐다. 사실 싸운 것은 봉군인데, 승리를 앞두고 이런 소리를 적장으로부터 듣는다는 것은 어불성설이라는 얘기였다. 투항의 조건을 수용치 않겠다고 투덜댔다. 장학량은 만복린 등 봉군장령들을 데리고 시체가 겹겹이 쌓여있는 탁주성 아래로 가서, 그 즐비한 시체를 가리키며 소리쳤다: "아직도 시체가 부족한가!" 봉군장령들은 말문을 열 수 없었다.

1928년 1월 12일, 부작의는 잔존한 진군 제4사의 7,000여 병사를 끌고 탁주성을 철출撤出한다. 장학량은 물론 그들을 다 괴멸시킬 수 있었다.

부작의가 항일전쟁시기, 제7집단군총사령으로 있을 때, 병사들의 교육이 부족한 것을 간파하고 그들을 교육시켜야겠다는 일념으로 부대 내에 "분투실"을 만들어 장병을 교육시키고 또 "분투소학奮鬪小學"과 "분투중학"을 만들어 군인자녀에게까지 인문·군사교육을 시킨다. 그는 이와 같이 문무를 겸비한 인간이 없이는 군대는 헛것이라고 믿었다. 이 메달은 "분투사병기념장奮鬪士兵紀念章─부작의증傅作義贈"으로 되어있는데 분투실의 소정의 교육과정을 수료한 장병들에게 수여한 것이다. 청천백일기 가운데 "장獎"(표창장의 뜻)이라는 글씨가 써있는데 디자인도 일품이다. 42.4×42.3mm, In Collection.

그러나 그러한 잔혹한 짓을 하지 않았다. 그들이 명예롭게 퇴각할 수 있도록 퇴로를 열어주었던 것이다. 장학량은 전화 속에서도 인간성을 상실하지 않았다.

1927년 초봄, 장학량은 봉군의 주력부대를 이끌고 3번이나 황하를 건너, 하남성의 중요거점인 정주鄭州를 공점攻占하였다. 같은 해 5월, 북벌군이 맹렬한 반격을 가해오자, 봉군 주력부대가 타격을 입고 더 이상 정주를 고수하는 것이 무리라 생각되어 장학량은 정주를 철리撤離할 것을 결정한다. 그런데 정주에는 망망한 황하를 가로지르는 장장長長한 황하대교黃河大橋가 있었다.

당시의 황하대교. 퀄리티 높은 사진을 구할 수가 없었다. 군사적 목적 때문에 인민의 피땀으로 만든 다리를 함부로 파괴할 수 없다는 장학량 장군의 판단력은 참으로 가상한 것이다. 장학량은 보이지 않는 역사의 대국을 볼 줄 알았다.

지금 봉군의 뒤를 쫓는 북벌군의 위세를 생각하면 황하대교를 폭파하는 것은 너무도 당연한 전략적 필연이었다. 그리고 정주성에는 비축해놓은 군량미와 군화고軍火庫가 잔뜩 있었다. 총급히 철수하는 마당에 이 군량과 군화를 다 싣고 갈 수가 없었다. 비축여분은 당연히 폭파시키고 태워버려야만 했다. 그런데 장학량은 유장한 황하를 바라보며 대교의 폭파를 명하지 않았고, 군화고와 양창糧倉을 그대로 두게 했다.

"원봉부동原封不動!"

"아니 그게 말이 됩니까? 그럼 저 화약과 양식이 모두 적敵의 수중에 들어갈 텐데요?"

장학량은 부하를 힐끗 바라보며 외쳤다.

"누가 과연 적인敵人인가? 내가 부동不動이라 말했으면 부동일 뿐이다. 승패勝敗는 병가의 상사常事!"

정주를 접수하는 북벌군의 장군은 "소제갈小諸葛"이라는 별명이 붙은 명장 백숭희白崇禧Bai Chong-xi, 1893~1966(광서성 계림인桂林人. 보정군관학교 졸업. 계군桂軍의 리더. 1924년 국민당에 들어감. 북벌시 국민혁명군 부총참모장. 1950년 대만에 감. 총통부고문위원회 부주임 역임, 1966년 12월 2일 대북에서 병사)였다. 폭파된 줄 알았던 황하대교도 온전하게 남아있고 정주를 진입하고 보니 군화고와 양창이 고스란히 남아있었다. 백숭희는 얼굴에 비이鄙夷(낮잡아 봄)의 기색을 띠며 장학량에게 한바탕 욕을 퍼부었다.

"세상사람들이 장학량을 소년영웅少年英雄이라 말하고, 뛰어난 전략가라고 말하는데, 너희들 이 꼬라지 한번 봐라! 어떻게 이 모습으로 모든 것을 남겨두고 떠나는 놈을 쌈 잘하는 놈이라고 말할 수 있겠니? 황하대교까지 폭파하지 않고 떠났으니, 우리가 자기네를 따라잡지 못할까봐 염려해주는 모양이지? 그 녀석 여자 꼬시는 데는 고수라고 하는데 전쟁은 모르는 놈이구만!"

같이 있던 장령들이 한바탕 웃어댔는데, 바로 이때 전령병傳令兵이 와서 농해로독판隴海路督辦 장호章祜Zhang Hu가 백 장군을 뵙기를 청하고 있다고 전언하는 것이었다. 장호가 들어오더니 편지 한 통을 백숭희에게 전하면서 말한다: "백 장군! 장학량이 철퇴하면서 저에게 꼭 백 장군님에게 전해달라고 맡긴 편지입니다. 한번 과목過目하시죠." 펴보니 편지에는 정성스러운 필체로 다음과 같이 정중하게 쓰여져 있었다.

"제가 황하철교를 폭파하지 않은 것은 이 다리야말로 중국최대건축물 중의 하나로서 전 인민의 자산이기 때문입니다. 파괴를 하기는 쉬우나 한번 부서지면 일시에 수복修復이 불가능하며, 국가의 원기元氣가 손상되는 것을 차마 볼 수가 없었습니다. 결코 철퇴하느라고 창촉倉促하여 다리를 파괴할 여유가 없었던 것은 아니올시다. 아군이 정현에 주둔할 때에 창고에 여분이 심히 많았습니다. 이것도 태우고 폭파하는 것을 잊어버렸기 때문이 아니올시다. 잦은 전쟁으로 하남성의 인민들이 유리流離하는 모습이 처참한데, 어찌 이재민들이 그토록 갈망하는 식량을 불태울 수 있겠습니까? 당신이나 나나 다같이 쫑꾸어르언中國人이올시다. 귀군貴軍이 만약 식량의 수급에 어려움이 없다고 한다면, 이 식량을 이재민들에게 나누어 주십시오. 이렇게 하는 것만이 우리의 죄업을 조금이라도 갚는 길이 되겠지요. 제 편에는 중상을 입어 움직일 수 없는 관병들이 있어 남겨둘 수밖에 없었습니다. 부디 귀관께서 인도주의적 관점에서 이들에게 의료를 베풀어주신다면 더할 나위 없이 감사하겠습니다. 우리가 언젠가 다시 만날 날이 있겠지요. 그때 다시 한 번 감사의 예를 올리기로 하겠습니다."

백숭희는 이 편지를 휘하의 장령들에게 돌려보게 했다. 한동안 만옥滿屋에 정적감이 돌고 쥐소리 하나 없었다. 백숭희 본인도 아무 말을 하지 못했다.

백숭희는 자를 건생健生이라 하는데 광서성 계림桂林사람이다. 회교도이다. 보정군관학교를 졸업하고 광서로 돌아와, 1918년 호남 호법지역護法之役에 참가하고, 1921년 계군 영장, 단장, 월계전쟁粵桂戰爭에 참가. 1923년 광서 토역군참모장, 1924년 국민당에 들어간다. 국민혁명군 북벌시기에는 부총참모장을 지냈고, 광서군대를 이끌고 산해관까지 진격했다. 8년항일전쟁시기에는 군사위원회 부총참모장 겸 군훈부장軍訓部長을 임했으며 송호淞滬전투, 태아장台兒莊전투, 장사전투에서 혁혁한 승리를 거두었다. 그는 "소제갈小諸葛"이라는 소리를 들을 정도로 전략이 탁월했고, 그의 아들 백선용白先勇은 유명한 작가이다. 1948년 5월 화중초비총사령이 되었고, 1950년 대만으로 넘어갔다.

이것은 장학량이 역사에 남긴 많은 설화 중의 하나에 불과하다. 6·25가 터지자 잽싸게 대전으로 도망친 이승만이 피난하는 시민과 차량으로 가득차 있었던 한강철교를 폭파시키고 한강 이북의 아군을 괴멸시킨 사례와는 너무도 대조적이다. 이승만은 명령을 수행한 장교에게 책임을 덮어씌워 사형을 집행했다.

한강다리가 폭파된 것은 1950년 6월 28일 새벽 2시 30분이다. 그런데 이승만은 이미 그 전날 6월 27일 새벽 3시에 경무대를 쥐새끼처럼 아무도 모르게(군부, 국회의 사람들과 의논치 않았다) 빠져나와 서울역에서 특별기차를 타고 남쪽으로 내뺐다. 그것도 대구까지 갔다가 "지나치게 멀리 왔다"는 지적에 따라 열차를 되돌려 대전에 내렸다. 충남지사관사에서 여장을 풀고, 마치 그가 서울에서 서울을 고수하기 위하여 분투하고 있는 인상을 주는 "쌩거짓말방송"을 했고, 그것은 27일부터 서울중앙방송국에서 광파되었다. 한강다리폭파는 군사학적으로 설명이 되지않는 우행愚行이다. 철교는 폭약폭발로 제대로 끊어지지도 않았고, 인도교는 소개명령 없이 폭파되었다. 당시 최대 800명으로 추산되는 시민과 50여 대의 차량이 함께 폭파된 것이다. 참혹한 처사라 아니 할 수 없다. 뿐만 아니라 한강 이북에 있던 우리 국군이 4만 4천 명이나 증발되어 버리고 마는 비극이 초래되었다. 다리가 끊어졌으므로 일체 수송이 불가능해지고 지휘체계가 무너져 북한 수중에 떨어지고 만 것이다. 이러한 것은 움직일 수 없는 엄연한 사실이다.

이승만과 장학량의 처사를 한번 비교해보라! 새로 쓰여지는 국정교과서를 위하여 교육부는 이승만을 "건국의 아버지"로 영웅시하는 지침을 내릴 것인가?

"우리는 다같이 중국인이 아니겠습니까?" 이 한마디는 지금은 너무도 쉬운 한마디인 것처럼 들리지만, 한 민족 한 국가 개념이 희박했던 당시의 중국에서 전쟁을 수행하는 사령관에게서 이 말을 듣는다는 것은 결코 쉬운 한마디가 아니다. 훗날 탕 더깡唐德剛Tang De-gang, 1920~2009(안휘성 합비현인合肥縣人. 중경의 국립중앙대학 역사학과를 졸업, 뉴욕 컬럼비아대학에서 석사·박사를 했다. 컬럼비아대·뉴욕시립대학 교수. 미국에서 활약한 중국사가)과의 인터뷰에서 노령의 장학량이 한 말은 나의 폐부를 찌르는 한마디로서 기억에 남아있다:

"내 인생에 관한 이야기는 36살이 되면 사라져! 그 이후에는 아무것도 없지. 36! 그래 정말 서른여섯 살이었지. 난 스물한 살 때부터 두각을 나타내기 시작해서 서른여섯 살까지, 하느님께서 나에게 주신 생명은 요것뿐이었지."

장학량의 "학량學良"을 맹자가 말하는 바, 불학이능不學而能하는 양능良能이나 불려이지不慮而知하는 양지良知로 해석한다면, 그의 양지양능 속에는 순결한 평화주의pacifism, 애틋한 인도주의humanism, 그리고 근대국가주의적인 민족주의nationalism가 새겨져 있다. 이러한 덕성도 과연 상띠上帝께서 그에게 내려주신 짧은 기간 동안의 선물이었을까?

장학량은 그의 승전을 치하하는 경공연慶功宴에도 참석하는 것을 거부했다. 그리고 그런 연회비용을 민중에게 자선하도록 권유했다. 장학량은 정주로부터 퇴각하는 과정에서 그의 옷자락을 붙들고 무릎을 질질 끌며 하소연하는 어느 할머니의 호소에 깊은 충격을 받았다. 그가 "무마지牧馬集"라고 부르는 시골기차역 앞에서 몰고가던 자동차를 세울 수밖에 없었다. 너무도 많은 사람들이 달려들어 먹을 것을 요구했기 때문이었다. 차에서 내린 그의 옷을 어느 할머니가 붙잡았다. 그래서 그는 주머니에 있던 돈을 할머니에게 주었더니 받지도 않고 배고프다고만 소리치는 것이었다.

그래서 장학량은 위생병에게 만들어놓은 따만터우大饅頭(속이 들어있지 않은 큰 찐빵덩어리 같은 것)를 주도록 했다. 그랬더니 할머니는 땅에 꿇어 엎드린 채 일어나서 만두를 손으로 받지 않는 것이었다. 그래서 위생병이 만두를 땅바닥에 던지니까 흙이 만두에 잔뜩 묻었는데, 그 채로 마구 입에 집어넣는 것이었다. 그래서 장학량은 그 할머니에게 물었다. "어이하여 이러하오? 집에 사람도 없소? 자식도 없습니까? 어딜 갔어요?"

그러자 할머니가 말한다: "몰라요, 몰라요. 아들은 군대 끌려나갔지요. 우리동네 젊은 자제들은 모조리 다 끌려나갔어요. 끌려갈 수 있는 놈은 끌려가고, 뛸 수 있는 놈은 뛰고, 도망갈 수 있는 놈은 도망가고, 남은 사람들은 우리 늙은이밖엔 없어요. 끌려갈래야 갈 수가 없고, 도망갈래야 갈 수도 없고, 먹을 밥도 없고, 그냥 앉아서 죽기만을 기다리고 있다우. 이거 도대체 어떻게 살아간담!"

이 광경을 아버지 장작림에게 얘기하던 장학량은 갑자기 실성失聲하여 통곡하기 시작했다. 장작림은 학량의 어깨를 두드리며 말했다: "샤오리우쯔, 울지 마라! 요번 전쟁에서 너무 많은 일을 겪은 듯하구나! 그래, 그래, 네 말을 들어보자꾸나!"

장학량은 눈을 비비며 눈물을 말리우고 말했다: "아버지! 생각해보세요. 우리가 지금 하고 있는 전쟁은 도무지 종잡을 수가 없는 전쟁입니다. 오늘은 죽으라고 싸우지만 내일 화해를 하면 또 같은 편이 됩니다. 그러다가 모레가 되면 또 서로 죽일 놈이 되어 싸웁니다. 이렇게 싸우는 과정에서 죽어 넘어지는 자들은 대강 다 우수한 인재들입니다. 살아남는 무능한 자들이 공을 차지하고 상을 받지요. 결국 최후로 쌩피 보는 사람들은 보통 백성이지요. 이게 도대체 누가 저지른 얼孼(재앙)입니까? 그토록 많은 인민을 죽이다니, 이게 다 우리가 저지른 얼이 아니고 무엇이겠습니까? 이런 전쟁은 도대체 싸워서 무슨 의미가 있는 것입니까? 우리가 과연 이 역사에서 무슨 짓을 하고 있는 것일까요? 아버지! 우리 이제 그만 똥뻬이로 돌아갑시다!"

장작림은 이러한 아들의 호소에도 아랑곳하지 않았다. 그는 중국의 통일이 목전의 자기세력권 내에 들어있다고 판단하고 있었던 것이다.

"손대포孫大炮 새끼(손문이 구라를 잘 친다고 해서 손대포라는 별명이 붙었는데 여기서 장작림은 문자 그대로 대포로 새기고 있다) 그 새끼가 뭐 삼민주의三民主義를 외친다구? 난 사민주의四民主義가 있다구. 난 손대포가 못 가지고 있는 진짜 대포가 있단 말야! 생각해보라! 이차직봉대전 때 오패부 그 새끼를 처부셨잖아! 풍옥상이 그 놈도 섬서로 도망가게 했잖아. 염석산 그 새끼도 좆나게 깨졌지. 우리 동북군은 군인정신이 강하고 말도 튼튼해人强馬壯, 무기도 많고, 전투기도 많고, 대포도 많고, 식량도 많고, 8·9개 성의 지반이 있고, 10여 개의 기병사단이 있어. 우리 공병창고에는 2·30만 개의 우수한 소총이 있고 1천여 문의 박격포가 있지. 또 산포山炮, 중포重炮, 가농포加農炮가 있어. 북벌군은 하늘에 제공권이 없고, 땅에도 기병이 없어. 아니 지놈들이 어떻게 중국을 통일한단 말야! 얘야! 샤오리우쯔야! 30만대군을 이끌고 있는 니가 싸우지 않겠다니! 내 앞에 와서 통곡하면서 철병하자고 하니, 정말 미치겠다. 니가 남자냐? 이놈아 난 일생 진 전쟁은 한 적이 없어. 난 철군하지 않아!"

장학량은 돌연히 물었다: "장개석이 중국사람입니까? 아닙니까?"

장작림은 아들이 뭘 묻고 있는지를 몰라 멍 하고 있었다. 장학량은 말을 이었다: "그렇다면 염석산은요. 이종인, 풍옥상은 중국인입니까 아닙니까?" 장작림은 아들 대가리 속에서 무슨 약방문이 나올지를 몰랐다. 장학량은 말했다:

"아버지, 생각 좀 해보세요. 이들 모두가 중국인이라면, 이들이 점거하고 있는 지반地盤이라는 게 다 중국 것입니다. 누가 지반을 더 가지고 있다는 게 뭐가 그리 중요합니까? 결국 중국인이 중국땅을 가지는 것이지요. 북경은 누가 차지하든, 그것은 결국 중국사람 내의 문제입니다. 그러나 우리 똥뻬이는 상황이 달라요! 우리가 똥뻬이를 버리게 되면 딴 중국인이 차지하는 것이 아니라 일본놈이 먹어버리는 것이죠. 그렇게 되면 우린 나라를 망하게 한 천고의 죄인이 되는 것이죠. 똥뻬이는 우리의 터전입니다. 똥뻬이를 잃어버리면 우리의 입지는 사라지고 맙니다. 똥뻬이군 30만 대군의 정병 20만이 모두 관내에 집결하고 있습니다. 똥뻬이는 빈털터리가 되어 있습니다. 일본놈들이 이 틈을 타 진격하면 철군을 해도 늦습니다. 빨리 돌아갑시다!"

우리는 이 대목에서 파헤쳐진 아버지 미천왕의 무덤을 그대로 두고 평양으로 처소를 옮기는 고국원왕의 심정을 다시 한 번 연상케 된다. 결국 장학량의 호소가 장작림의 마음을 움직였다. 장작림은 평생 "매국노"라는 말을 제일 두려워했다. 여기 "매국"의 "국國"은 동북이다. 고구려패러다임은 중국현대사에도 엄연히 작동하고 있는 것이다. 장학량이 대만에서 회고하는 것을 듣고 있으면 그의 똥뻬이에 대한 사랑, 그 향토애가 얼마나 짙은 것인지, 그는 송화강의 뱃노래를 끝없이 읊어댄다.

장학량이 똥뻬이의 대권을 장악한 후 역치의 저선底線으로 제시한 조건은 다음과 같다.

1. 동북의 정치분회政治分會는 장학량이 주석主席한다.

2. 국민혁명군은 동북에 들어오지 않는다.

3. 남경정부는 동북군정東北軍政에 간섭하지 않는다.

4. 남경정부는 동북에 선전분지기구宣傳分支機構를 설립하지 않는다.

5. **열하熱河는 동북에 귀속된다**("열하熱河"는 당시 하나의 성이름이었다. 지금의
   하북성 동북부와 요녕성 서부와 내몽고 자치구 동남부를 관할하고 있었다).

1928년 7월 11일, 장개석은 북경에서 동북방면 대표를 만난 자리에서 간결
하게 말했다: "동북이 삼민주의를 수용하기만 한다면 나머지는 토론으로 해결
한다." 1928년 7월 22일, 동북 삼성에는 일단 청천백일기가 올라갔다. 그리고
국민정부는 다음의 사항에 합의했다:

1. 원 동북 삼성의 고급관원은 역치 후에도 직위가 변하지 않는다. 그러
   나 국민당 사람은 동북에 건립된 정부기구의 고급관원이 된다.

2. 중대인사는 먼저 장학량이 결정하고, 그 후에 중앙을 거쳐 임명한다.

3. 동북에서는 인원을 끊임없이 남경에 파견하여 당무를 학습하고 연구
   한다. 그리하여 다시 동북에 돌아가 국민당의 지방당부를 건립한다.

4. 열하는 정식으로 장학량의 관할이 되어 동북의 제4성이 된다.

대체로 장학량의 저선은 고수되었다고 보아야 할 것이다. 이로써 남북통일
의 대세가 결정된 것이다.

동북의 역치에 관하여 제일 먼저 경악한 것은 일본의 조야朝野였다. 타나카 내각은 주봉천총영사 하야시 큐우지로오林久治郎, 1882~1964(토찌기현 출신. 와세다 출신의 외교관. 1928년 3월 봉천총영사. 만주사변 때 정보통. 1932년 브라질대사)를 장수부로 보내 남경과의 합작이 잘못된 것이며, 이것은 일본에 대한 대항의 표시로 받아들일 수밖에 없다는 것을 경고했다.

장학량, 장작상, 만복린, 탕옥린湯玉麟, 탁문선翟文選, 상음괴의 연명으로 정식선포된 역치통전易幟通電.

그리고 타나카 수상의 3조의 의견을 제시했다.

1. 남경국민정부는 공산색채共産色彩를 강하게 띠고 있으며 그 지위가 안정되어 있질 않다. 그러므로 동북이 그와 연합해서 얻을 아무런 실리가 없다.

2. 남경정부가 무력으로 동북을 압박하면 일본은 희생을 무릅쓰고 진력상조盡力相助할 것이다.

3. 동북재정이 곤란한 상황이 발생하면 일본은행이 다 해결해줄 것이다.

일본이 동북의 역치에 겁먹고 고심하는 속셈의 꼬라지를 엿볼 수 있다.

하북성 밀밭. 중국의 너른 들에 사는 인민은 전쟁과 토비만 없으면 잘 먹고살 수 있다. 그런데 이런 곡창이 내전으로 텅텅 비어가고 있었다. 지금도 중국은 개혁개방 이래 농촌이 공동화되어 가고 있다. 중국공산당은 "중농정책"을 포기하면 안된다. 농촌을 살리면서도 산업개발은 얼마든지 가능하다. 중국은 도농간의 새로운 문명패러다임을 구축해야 한다. 한국군사독재시절의 무분별한 산업화모델을 따라오면 그것은 인류문명의 낭패이다.

장학량은 이러한 경고에 한 터럭도 외구畏懼하지 않았다. 내정간섭으로 간주하고 분노했다. 그리고 장학량은 이렇게 말했다: **"나의 역치는 일본역사에서 배운 것입니다. 당신네 15대 장군 토쿠가와 요시노부德川慶喜, 1837~1913가 대정봉환大政奉還을 한 것처럼 전국통일의 꿈을 이루어 국가를 구하고자 하는 것입니다."**

1929년 원단, 동북 각지에서는 온갖 경축활동이 벌어졌다. 1929년 4월 18일, 중화우정국은 장학량의 사진이 들어간 기념우표를 발행하였다. 사진 위에는 "국민정부통일기념우표"라고 큰 글씨가 혁연하게 빛났다. 이로써 동북은 정치·경제·군사 방면에 새로운 시대를 맞이하게 되었다. 동북은 자주적인 권리를 보지하면서도 국민정부체제 속으로 편입되었다.

봉군은 국민혁명군 서열의 "동북변방군東北邊防軍"으로 명칭이 바뀌었고, 장학량은 동북변방군사령장관이 되었다. 장작상, 만복린萬福麟이 부사령장관

1929년 2월 4일, 봉천성정부대청에서 거행된 선서식 모습. 앞줄 왼편에서부터 만복린, 장작상, 장학량(정중앙)이 보인다. 장학량은 동북변방군사령장관에, 장작상과 만복린은 부사령장관에 취임하였다. 남경국민정부대표 방본인方本仁이 감서監誓하는 가운데 이 사람들은 손문 총리 유상을 바라보면서 다음의 선서문을 외쳤다. 장학량이 최초로 중산복을 입은 순간이다: "나는 지성으로써 삼민주의를 실행하고, 장관(장개석)의 명령을 복종하며, 국가를 보위하고, 인민을 애호하며, 군인의 천직을 성심으로 다할 것을 이에 맹서함.余以至誠, 實行三民主義, 服從長官命令, 捍衛國家, 愛護人民, 恪盡軍人天職, 此誓."↗

이 되었다. 그리고 적문선翟文選, 장작상, 상음괴(죽기 전), 탕옥린湯玉麟은 각각 봉천성, 길림성, 흑룡강성, 열하성의 성정부주석이 되었다. 1929년 3월 1일부로, 봉천성은 요녕성으로 개칭되었고, 봉천은 "심양시瀋陽市"로 정식개칭되었다.

"천하위공天下爲公"은 손중산의 공화국을 향한 표어같은 것으로 『예기』「예운」편에서 왔다. 『공자가어』에도 있다. "천하위가天下爲家"에 대비되는 말이다. 장학량은 천하위공의 도를 실천하려고 진력한 사람이지만 장개석은 알파, 오메가 천하위가의 인간이었다. 이 두 사람의 결합은 이미 비극적 결말을 내포하고 있었다.

1929년 발행된 중화민국 우표. "중화민국中華民國 국민정부통일기념우표國民政府統一紀念郵票"라 쓰여져 있다. 영어로는 "To commemorate Unification, Republic of China"로 되어있다. 옆에 "吉黑"이라는 글씨가 쓰여져 있는데, 그것은 길림성과 흑룡강성에서 편지에 붙일 수 있다는 뜻이다.

97

중국동청철로中國東淸鐵路를 축약하여 중동철로中東鐵路 혹은 중동로中東路라고 한다. 그러나 가장 일반적으로 쓰는 것은 "동청철로東淸鐵路"이다. 청나라 때는 "대청동성철로大淸東省鐵路"라고 불렀다. 그런데 동청철로는 만주리에서 수분하로 가는 구간만 있는 것이 아니고 하얼삔에서 대련항大連港으로 내려가는 지선支線을 포함한다. 하얼삔은 동청철로가 만들어지면서 유명해지고 번성케 된 도시이다. 이 동청철로는 소련 입장에서는 시베리아철로의 노정을 단축시킬 뿐 아니라, 중국동북지역의 전체를 관장하는 효과를 지닌다. 블라디보스톡과 대련항으로 쉽게 물자를 수송하는 것은 물론, 철로 양측의 수십 킬로미터의 넓은 지역을 러시아의 동성철로공사가 관리하게 되는 것이다. 1896년 6월 3일 청과 러시아 사이의 밀약으로 시작되어 1903년에 철로 전체가 완성되었는데 이 T자형 철로 주변의 황금땅의 행정관리권과 사법관리권을 러시아가 장악하고 그 철로 주변은 중국관리가 미치지 못하는 "나라 속의 나라國中之國"가 된 것이다(109쪽의 지도 참조). 그런데 러일전쟁 이후 일본은 장춘 이남의 철도를 러시아로부터 빼앗어 먹어버렸다. 그 후로 그 구간을 남만철도라 부른다. 러시아는 공산혁명을 빙자하여 동청철로 연변의 농촌을 집단농장화하면서 착취를 감행한다. 전통적인 곡창지대의 농민이 천만 명 이상 아사하는 새로운 사태가 초래되었다. 장학량의 "중동로사건"은 이러한 참혹한 현실을 배경으로 하고 있다. 똥뻬이의 주체를 회복한다는 정의로운 명분으로 일으킨 전쟁인 것이다. 이 사진은 2005년 5월 18일 내가 EBS『한국독립전쟁사』를 찍으면서 찍은 동청철로인데 해림海林과 산시山市 구간이다.

만소전쟁滿蘇戰爭

양·상을 주멸誅滅한 것에 관해서는 이미 충분히 논의되었으므로 재론의 여지가 없다. 그것은 역치(1928. 12. 29.) 후의 변화된 상황을 고려할 때, 장학량이 진정한 뚱뻬이 대권을 장악하기 위해서는 불가피했던 수순이었다. 그 사건과도 어떤 내면적 관련이 있을 것이라고 사료되지만, 장학량은 뚱뻬이를 주정主政한 이후 동북군의 장악능력을 과시하고, 그 영도력의 에너지를 대내적 민족내부의 싸움이 아닌 대외적 민족간의 투쟁으로 승화시키는 명분있는 전쟁을 개시했다.

그 시금석이 중동로中東路 즉 동청철로東淸鐵路(만주리滿洲里에서 수분하綏芬河에 이르는 전장 1,467km의 철로. 중국과 러시아가 공동투자하여 만듦)의 모든 권익을 회수하는 대소투쟁이었다. 군대란 한번 전열이 형성되면 계속 명분있는 투쟁을 하지 않으면 건강한 이념성을 유지하기 어렵다. 더구나 장학량이 뚱뻬이를 주정主政했을 때, 전국은 중국이 여태까지 맺어온 불평등조약을 폐기해야 한다는 수분하 즉 쒜이훤허綏芬河는 원래 발해의 솔빈부率賓府의 "솔빈"에서 온 이름이다. 당나라 때는 수분하를 솔빈수라고 불렀다. 수분하는 북쪽에서는 동녕현東寧縣 태평령太平嶺에서 발원하고, 남쪽에서는 길림성 왕청현汪淸縣 노야령老爺嶺에서 발원하여 수분하시−우스리스크지역을 지나 블라디보스톡의 아무르만으로 흘러나가 우리 동해로 나아간다. 서전서숙을 창립하고 헤이그밀사였던 보재 이상설 선생은 수분하에 자기 ↗

뼈가루를 뿌려달라고 하면서 그 물이 결국 조국의 동해로 흘러내려가니 안심이라 하였다. 그렇게 말하면서 눈을 감았다. 동청철도는 이 지역에까지 이르는데 이 지역에는 한인이 엄청 이주하여 살고있었고 동청철로 건설에 대거 참여하였다.

동청철로를 건설하는 현장 모습. 앞서 말했지만 동청철로 건설에는 중국인노동자와 조선인노동자가 대거 참여하였다. 우리나라 최초의 공산주의이론가이며 실천가, 이동휘로 하여금 한인사회당을 결성하도록 지도해준 여인, 킴 알렉산드라 스탄케비치의 아버지 청풍김씨 김두서金斗緖는 함경도 경흥사람인데 수분하 근처로 이주하여 한인사회의 지도자가 되었고, 노어·중국어·한국어에 달통하여 동청철로건설의 노무자관리중역으로 발탁되었다. 그는 한인과 중국인노동자들의 편에 서서 러시아인들의 착취를 막았다. 그 현장에서 킴 알렉산드라는 아버지를 따라 노동자의 권익쟁취의 철학을 배웠다. 하바로프스크 역사박물관의 큐레이터들은 김두서를 몹시 존경하는 태도로 나에게 당시 상황을 설명해주었다(2005. 4. 18.).

주체회복운동의 기운으로 들끓던 때였다. 장학량은 이러한 분위기 속에서 뚱뻬이의 대권을 장악한 큰 인물로서 멋지게 기지개를 폄으로써 동북호랑이의 위용을 과시하고자 했다. 장학량은 중동로中東路문제에 관하여 중국이 당연히 보유해야만 하는 권리를 회수해야 한다는 요구조건을 내걸었다. 소련은 장학량의 최초의 외교적 접근에 대하여 단호한 거부의사를 밝혔다.

1929년 5월 27일, 장학량은 무장군경을 동원하여 주심양, 주하얼삔소련영사관을 포위하고, 주심양영사인 쿠즈니에쵸프庫玆涅佐夫와 주하얼삔영사인 메이리니코프梅里尼可夫 등 관원 39인을 체포하고 대량문건과 서적을 압류했다. 이것을 역사에서는 "5·27사건"이라고 칭하는데, 아편전쟁 이래 수세에만 몰려온 중국인의 입장에서 보면 여태까지 있어본 적이 없는 희유의 사태였으며, 심정적으로 불안감보다는 자신감이 앞서는 통쾌한 반역이었다.

이 "5·27사건"은 "중동로사건中東路事件"으로 발전한다. 장개석이 수반이 되어있는 남경정부南京政府는 정식으로 모든 불평등조약을 수정修訂한다는 명분을 내건 "꺼밍와이쟈오革命外交"를 표방하고 있었기 때문에 장학량의 결단을 적극 환영했다. 그러나 그것은 기실 꿩 먹고 알 먹는 레토릭에 불과했다. 피를 봐도 장학량이 피를 볼 것은 뻔한 이치이니 환영부터 하고 볼 일이었다. 장개석은 아무 대책도 없이, 중동로(=동청철로)의 전권을 회수해야 하며, 소련과 외교를 단절해도 아무 상관없다고 으름장만 놓았다.

1929년 7월 10일, 중동로이사장 겸 전로독판全路督辦 여영환呂榮寰은 장학량의 명령을 받들어, 소련측 국장·부국장, 정부처장 및 고급관원 59인의 직위를 해제하고 강제귀국시켰다. 동시에 중동로 각 직원공회職員工會를 해산시키고 소련원동무역국, 매유국煤油局, 상선국商船局, 상업연합회 등의 상업기구를 모두 폐쇄시켰다. 그리고 2,000여 소련교민이 체포되었다.

이러한 사건이 발생한 후에, 소련정부는 모든 사태를 원위치로 회복할 것을 요구하면서 강렬한 반응을 보였지만 내심 평화적 해결을 희망했다. 1929년 7월 13일, 소련정부는 중국정부에게 중동로문제를 평화적 담판을 통해 해결할 것을 촉구하는 성명을 발표했다. 사실 이때 중국이 소련정부와 담판의 방식으로 좀 침착하게 접근했더라면 오히려 중국은 더 많은 것을 따내었을지도 모른다.

그런데 소련정부의 이러한 조회照會에 대하여 장개석은 될 대로 되라 하고 성의 있는 태도를 취하지 않았으며 정면의 답변을 하지 않았다. 그리고 그는 남경에서 독자적으로 강경한 강화講話를 발표했다: "우리의 행동은 중동로를 획득하기 위한 것이다. 지금 우리가 할 수 있는 것이라곤 아무 것도 없다. 우리가 먼저 중동로를 취득한 연후에야 일체 문제를 담판할 수 있을 것이다. 我們的步驟, 爲計劃取得中東路。我們的手腕, 并無特別。我們須先取中東路, 然後談判一切問題。"이것은 참으로 우매한 외교성명이었다.

이러한 상황에서 소련이 취할 카드는 없었다. 1929년 7월 17일, 소련정부는 중국과 외교를 단절한다고 선포했다. 그리고 중국에 있는 소련측 인원을 모두 소환했다. 그리고 중국과 소련간의 철로교통을 단절시켰다. 1929년 7월 21일,

중동로전쟁에 나가기 위하여 동북초원에 정렬한 소련공군. 이 사진은 소련군 R-1형 경형섬격기輕型殲擊機를 보여준다. 에어코형 전투기Airco DH.9A의 복제기형複製機型이다. 동북군의 실력은 이들과 싸워 이길 수 있는 데는 미치지 못하였다.

장개석은 장학량에게 전보를 쳤다: "중앙정부는 이미 대소작전 및 군대조건 調遣 문제에 관하여 참모부가 전반적 계획을 책임지고 조제調制하기로 결정하였으므로, 필요에 따라 전국의 군대는 수시로 증원增援할 수 있다."

장개석의 이러한 말이 순전히 "허언虛言"이라는 것을 깨닫지 못한 장학량은 정심환定心丸을 꿀꺽 삼킨 듯, 소련의 변경 증병에 대해 자신만만하게 코웃음을 쳤다. 1929년 8월 6일, 소련은 정식으로 원동특별집단군을 조건組建하고 지아룬 장군加倫將軍Galens, Va-sili Konstantinovich(그는 소련최고영예인 레닌훈장을 두 번이나 받은 탁월한 군사가며 정치가였다. 그는 1924년 10월에 중국에 와서 국민정부 군사총고문을 지냈다. 1926년 7월 국공합작의 북벌전쟁이 개시되었을 때 그의 지휘 하에 파죽지세로 호남·호북을 공점하고, 동년 11월 8일 끊임없는 진공을 통해 군벌 손전방孫傳芳의 주력부대를 괴멸시키고 남창에 입성하였다. 그때 온 국민이 "지아룬! 지아룬!"을 외쳤다. 그는 중국인에게 소련인고문관의 대명사였다)을 총사령으로 임명하였다.

지아룬은 중동로사건 이후, 1930년 제16차대표대회에서 소련전체 적군을 대표하여 연설하고 제17차대표대회에서 중앙위원회 후보위원이 된다. 아이러니칼하게도 그는 9·18사변 이후로는 동북군민의 항일의용군을 소련원동군으로 하여금 돕게 한다. 그 뒤로도 장개석은 중소 양국의 공동항일전선을 구축하기 위하여 지아룬을 초청하려고 했으나 사태는 그렇게 진전되지 않았다. 지아룬은 1935년 11월, 소련 원수元帥가 된다. 1938년 1월 그는 원동특별집단군이 원동방면군으로 개편되면서 사령이 되었고, 그 유명한 핫산호전투哈桑湖戰鬪Battle of Lake Khasan, 1938. 7. 29.~8. 11.를 지휘했다. 핫산호전투는 1939년 노몬한전투로 확대되었고 일본패망의 도화선이 된다. 그러나 지아룬은, 스탈린 대숙청 때(1938년 11월 9일) 총살된다. 스탈린은 자기보다 위대한 군인을 살려둘 수 없었다. 레닌그라드에 블루허(Blucher, 지아룬의 이름)대도大道가 있고, 블라디보스톡에도 블루허광장이 있다. 소련사회과학원의 공식적 평가는 이러하다: "지아룬은 국제주의자였으며 중소 양국 인민의 우의를 배양하는 데 위대한 공적을 건립하였다. 그는 망아忘我적으로 중국인민의 해방사업에 헌신하였으며, 소련이 중국인민의 충실한 친구라는 것을 증명하였다."

지아룬은 "원동군혼遠東軍魂"이라는 별명이 있을 정도로 원동지역에 대해 밝았으며, 그는 또한 중국통이었다. 북벌시기에 장개석의 군사고문을 지내면서 중국인민의 환심을 얻은 대전략가이기도 하였다.

1929년 8월 15일, 장학량은 방아군防俄軍(아는 아라사俄羅斯 즉 러시아의 구칭)을 조건組建하고 장작상을 총사령으로, 만복린萬福麟을 부사령으로 임명하고 두 개 군단을 편성하였다. 제1군 군장은 왕수상王樹常, 제2군 군장은 호육곤胡毓坤이 맡아 중소변계 동·서 양단의 방무防務를 책임지게 했다. 10월에 접어들어, 소련 육·해·공 삼군 8만 명이 전면진공을 개시하였다.

이 전쟁은 실로 대규모의 전투였음에도 불구하고 우리에게 잘 알려져 있지 않다. 러일전쟁에 못지 않은 대규모의 러중전쟁이었음에도 불구하고 세계사에서 별로 주목하지 않는 "중동로사건"으로 가볍게 처리되는 이유는, 이 전

만주리 전선으로 떠나가는 동북군. 북벌전쟁이 결속結束되고 표면상으로 중국통일이 이루어진 상태에서 젊은 소수少帥 장학량 장군은 지득의만志得意滿하였다. 러일전쟁에서 러시아군이 일군에게 참패를 당한 역사를 회고해볼 때 싸워볼 만한 상대라고 생각했을 것이다. 그러나 소련군대의 실력은 이미 과거의 수준이 아니었다.

쟁은 실로 장학량 홀로 외롭게 소련과 사투를 벌인 로컬한 사건이었기 때문이다. 이 전쟁은 실로 "만소滿蘇전쟁"이라 불러야만 정당한 것이다.

즉 고구려패러다임이 소련과 정면으로 맞부닥친 사건인 것이다. 당시 소련은 새로운 판도가 전개되고 있었다. 1924년 레닌이 사망한 이후, 스탈린이 모든 정적을 물리치고 확고한 권력기반을 확보한 후였다. 그리고 아주 야심차게 맹렬한 산업화를 추진하고 있을 때였다. 군수산업을 포함한 중공업의 전성기를 맞이하고 있었다. 당시 소련은 만만한 대상이 아니었던 것이다.

이 전쟁의 진행과정을 자세히 보고할 수는 없으나, 초기에는 동강同江(흑룡강성 동북 끝자락, 송화강과 흑룡강이 만나는 곳) 지역에서 동북강방함대東北江防艦隊가 일거에 소련군함 4척을 격침시키고, 비행기 2대를 격추시키는 등 전과를 올리는 듯했으나, 실력의 차이는 너무도 명백했다. 아무리 러시아함대가 전체적

동북군의 송화강함대 "리쒜이利綏"의 모습이다. 이것은 원래 독일해군의 포함炮艦 화터란트Vaterland호를 인수한 것이다. 그러니까 요즈음 군함의 개념이 아니라 건보트gun boat라고 보면 된다. 이러한 건보트로 소련 군대와 전투를 치렀는데, 당시 소련의 건보트는 훨씬 더 견실했다.

전호戰壕에서 대소련전쟁의 전황을 살피고 있는 동북군대. 이 전역에 장개석은 큰소리만 치고 단 한 명의 지원군도 보내지 않았다. 오히려 전투중인 동북군을 자기 편익을 위해 빼가려고 했다.

전세의 불리한 형국 때문에 러일전쟁에서 참패를 맛보았다고는 하나, 소련군 대는 서구적 전통 속에서 성장해온 근대적 전쟁의 정상급 프로수준이다. 대소련전쟁이란 중국의 국내 마적들 수준의 군벌 사이에서 벌어지는 싸움과는 병화나 작전의 규모가 다르다. 곧 동북강방함대의 전군이 복멸되고, 격전대대 대대장 계사정季泗亭 이하 700여 명의 진陣이 무참히 괴멸되면서 동강同江을 실수失守하고 만다.

5개 사단으로 편성된 특별원동군은 동·서·북 삼로로 진공을 개시하였고, 동강에 이어, 만주리滿洲里, 짜라이누어얼扎賚諾爾(만주리를 지나 중동철도가 지나가는 곳. 이전에는 흑룡강성의 극서에 위치했으나 지금은 내몽고자치구에 속한다. 만주리시의 공무위성성구工貿衛星城區이며 대흥안령大興安嶺 서파에 있다. 후룬뻬이얼呼倫貝爾 대초원의 서부이며 남쪽으로는 중국의 4대 담수호인 후룬호呼倫湖[길이 80km, 폭

내가 만소전쟁이라고 부르는 중동로전투를 잘 설명해주는 지도. "중동로전투"라고 부르는 중요한 이유는 일본이 뺏어간 남만철도는 공격의 대상이 되질 않았고, 오직 만주리에서 수분하에 이르는 횡관철도의 권익 회수에만 집중했기 때문이었다.

35km, 호수면이 해발 545m.]에 빈번瀕해 있다. 1901년 기차역이 만들어지면서 짜라이누어얼로 불리기 시작했다. Jalainur, Hulun Buir, Inner Mongolia), 하이라얼海拉爾(짜라이누어얼의 동쪽에 위치. 내몽고·중동로가 지나는 곳. 이 세 지역이 모두 소련·중국·몽골 접경 지역이다) 등, 중국 변경의 중진重鎭을 공점攻占하면서 동북군에게 참패를 안겨주었던 것이다. 특히 지아룬 장군이 직접 지휘한 만주리전역과 짜라이누어얼전역은 중소군대충돌 과정중에서 가장 참혹하고 장렬한 전투였다.

소련측에서는 비행기 27대, 탱크 20여 대, 보병·기병·포병 등 약 3만 명이 만주리 일선에 집결하였고, 동북군 15,000명은 제15려 여장旅長 양충갑梁忠甲,

제17려 여장 한광제韓光第의 솔령率領 하에 용감하게 영전迎戰하였다. 소련군은 탱크를 배합한 일개 사단 병력이 짜라이누어얼을 포위하여 공격을 퍼부었는데, 양충갑여단도 증원增援이 불가능했고, 한광제여단은 고립된 채 분투를 계속해야 했다.

한광제 여장은 몸소 기관총을 들고 사졸들을 이끌고 격전지로 돌진하면서 진지를 얻고 잃고 반복하기를 이틀밤이나 계속했으나 워낙 막강한 소련군의 공격에 무너지고 만다. 계속해서 단장 임선청林選青도 무너지고, 단장 장계영張季英은 실진 후에 자살하고 만다. 1929년 11월 19일 짜라이누어얼은 실함되고 만다. 소련군은 계속 동진하여 동북군 잔존부대를 추격한다. 1929년 11월 27일 하이라얼이 소련군에게 점령되고 만다.

한광제는 어려서부터 총명했으며 역사책을 많이 읽었다. 그는 1925년 3월, 진위군鎭威軍(봉군) 제3군 제3보충단 제3영 영장이 되었고, 나중에는 제27려 제41단 단장이 되었다. 북벌군과 싸울 때도 봉군이 낙양에서 철수할 때 후방에 남아 봉군의 전사全師가 안전히 돌아갈 수 있도록 공을 세웠다. 1928년 동북역치 후에 그는 동북군 제17려 중장여장이 된다. 1929년 중동로사건 발발 이후 그는 하이라얼에 주둔하였는데 곧 짜라이누어얼의 방비를 맡는다. 11월 16일, 소련군 2개 보병사와 1개 독립기병려의 병력 4만여 명과, 3·4백 개의 대포, 30여 개의 비행기, 다량의 탱크, 장갑차가 짜라이누어얼과 만주리를 공격한다. 한광제 중장은 몸소 일선에서 소련군과 혈전 벌이기를 두 주야, 전력의 차이가 워낙 심하여 여단 전체가 복멸하고 1천여 명이 죽는다. 그리고 짜라이누어얼을 실수失守한다. 11월 18일 격전중에 한광제는 몸에 많은 상처를 입었음에도 불구하고 끝까지 퇴각하지 않고 영용진정英勇鎭定한다. 18일 새벽 소련의 탱크와 장갑차가 진공하면서 한광제의 복부에 총알이 명중한다. 그때 나이 32세였다. 그 휘하의 장령들이 모두 그를 따라 죽는다. 그의 묘역은 지금 쌍성시雙城市에 있다. 만복린, 장개석, 장학량이 쓴 편액, "그 향기 만세에 흐른다萬世流芳" "나라 위해 몸을 던졌다爲國捐軀" "그 장쾌한 기운이 조국의 산하를 휘덮는다氣壯山河" 12글씨가 빛나고 있다.

소련군이 중동로전쟁에서 동북군으로부터 빼앗은 동북군깃발을 자랑스럽게 들고 사진을 찍고 있다. 깃발에는 양쪽으로 "동북 육군제15려독군대東北陸軍第十五旅督軍隊"라고 쓰여 있고, 가운데 작은 깃발에는 "보병제5단步兵第五團"이라고 쓰여 있다. 이 괴멸된 여단이 바로 양충갑의 제15려였다. 동북군에게는 참으로 가슴아픈, 수치를 안겨주는 사진이다. 소련군인의 얼굴표정이 기묘하다.

장학량은 만년에 이 짜라이누어얼전투를 회상하면서 무한한 감개에 사로 잡혀 다음과 같이 말했다: "아 정말 참혹했지. 일개 여단 전체가 전멸했으니까. 아 그 한씨 여장韓光第 旅長(1892~1929. 자가 두첨斗瞻. 길림 쌍성雙城사람. 1912년 길림 성립 경관고등전문학교를 졸업하고, 일본에 유학. 귀국 후 중앙강무당, 동삼성강무당 졸업. 1921년 졸업 후 봉군의 주요직책을 맡음. 동북육군 제17려 여장. 중동로전쟁에서 희생됨. 진실로 아까운 인재였다) 말야, 너무 용감했지. 그런데 다 무너졌어. 자살자가 속 출하고 진지도 계속 무너졌어. 전군이 복멸覆滅했지. 아무것도 남은 것이 없 었어!"

중동로전쟁은 우리민족에게 기묘한 인연들을 선사하고 있다. 세계사의 어느 한 구석에도 우리와 무관한 사실史實은 없다. 앞 페이지에서 소련군이 빼앗은 동북군의 깃발을 휘날리며 희희낙락하고 있지만 그 이면에는 우리민족의 희생이 배어있다. 러시아의 하바로프스크의 한 거리가 한국사람의 이름을 따고 있다: "김유천거리." 그 15번지 앞에서 내가 사연을 설명하고 있다. 김유천은 1900년 수분하 지역의 차피고우라는 한인의병촌에서 태어났는데, 우스리스크 독립만세운동(1919. 3. 17.)에도 적극 참여하는 의식있는 청년으로 자랐다. 이 독립선언 이후 일본의 조선인 탄압이 거세지자 조선의 젊은이들은 일군과 러시아 백군에 대항하여 빨치산을 조직하여 혁혁한 전과를 올린다. 김유천은 그 리더였다. 그 후 그는 레닌그라드 국제사관학교에 입학, 적군赤軍의 장교가 되었다. 1920년 10월부터 그는 일본군 토벌대 부대들을 섬멸하는 신출귀몰하는 작전을 펴서 모조리 격파해나간다. 사진을 보아도 알 수 있듯이 그의 얼굴은 동방인의 선율이 그려낼 수 있는 가장 아름다운 모습을 하고 있다. 영민하기 그지없었고, 정보활용의 귀재였다. 그는 원동적군 특무소대장으로서 중동로 전쟁에서 영웅적으로 전사한다. 동북군에게 치명적인 타격을 준 위대한 전투를 리드했다. 하바로프스크 소비에트상임위원회는 1930년 2월 21일 그에게 "영웅"칭호를 헌상하고, 니꼴라스까야거리를 김유천거리로 개칭했다. 지나간 역사의 상흔에는 아我·적敵의 분별이 무의미하다. 김유천은 소련 적군을 돕는 길이야말로 일본군을 원동에서 축출하여 조국의 해방을 이룩하는 첩경이라고 믿었던 것이다.

장개석은 전투가 시작되기 전에는 그토록 전국의 병사를 다 파병해서 돕겠으니 걱정 말라고 큰소리 쳤는데, 막상 전투가 시작되는 것을 보고는 단 한 명의 병졸兵卒도 파송하지 않았다. 그리고는 뻔뻔스럽게 "적을 눈앞에 두고 있는 장사將士에게 보내는 위로편지" 한 장만 보내왔다. 그는 개전하기 전에는 10만을 출병하겠으며, 기백만 위앤 군비幾百萬元軍費를 지출하는 것은 문제도 아니라고 공언했던 것이다. 그런데 땡전 한푼도 지출하지 않았다. 하여튼 장개석은 큰소리를 뻥뻥 치기를 좋아하고, 자기가 한 말에 대해 일체 책임을 안 지는 성품이 우리나라 이승만과 흡사하다. 어떠한 경우에도 자기 권익만을 챙기는 것이다.

장학량을 더욱 격분케 한 것은, 동북군의 전투가 치열했던 그 상황 속에서 장개석이 장학량에게 동북군의 중포영重炮營(큰 대포 부대)의 일부를 빼돌려 장개석에게 반기를 든 풍옥상군대를 치게 해달라고 요청한 것이다. 그러면서 하는 말이 다음과 같다: "서북문제(풍계군벌을 서북군벌이라고 말한다)를 먼저 해결하는 것이 간접적으로 아라사의 문제를 해결하는 데 도움을 줄 것이오.解決西北問題卽是間接解決俄事." 필선안내必先安內라는 장개석 사유의 제멋대로 식의 한 패턴을 여기서도 우리는 엿볼 수 있다. 먼 앞날에 대한 경영이 없이 목전에 닥친 이익만 챙기기 위하여 사태를 제멋대로 자기에게 유리하게 조정해나가는 것이다.

결국 이 중동로사건은 장학량의 참패로 끝났다고는 하지만, 1929년 12월 22일에 쌍방의 대표에 의하여 정식 첨서簽署된 "중소뻬리회의협정서中蘇伯力會議協定書"에 의하여 분쟁 이전의 상태로 모든 것을 원위치시키는 것으로 결착이 났다. 중국사람들은 서독의 베를린은 "뻴린栢林"이라 말하고, 러시아의 하바로프스크Khabarovsk哈巴羅夫斯克를 "뻬리伯力"라고 말한다. 하바로프스

풍용馮庸, 1901~1981은 장학량의 생애에서 잊을 수 없는 영원한 친구이며, 똥뻬이의 역사에서 빼놓을 수 없는 중요한 인물이다. 그의 아버지 풍덕린馮德麟, 1866~1926은 봉계군벌로서, 장작림과 동향인 해성海城사람이다. 그는 장작림의 선배였지만 장작림의 휘하에서 현명하게 처신한다. 풍용과 장학량은 같은 해에 태어났지만 학량이 3개월 정도 생일이 빨라 "형"이 되었다. 풍용의 유명 乳名이 "샤오우쯔小五子"였기에 풍용은 학량을 "리우꺼六哥"라 부르고, 학량은 풍용을 "우띠五弟"라 불렀다. 풍용의 집안은 학량의 집안 못지않은 부호였으며, 이 두 사람은 어려서부터 금란金蘭을 의결義結하였는데 사상과 취미와 이상이 같아 호협豪俠의 기상이 상견相肩하였다. 동북사람들은 이 두 청년을 "동북양공자東北兩公子"라 불렀다. 이러한 충용忠勇과 민족대의는 평생 지속된다. 풍용도 어려서부터 기마, 운전, 병서에 뛰어났고 체육은 못하는 것이 없었다. 1919년 풍용은 북경 중앙육군제2강무당에 들어갔고 졸업 후 봉군에 들어갔는데 그는 비행기에 관해 모르는 것이 없어 "하늘의 왕"이 되었다. 동북공군의 발전에 확고한 기초를 놓았다. 1925년 그는 동북항공처 소장사령이 되었다. 2차직봉전쟁 기간에 풍용은 봉군장갑차사령부 사령이 되어 장갑차부대를 지휘했는데 첫 전투에 장갑차부대를 전멸시키고 자기 혼자만 살아남았다. 그래서 사형에 처해질 형편이었는데 장학량이 형제의 ↗

크에서 열린 종전회의였다. 이 사건의 전체를 총괄적으로 논의하자면 장학량이 청사에 빛나는 승리를 기록하지는 못했다 해도, 그렇다고 굴욕적인 참패를 기록한 것도 아니다. 원위치로 돌아갔으니 그저 그런 형국일 뿐이다. 원위치로 돌아갔다는 것 자체가 소련으로서도 똥뻬이의 실력을 마구 얕잡아 볼 수만은 없었다는 것을 의미한다. 그만큼 원동군의 출혈과 타격도 중대했다. 하여튼 중동철로를 회수하려는 장학량의 바람은 20년 후에 실현된다(1950년 2월 14일, 중소우호동맹 호조조약互助條約. 중동로는 1952년 12월 31일 중화인민공화국 정부에게 이관됨).

장학량은 외로운 분투를 해야만 했지만 그의 존재감은 중국인민의 가슴속

정의情誼로 그를 살렸다. 풍용은 모든 관직을 사퇴하고 똥빼이 제1갑부의 전 재산을 털어 1927년 봄, 봉천 서교西郊 왕가하자汪家河子에 풍용대학을 세운다. 이 대학은 사인私人의 이름을 딴 유일한 대학이며, 순서구식 대학의 제1호이며, 대학생은 완전 면비免費로 다녔다. 그런데 그 교육카리큐럼이 너무 특수하고 탁월하여 동북대학이 따라잡지 못하는 수준의 탑클라스대학이었다. 풍용은 그 대학의 총장으로서 학생들을 지도했다. 학생들은 철저한 체육·군사교육을 받았고 스파르타식으로 생활하였다. 동북대학과 풍용대학이 같이 연 동삼성연합운동회는 중국최고의 체육대회였다. 풍용대학은 동북군의 북대영, 동대영과 병론되어 "서대영西大營"으로 불릴 정도였다. 풍용은 중동로전쟁 때도 학생군을 데리고 하이라얼지구에 가서 동북군을 도왔다. 만주사변 이래로 일본군이 풍용대학을 쓸어버렸으나 그는 죽을지언정 매국노가 될 수 없다는 각오로 풍용대학의용군의 이름으로 항전을 계속했다. 풍용은 결국 항주에서 은거하다가 대만으로 갔는데, 그가 대북에서 죽을 때 연금상태에 있던 장학량이 그의 손을 잡았다. 80세 풍용의 마지막 말은, "결국 여기까지 왔소. 당신은 아직 나의 따꺼야. 우리는 평생 좋은 친구였지.你還是我的大哥 … 咱們還是好兄弟。" 목을 떨군 풍용을 품에 껴안으며 학량은 말했다: "아암 그러구말구. 우린 정말 좋은 친구였지. 기다려, 천당에서 만나세.我的好兄弟, 等着我, 咱們天堂見。"

에서 정의로운 것으로 기억되었다. 근대국가의 군대라는 것은 본시 내전을 위하여 존재하는 것이 아니라, 국가간의 충돌을 위하여 존재하는 것이다. 장학량이 동북군의 대권을 장악하자마자 중소전쟁을 일으켰다고 하는 사실은 장학량의 도덕적 명분을 제고시키는 데 크게 일조했다. 동북군이 대러시아 투쟁을 전개했다는 사실은 민족주의적 감정이 싹트고 있었던 중국인의 심령을 고취시켰다. 그의 대러투쟁은 전국인민의 지지를 얻었다.

심양의 풍용대학馮庸大學의 총장 풍용·馮庸Feng Yong, 1901~1981(요녕성 해성인海城人. 북경 중앙육군 제2강무당 출신. 동북공군소장사령관. 풍용대학 설립. 후에도 맹렬한 항일무장투쟁 전개. 대북에서 병사)은 스스로 풍용대학의 대학생으로 구성된 "방아의용군防俄義勇軍"을 조직하여 전쟁일선에 직접 참여했다.

내가 해림海林의 조선족마을 밭이랑 사이를 걷고 있다. 땅이 광활하고 비옥하기 그지없다.
이곳에 한족총연합회가 있었으며, 백야 김좌진 장군도 이 지역에 근거지를 두고 있었다.

내가 해림 지역 동청철로변을 걸으며 이 생각 저 생각 묵상에 잠겨있다.
역사란 무엇인가? 인간세의 생존의 목표는 과연 어떤 궤적을 그리는가?

장학량의 인생체험에 있어서 이 중동로사건은 중대한 의미를 지닌다고 나는 생각한다. 장학량은 종융從戎(전쟁에 종사함)의 세월이 비록 길지는 않다고 해도, 당대의 누구보다도 많은 경험을 축적한 명장이었다. 군인으로서, 최고사령관으로서 그는 다양한 전투에 참여했다. 초보적으로 그는 토비들과도 싸웠고, 후에는 군벌혼전의 와중에서 장개석, 이종인, 백숭희, 염석산, 풍옥상, 오패부와 싸웠다. 그리고 그가 가장 숭경崇敬하던 스승 곽송령과도 싸워 이겼다. 9·18 이후에는 일본군과도 싸웠고, 또 중국공농홍군과도 싸웠다.

그런데 요번 중동로사건이라는 것은 내전의 군벌들과 싸운 전쟁과는 격을 달리하는, 그가 최초로 감행한 국가대국가의 전쟁경험이었다. 그것도 세계사의 흐름을 바꾼 대혁명을 감행한 주체세력인 소비에트홍군과의 교전이었다(한국에서는 일본식 용례에 따라 소련의 경우 "적군"이라는 표현을 쓰는데 중국인들은 "적군"이라는 말은 쓰지 않고 "홍군"이라고 한다). 당시 스탈린의 군대는, 훗날 미국과 월드리더십을 놓고 경쟁을 벌일 수 있을 만큼의 능력을 보유한 막강한 군대로 성장하는 그 기초적 단계에 있었던 탄탄한 군대였다. 막말로 장학량은 세계무대에서 제대로 된 임자를 만난 셈이다.

만약 내가 이름 지운 이 "만소전쟁滿蘇戰爭"에서 장학량이 완승을 거두었더라면, 혁혁한 승리의 노래를 부를 수 있었더라면, 결코 "9·18사변"은 존재하지 않았으리라는 것이 나의 생각이다. 9·18사변 이후로 장학량이 "부저항장군"의 오명을 뒤집어 쓰게 되는 이유가, 아무리 장개석의 부저항명령이 있었고 그 명령에 소극적으로 복종한 결과라고손 치더라도 결코 장학량 본인의 실존적 결단의 함수를 전적으로 배제하고 그러한 엄중한 사태를 형량하기는 힘들다.

만소전쟁에서 장개석이 일병일졸一兵一卒도 보내주지 않은 데 대한 인간적 배신감은 차치물론且置勿論 하더라도, 중앙정부의 전적인 통주統籌가 없이 똥뻬이의 실력만으로 한 국가의 군대를 상대로 전쟁을 수행한다는 것은 실로 무모한 짓이라는 것을 통감했으리라는 것은 상상키 어렵지 않다.

다시 말해서 중동로사건의 뼈저린 체험은 막강한 똥뻬이군이라고는 하지만 그 현실적 좌표를 장학량에게 인지시켜 주었고, 그러한 인식이 9·18사변에 대처한 그의 무기력한 대처방식에 영향을 주었을 수도 있다는 것이다. 그는 자기가 사랑하는 똥뻬이군의 희생, 짜라이누어얼전역식의 좌절을 원치 않았던 것이다.

그러나 그것은 결코 보상받을 길이 없었던 무기력한 평화주의insignificant pacifism에 불과했다. 일본에 대한 부저항은 역시 오판이었고(오판케 한 것은 장개석의 음험한 책략이었다), 그 오판에 대한 대역전이 "서안사변"이라고 보면 1930년대 중국역사의 대세가 한눈에 들어오게 된다.

중동로사건에서 특기할 사실은 이 사건을 응대하는 중국공산당의 대처방식이다. 중국공산당은 이 중동로사건의 모든 진행과정에서 철저히 소련의 이익을 옹호했다. 이것은 당시 중국공산당의 이념형태가 민족주의적 시각을 가지고 있지 않았다는 것을 의미한다. 자기 나름대로의 충분한 세력기반과 프라이드를 가지고 있지 못한 중국공산당의 초기단계에 있어서 그들은 계급모순만을 생각했고 민족모순을 생각할 여념이 없었다. 그리고 공산당은 주체의식이나 역사의식이 박약했으며 기본적으로 코민테른의 지도하에서 그들의 이념노선을 결정했다.

이 옛 사진은 1900년 5월 16일, 동청철로 전선에서 가장 큰 교량인 제1송화강대교의 건설을 개시하는 시공식의 장면을 보여주고 있다. 전장 1,027.2m에 달한다. 이 다리는 하얼삔에 있는데 이 송화강은 백두산에서 발원한 것이다. 1712년의 백두산정계비에 있는 "토문강土門江"은 원래 지금의 두만강이 아니라 송화강을 가리켰다. 그렇다면 송화강 안쪽이 모두 조선땅에 속하는 영역이었다. 그런데 일본이 토문강을 두만강으로 해석하여 안봉선철도와 무순탄광의 이권을 얻는 대가로 간도영유권을 청나라에 넘기고만 것이다. 내가 지금 옛 사진의 현장을 꼭 105년만에 쳐다보고 있다. 무한한 감회가 서린다.

만소전쟁

1898년 7월 6일, 중국과 러시아 사이에서 "동성철로공사속정합同東省鐵路公司續訂合同" 7관款을 체결하고 하얼삔에서 대련으로 가는 남부지선을 포설鋪設하기로 결정한다. 하얼삔에서 동·남·서 3방면으로 동시에 개공했는데, 이 사진은 하얼삔에서 거행한 개공의식을 보여주고 있다. 노동자 상당수가 조선인이었음을 알 수 있다.

동청철로는 러시아에게 수축修築과 경영을 위탁했지만 그 시공현장의 축로공인築路工人은 대부분 조선인과 중국인들이었다는 것을 알 수 있다. 상당수가 어린 사람들이었다. 두 사람의 러시아인 감독이 양쪽에 서있다. 그런데 이 노무자들은 열악한 삽, 곡괭이, 밀차(따지까)로써 노동했는데 손·발을 삐기가 일쑤였고 화약으로 돌산을 폭파할 때 돌뭉치에 맞아죽거나 곱추가 되는 일이 허다했다. 건설현장에서 일하던 말 한 필이 죽으면 현장책임자는 시말서를 써야했지만, 한인, 중국인 노동자가 죽으면 그들이 평생 벌어놓은 임금을 가로채는 데만 관심이 있었다.

1896년 6월 3일 중국과 러시아가 동북을 횡관하는 철로건설의 밀약을 맺었다는 것은 이미 언급한 바와 같다. 그러나 그 대청동성철로 大淸東省鐵路의 개공식은 1897년 8월 28일에 삼차구三岔口에서 열렸다. 삼차구는 현재 동녕현에 있는데 중국과 러시아의 접경지대이다. 나중에 관동군이 이곳에 동녕요새를 설치했다. 이 개공식에서 러시아·청나라 양국의 고관대작이 대거 참석하였다.

1901년 10월 2일, 첫 기차가 출발하는 전례를 거행하였다.

하얼삔 기차역 조감사진. 이 역사 아래에서 우리의 위대한 대한독립의군義軍 참모중장 안중근이 조선강제
병합의 원흉인 이토오 히로부미伊藤博文을 쏘았다. 안중근은 말한다: "나는 한 인간을 살해한 적이 없다.
나는 조선독립을 위한 전쟁을 수행했을 뿐이다."

중국공산당은 이 중동로사건의 대처방식을 통하여 국제공산당운동의 세계에서 찬예讚譽를 획득했다. 그러나 기실 그것은 똥뻬이인의 입장에서 보면 매국적 행동이었다. 그러나 훗날 이러한 중국공산당을 장학량이 사심 없이 돕게 되는 아이러니야말로 장학량이라는 거대한 인격의 사람됨을 말해주는 것이다.

중동로사건을 통하여 군벌 내에서 장학량의 위상은 더욱 높아졌다. 그리고 민중의 정신적 지지를 얻었다. 우리나라에서 만약 누가 을사늑약이라는 불평등조약을 폐기하기 위해 전쟁을 일으켰다고 한다면 그에 대한 공경심이 생겨나지 않을 수 없었을 것이다. 중화민국정부는 장학량에게 제1좌 청천백일훈장第一座青天白日勳章을 수여했다.

이 훈장은 국가를 보위한 군직인원에게 수여되는 것이다. 중화민국정부는 국가영토와 주권을 보지한 장학량의 공헌을 만천하에 표양했던 것이다. 이 중동로사건은 곧바로 "중원대전中原大戰"에 있어서의 장학량의 결정적 역할과 연결된다. 장학량은 그 생애의 전봉巔峰(정상의 지위)으로 치닫고 있었다.

청천백일훈장青天白日勳章Order of Blue Sky and White Sun with Grand Cordon은 어모극적禦侮克敵(국가에 대한 모멸을 방지하고 적을 물리침)하여 국가의 광휘를 사해에 빛낸 큰 인물에게만 수여하는 최고의 훈장으로서 중화민국 18년(1929) 5월 15일, 국민정부가 공포한 육해군훈장조례에 의하여 반행頒行되었다. 이 훈장을 최초로 받은 사람이 장학량이다. 1939년에 부작의도 이 훈장을 받았다.

뒷면에는 "국민당인기국제國民黨印紀局製 청천백일훈장青天白日勳章"이라고 쓰여져 있다. 청천은 삼민주의 중 민족, 자유를 상징하고 백일은 민권, 평등을 상징한다. 12개의 햇살은 12간지를 나타낸다. 이 청천백일기는 1895년 하와이의 흥중회 총부에서 손문이 소집한 혁명동지회의에서 공화국을 향한 혁명군기로 채택되었다.

가로 60×세로 65mm. In Collection.

장학량의 생모 조씨趙氏(趙春桂, 1875~1912)와 동복남매 3인의 정겨운 옛 사진이다. 생모 조씨는 토비의 부인이라고 하기에는 매우 가냘프고 조신하게 보인다. 물론 학문은 없겠으나 교양이 있어 보인다. 인종忍從할 줄 아는 여인이다. 후대 사가들이 장학량의 성품을 "광인동체狂忍同體"라고 평하는데, 그 "광狂"은 아버지에게서, "인忍"의 성품은 어머니에게서 배운 것이다. 엄마 왼쪽에 서있는 여자아이가 맏딸 장수방張首芳(=장관영張冠英)인데 학량보다 3살 위다. 장작림은 맏딸을 무척 사랑했는데 흑룡강독군 포귀경鮑貴卿의 아들 영린英麟에게 시집보냈다. 장작림 사후에 영린은 배신을 때리고 강제로 관영을 내쫓는다. 관영은 평생을 홀로 어렵게 살았으며 동생 학량을 그리워했다. 주은래가 알고 좀 도와주었다. 1954년 북경에서 병서病逝. 오른쪽의 꼬마가 장학명張學銘, 학량보다 7살 아래이다. 장학명은 동북육군강무당, 일본보병전문학교 출신의 걸출한 인물로서 만주사변 이후로도 항일투쟁을 계속했고 천진시장 겸 경찰국국장으로서 일본군이 일으킨 두 차례의 폭란暴亂(천진사변: 1931년 11월 8일과 11월 26일)을 분쇄하였다. 해방 후에도 천진시 인민공원 주임으로서 떳떳하게 살면서 천진의 재건사업을 주도했다. 그는 중국요리의 천부적인 미식가로서 명성이 자자했다. 1983년 4월 9일 향년 76세로서 북경에서 병서하였다. 죽기 전에 아들 장붕거張鵬擧에게 이르기를, "내 일생 유일한 유감遺憾이 형님 못 뵙고 눈감는 것이다. 너는 내 이 유감을 꼭 살아계신 형님께 전해라" 하고 눈감았다. 장붕거는 1998년 6월 3일, 하와이 장학량축수연에 참석하여 아버지 학명의 한을 풀어드렸다. 이 사진은 1911년의 작품. 장학량 만 10살. 다음해 엄마는 세상을 뜬다.

중원대전中原大戰

역사라는 것은 많은 것을 알면 알수록 더 모르게 되는 수도 있다. 과도한 정보의 홍류에 휩싸이면 역사가 어떻게 흘러간 것인지, 어떻게 흘러가고 있는 것인지, 도무지 그 대강의 줄기를 잡을 길이 없는 것이다. 그 홍류를 조감할 수 있는 어떤 초탈한 고지로 차원을 바꾸지 않으면 역사를 바라보는 눈 그 자체가 역사와 더불어 인멸되고 말 수도 있다.

한 여인의 아름다운 자태도, 한 눈에 반했을 그 순간의 잔상이 가장 진실한 것일 수도 있다. 그 여인에 대해 깊게 연구하고 체험하고 같이 뒹굴고 같이 웃고 같이 울고 하다가는 그 여인의 총체적 이미지 그 자체가 사라져 버릴 수도 있다. 첫인상의 매혹적인 모습이 그 여인의 진실인가, 구질구질하게 루틴화 된 정보의 진흙 속에 흐려진 모습이 실상인가? 이것은 정말 말하기 어려운 것이다. 문제는 우리가 그 이미지에서 어떤 의미를 찾아내고 있는가, 그 의미가 중요한 과제일 뿐이다. 나도 지금 장학량에 대해 너무도 많은 정보가 내 머릿속으로 쏟아져서 주체할 수 없는 지경이 되고 말았다.

역사는 사가들의 도박장이라는 생각이 든다History is the gambling den of historians. 아마츄어가 아닌 전문가들의 도박이란 결국 누가 더 사기를 잘 치느냐의 문제일 뿐이다. 사가들이 역사를 다루는 방식은, 때로는 엄밀한 방법론을 가지고 있는 듯이 보이지만, 자기들이 사기치는 세련된 기교 속에 갇혀 역사 그 자체를 왜곡할 때가 많다.

사가들의 논문은 역사의 무덤처럼 보인다. 우리는 그 속에서 너무도 많은 정보를 캐낼 수 있지만, "논문"이라는 제한된 형식의 정보유통은 역사 그 자체를 무의미하게 만든다. 학계에서 유통되고 있는 역사기술방식의 가장 현저한 오류는 사건중심으로 역사를 기술하고 분석하는 것이다. 그 사건을 만들어내고 있는 "살아있는 인간의 숨결"을 도외시하고 있는 것이다.

나는 지금 사건을 말하고 있지 않다. 나는 지금 장학량이라는 한 인간을 말하고 있는 것이다. 나와 같은 하늘 아래서 같이 숨을 쉰 한 인간을 말하려는 것이다(내가 대만유학시 내내 같은 섬 속에서 같이 살았다). 왜 그 인간을 말하려는가? 그것은 20세기 중국역사에 내재하고 있는 고구려패러다임을 말하려는 것이다. 이 고구려패러다임이 없이는 중국현대사는 바르게 해석될 수 없다. 고구려패러다임을 배제한 채 중국의 현대사를 쓰는 것도 물론 사가들이 선택할 수 있는 하나의 방편이다. 그러나 그 방편方便upāya은 너무도 많은 진실을 배제한다.

그 배제 중에서 가장 무서운 죄악은 역사로부터 인간을 추방하고 있다는 것이다. 플라톤의 이상국가로부터 연극인들을 추방할 수는 있지만 역사로부터

인간을 추방하는 것은 근원적으로 불가능하다. 고구려패러다임은 단지 고구려 영토에 국한되는 것이 아니다. 고구려패러다임의 정당한 인지는 세계 곳곳에서 고구려를 발견할 수 있도록 우리의 인식의 장을 개방시켜준다. 나는 펠로폰네소스반도 속에서도, 마야·잉카의 트레일 속에서도, 맨해튼의 문명밀림 속에서도 고구려패러다임을 발견한다. 로드리게즈의 슈거맨 속에서도 우리는 고구려패러다임을 발견할 수 있는 것이다.

"고구려패러다임?" 그렇다면 장학량이 고구려사람이라도 된단 말인가? 장학량의 혈통의 족보를 추적이라도 할 셈인가? 장학량과 고구려인, 그 양자 사이에 어떠한 구체적인 물리적인 인과관계를 설정하는 것은 무의미한 짓이다.

나는 이 책을 편집하던 중 우연하게 『슈거맨을 찾아서Searching for Sugar Man』라는 다큐영화를 보게 되었는데 내 인생에서 두 번 다시 있을 수 없을 거대한 감동에 휩싸였다. 로드리게즈Sixto Diaz Rodriguez, 1942~는 디트로이트의 멕시코인 이주자 부모 사이에서 태어났는데 6번째 아들이라서 "식스토"라는 이름이 붙었다. 그는 부모의 교육열 덕분에 웨인주립대학Wayne State University에서 심리학과 철학을 전공했고 가난한 노동자들의 삶을 대변하는 철학적 감성과 체제Establishment에 저항하는 예술적 표현력을 습득했다. 그의 노래는 당대 밥 딜런의 수준을 능가하는 것으로 평가되어 판이 두 개나 나왔다. 그러나 전혀 대중의 호응을 얻지 못했다. 그러나 그의 노래는 우연하게도 남아공의 반체제(anti-apartheid movement)운동의 대세를 리드하게 되었고 예술의 힘이 사회혁명을 촉발하고 주도할 수 있다는 실례를 보여주었다. 남아공의 양식있는 대중이 그의 노래를 사랑했고, 그의 디스크는 100만 장이 넘게 팔렸다. 그러나 그는 "신비롭게 무대 위에서 자살한 사람"으로 알려졌고 그에 관한 정보가 전무했다. 이 영화는 남아공의 두 청년이 로드리게즈라는 인간의 정체를 찾아가는 과정을 스웨덴의 다큐감독 말리크 벤젤룰Malik Bendjelloul이 그린 것이다. 로드리게즈를 언급하는 것은, 그의 삶이 장학량의 삶과도 구조적으로 만나기 때문이다. 자신을 유폐시킬 줄 알았고, 공성이불거功成而弗居할 줄 알았고, 진실로써 사회를 개변시켰으며, 그러면서도 본인의 삶은 휴매니즘의 저변으로 가라앉았다. 내가 말하는 고구려패러다임은 거대한 시공, 거대한 인격, 소박한 진실, 여여如如한 초탈, 뭐 그런 것의 상징체라 말하면 족하다.

물론 그들은 고구려의 옛 성이 있던 자리에서 태어났고, 당태종이 무릎꿇은 바로 그곳에서 태어난 사람들이다. 그러나 "고구려패러다임"이라는 것은 단지 "x"와도 같은 하나의 개념적 설정일 뿐이다. 다시 말해서 중국현대사를 우리에게 의미있게 만드는 하나의 개념장치일 뿐이다.

그 개념장치는 완벽하게 나, 혹은 우리 한국인의 정신세계 속에서의 자율적인 설정일 뿐이다. 그 언어가 우리의 의식에 편입됨으로써 우리 의식에 등장하는 모든 사건들이 보다 생생하게 드러나는 것이다. 공연히 우파지식인들처럼 국수주의적인 논리를 펴서 중국인들에게 위압감을 줄 필요는 없다. 그러나 "고구려패러다임"이라는 것은 기실 동북공정에 미쳐있는 중국사가들이 우리에게 선사하고 있는 위대한 선물이다.

우리는 이제 역사를, 세계에서 일어났고, 일어나고 있는 모든 역사를 우리의 개념설정에 의하여 우리 식으로 우리끼리 논의할 줄 알아야 한다. 그것은 국수주의가 아니고, 편협한 민족주의가 아니고, 세계사를 보다 의미있게 만드는, 랑케가 말하는 대로 "역사를 있는 그대로 단순하게 보여주는*wie es eigentlich gewesen*" 하나의 진실한 개념적 장치일 뿐이다. 역사의 사실은 사실史實일 뿐이다. 해석되지 않은 사실은 역사에 없다.

"중원대전中原大戰"이란 무엇인가? 이제 우리는 우리에게 의미있는 사태만을 가볍게 짚고 넘어가자! 중원대전이란 한마디로 "군벌시대의 종언"을 의미하는 것이다. 기실 군벌시대의 종언이라는 것은 이미 "장학량의 역치"에서 운명 지워진 사태인 것이다. 중국역사에는 북방과 남방이라는 개념이 있다. 중국역사는 북방의 중원이 어디까지나 그 중심이었지, 남방은 오태백吳太伯의 시대로부터 이미 낙후한 후미진 곳이었다. 그런데 삼국시대를 거치고 위진남북조를 거치면서 남방의 무게감이 달라지고, 그 문화적 심도가 달라졌다. 북송과 남송을 생각해봐도 쉽게 이해가 갈 것이다. 주자학의 주역들이 주로 남방에서 쏟아져 나왔다.

우리가 남방을 중심으로 해서 북방을 생각하면, 북방은 이민족의 고장이고 야만인의 터전인 듯한 인상을 준다. 그러나 중국문명의 센터, 하·은·주 문명의 발상지라고 하는 중원이 알고보면, 모두 "이夷"라고 하는 야만인들의 지배영역이었다. 사실 "이夷"라고 하는 것이 "오랑캐"를 의미하는 경멸어 pejorative가 아니었다. "이夷"는 "크다大"는 것이고, 칸의 한han이요, "활 잘 쏘는 사람들弓"(이夷라는 글자 속에 궁弓이 들어있다)이요, 평탄한 대평원에 사는 사람들이요, 독특한 죽음의 예식(이夷는 시尸와 통한다)의 문화를 가진 사람들이요, 끈끈한 형제애를 가진 사람들(이夷는 제弟와 통한다)이었다.

맹자의 말대로 당우지세를 연 순임금은 "동쪽 오랑캐 사람東夷之人"이었고, 현재 중국문명의 근간이라고 말하는 주나라를 세운 문왕文王은 "서쪽 오랑캐

소주에 가면 그 시장 한복판에 오태백吳太伯의 석상이 있다. 오태백은 누구인가? 주나라는 후직后稷을 시조로 삼는데, 후직의 정통 핏줄에서 고공단보古公亶父가 나온다. 고공단보에게 세 아들이 있었다: 장남 태백太伯, 차남 우중虞仲(=중옹仲雍), 막내 계력季歷. 그런데 계력의 부인 태임太任이 뛰어난 여인이었고, 그가 낳은 아들 희창姬昌은 태어날 때부터 서기가 있었다. 태백과 중옹은 아버지가 자기들 때문에 막내에게 왕위를 물려주고 싶어도 주저하는 것을 눈치채고, 형만荊蠻(지금의 소주 지역) 지방으로 도망가서 몸에 문신을 새기고 머리를 자르고(오랑캐임을 자처) 아버지에게 임금에 오를 생각이 없음을 밝힌다. 계력이 왕이 되니 그가 왕계이고 그 아들 희창이 문왕文王이며, 그의 아들 무왕武王이 은나라혁명을 주도하고 중원의 중심국가인 주나라를 세웠다. 한편 태백은 형만사람들이 그를 존경하고 옹립하여 왕위에 앉히니 구오句吳라 칭하였고 오나라의 전통이 새롭게 시작된 것이다. 이것이 대강 사마천의 기술이지만 남방문화를 북방중원의 지류로 파악한 이런 전설은 근원적인 재고의 여지가 있다.

사람西夷之人"이었다. 어차피 중원이라고 하는 북방이 그 뿌리를 캐들어가면 모두 오랑캐가 이주하여 세운 문명이었다. 주나라가 중원의 제국을 형성할 수 있었던 것도 그들이 편벽한 섬서성의 미개한 민족이었기 때문이다. 그들은 더욱 미개한 이민족의 압박을 받아 차츰 동방의 평야로 밀려갔으며 고도의 선진문명인 은나라의 지배엘리트층을 흡수·병합해갔던 것이다.

"오랑캐"라고 하는 원초성, 개방성, 유동성, 융합성의 특징이 없이는 새로운 주나라문명의 건설은 불가능했다. 북방의 근원이 모두 오랑캐문명이라고 한다면, 그 오랑캐의 가장 그랜드한 패러다임으로서 "고조선─부여─고구려─발해"라고 하는 문명의 지속태를 도외시하고 북방을 논할 수는 없는 것이다.

하여튼 장학량의 "역치"는 남방과 북방, 남조와 북조가 형식상 하나가 되었다는 것을 의미한다. 남조의 황제가 장개석이요, 북조의 황제가 장학량이다. 이 두 황제가 손을 잡았으니 남·북에서 훑어대는 그물에 안 걸릴 놈은 하나도 없다. 군소군벌들은 불안에 떨 수밖에 없다. 장학량은 원칙적으로 이 다양한 군벌들을 씨 말려 죽일 생각이 없었다. 왜냐하면 군벌들을 살려놓아야 오히려 장개석의 발호를 통제할 수 있는 카드가 상존하기 때문이다. 그런데 장개석은 그렇게 도량이 큰 사람이 아니었다. 다양성을 포용하면서 자기의 세력을 유지할 줄 아는 전략가가 아니었다.

후에 다시 말하겠지만 장개석은 어렸을 때 동네 개에게 불알을 깨물리어 생식능력이 없었던 "고자"라는 설도 있다. 그런데 이 고자설을 고집하는 사람도 있고, 어떤 이는 장경국이 틀림없는 친자라고 인정할 수밖에 없기 때문에 유아고자설은 틀렸다고 말하기도 한다. 그러나 송미령과 결혼했을 때는 이미 생식능력이 없었다. 하여튼 고자의 특징적 경향성 중의 하나가 대립하는 양면을 포섭하지 못하는 것이다.

장학량의 도움으로 북벌군이 평화적으로 경진지구京津地區(북경에서 천진에 이르는 영역)를 접수한 후에는, 장개석은 군벌의 군대들을 삭감시키고 재편하는 방식으로 풍옥상, 이종인李宗仁, 염석산閻錫山 등의 군벌실력파를 조지기 시작했다. 그리고 피차간의 모순을 증폭시켜, 그들의 세력을 삭약削弱시켰다. 1929년 1년 동안에 장개석은 이종인, 풍옥상, 장발규張發奎, 당생지唐生智, 석우삼石友三 등의 제로군벌諸路軍閥들을 하나하나 다 조졌다. 오직 염석산만이 뱀새끼 모양 각파세력균형의 사이를 비집고 다니면서 진군晉軍(염석산이 지휘하는 산서성계열의 무장집단. 북벌 때는 국민혁명군 제3집단군)을 보존하고 발전시켰다.

이런 상황에서 군벌들은 당하고만 있을 것인가? 방법은 단 하나! 군벌들끼리 총단결하여 반장전선反蔣戰線을 형성하여 싸우는 것이다. 사실 장개석 주변의

이 승리의 메달은 장개석 생애의 최고의 시대를 상징하는 내용을 담고 있다. 가운데 "천하위공天下爲公"이라는 손문의 정치이념 표어가 적혀있고, 그 위 왼쪽으로 국민당 당기, 오른쪽으로 청천백일기 중화민국국민정부 국기가 휘날리고 있다. 그리고 아래에 "북벌성공퇴오기념장北伐成功退伍紀念章"이라는 매우 노골적인 표현의 글씨가 쓰여져있다. 북벌이 성공하여 잡놈군벌들을 싹 쓸어버렸다는 내용이다. 그리고 양옆으로 도끼와 망치가 찍어누르고 있으니 무력으로 제압했다는 자신감을 표현하고 있다(BC 3천 년경 앙소유적의 채색도기 관어석부문鸛魚石斧紋 문양에서부터 내려오는 상징). 그런데 날짜가 "1929년"으로 박혀있다. 북벌은 1926년 7월 9일부터 시작했다. 1928년 6월 8일, 장개석은 북경에 입성하여 도시이름을 북평北平으로 바꾼다(북경을 평정했다는 의미). 그리고 1928년 12월 29일, 장학량이 오색기를 청천백일기로 역치함으로써 북벌은 완성된다. 그 다음해, 1929년에 의기양양한 장개석이 이 기념장을 만들었던 것이다.

38.5×43.5mm, In Collection.

모든 세력의 역사는 반장反蔣을 안 해본 적이 없는 집단들의 이합집산일 뿐이다. 다시 말해서 장개석에게는 이념적 일관성이라는 게 없었기 때문에 당연히 그 주변의 모든 사람도 이념적 일관성을 유지할 수가 없었다. 반장反蔣·친장親蔣의 번복은 장가蔣家내 혹은 장가 주변의 다반사였다.

20세기 중국역사에서 가장 문제가 많이 될 수 있는 인물, 왕정위汪精衛, 1883~1944, 그는 과연 누구인가? 장학량보다 나이가 18세 많으니까 한 세대가 위이다. 학량은 젊은 날, 봉천에서 왕정위의 혁명적 강연을 듣고 이 풍운의 사나이를 매우 존경했다. 학량의 민주애국정치사상의 형성에도 깊은 영향을 주었다. 왕정위는 자를 계신季新, 본명은 조명兆銘이라 하는데 조적祖籍은 소흥 사람이지만, 태어나기는 광동 삼수三水(지금 불산시佛山市)에서 태어났다. 어려서부터 머리가 비상하여 청말과거 수재로서 공비유학생이 되어 호한민胡漢民과 더불어 일본법정대학日本法政大學에 들어갔다. 1906년에 학교를 졸업할 때도 그는 속성과 2백여 명 중에서도 제2등의 우수한 성적으로 학업을 마쳤다. 중국동맹회에 가입하여 워낙 문채文彩와 문재文才가 뛰어나 곧 손문의 비서가 된다. 그는 귀국하여 열렬한 혁명사상을 실천, 청조의 섭정왕 재풍載灃를 죽이는 계획을 실천에 옮겼으나 사전발각되어 사형에 처해질 운명이 되었다. 심리중 숙친왕肅親王 선기善耆가 그의 뛰어난 재능이

염석산 휘하에 이종인·백숭희가 영도하는 계계桂系(광서성 근거의 신계파新桂派), 풍옥상이 영도하는 서북군西北軍 집단, 월계粵系(광동성 베이스)의 장발규張發奎가 있었다. 또 왕정위汪精衛, 진공박陳公博이 영도하는 국민당개조파, 사지謝持, 추로鄒魯가 영도하는 서산회의파西山會議派가 모두 보조를 맞추어 공동반장共同反蔣의 전선을 형성하였다.

1930년 3월 15일, 풍옥상·염석산·이종인 3개 집단의 57명의 장령은 반장통전을 발출하였다. 이들은 한결같이 염석산을 옹립하여 "중화민국육해공군총사령"으로 추대하였고, 풍옥상·이종인·장학량을 부총사령으로 추대하였다. 그러나 "장학량"이라는 이름은 그들이 편의에 의하여 제멋대로 집어넣은 것이지 장학량의 의중과 무관한 것이다.

아까워 그를 종신감금으로 개판改判한다. 신해혁명 후 석방되어 찬란한 생애를 시작한다. 손문의 글은 실제로 왕정위가 대부분 쓴 것이다. 그는 국민정부의 상무위원회주석, 군사위원회주석, 행정원장, 국방최고회의부주석, 중국국민당부총재 등을 역임했고 실제로 그는 손문의 정통후계자로 지목되었다. 그러나 장개석이 군권을 장악하면서 그와 대척점에 선다. 장개석에 대한 개인적 원한 때문에 결국 항일전쟁시기에 남경에 일본의 괴뢰정부인 "중화민국국민정부"(명칭은 동일. 보통 남경괴뢰정부 혹은 왕조명정권이라 부른다)를 세워 민중에게 "한간漢奸"으로 낙인 찍힌다. 개인적 원한, 질투 때문에 위대한 자신의 생애의 성취를 영락시킨 인물이다. 일본의 나고야제국대학병원에서(1944. 11. 10) 쓸쓸히 죽었다. 사인에 관하여 한간암살단의 총알이 박혀 그 연독鉛毒으로 죽었다는 설도 있다.

그 상황에서 장학량을 부총사령으로 추대한다는 것은 장학량의 눈에는 꼴뚜기 꼴깝으로도 안 뵈는 터무니없는 짓이었다. 염석산은 1930년 4월 1일 태원太原에서 장엄한 선서를 하고 총사령직에 앉는다. 그리고 풍옥상·이종인도 얼싸구나 좋다 하고 각기 선서취직한다. 장학량은 일체 싸인하지 않았고, 자기를 "부총사령"으로 추대하는 꼴뚜기들의 장난을 "황당무계지담荒唐無稽之談"이라고 일축했다.

1930년 5월 1일 장개석은 남경에서 염·풍을 토벌하는 서사대회誓師大會를 개최했다. 쌍방은 모두 조병견장調兵遣將하고, 결사일전을 준비했다. 1930년 5월 11일, 장개석은 총공격령을 하달했다. "중원대전中原大戰"이 정식으로 폭발하게 되는 것이다. 쌍방이 투입한 병사들의 숫자가 합하여 100만이 넘는 대전이었다.

염석산은 왕정위와 동갑내기. 자 백천百川, 伯川. 산서성 오대현五臺縣인, 청말 거인擧人. 일본육군사관학교를 나와 중국동맹회에 가입. 1909년 귀국, 혁명에 가담, 산서도독山西都督이 되어 결국 북양군벌에 의부依附한다. 북양군벌 진계晉系 영수가 되나 1927년 9월, 국민정부에 투항하여 제3집단군총사령이 되고 국민당중앙정치회의 태원분회주석이 된다. 1930년 풍옥상과 왕정위와 연합하여 반장反蔣 중원대전을 일으키나 실패하자 또다시 국민정부로 들어간다. 처음에는 연공항일聯共抗日을 주장하다가 나중에는 반공옹장反共擁蔣으로 돌아선다. 평생 오락가락, 1960년 대북에서 병사했다.

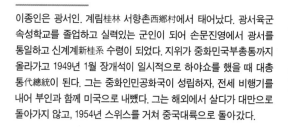

이종인은 광서인. 계림桂林 서향촌西鄕村에서 태어났다. 광서육군속성학교를 졸업하고 실력있는 군인이 되어 손문진영에서 광서를 통일하고 신계계新桂系 수령이 되었다. 지위가 중화민국부총통까지 올라가고 1949년 1월 장개석이 일시적으로 하야쇼를 했을 때 대총통代總統이 된다. 그는 중화인민공화국이 성립하자, 전세 비행기를 내어 부인과 함께 미국으로 내뺐다. 그는 해외에서 살다가 대만으로 돌아가지 않고, 1954년 스위스를 거쳐 중국대륙으로 돌아갔다.

이런 상황에서는 장학량이라는 꽃놀이패의 주가는 한없이 치솟게 마련이다. 누가 장학량을 자기 패거리로 만드느냐? 누가 그 꽃놀이패를 손에 쥐느냐에 따라 대세가 판가름 나기 때문이다. 장학량은 매우 정련된 동북군 30만을 수중에 장악하고 있으며 해군과 공군의 실력은 그 어느 집단도 따라갈 수 없는 전국제일의 강세를 과시하고 있었다. 좌단좌승左袒左勝, 우단우승右袒右勝, 결국 누가 장학량과 힘을 엮느냐에 따라 중원대전의 대세가 판가름 난다고 하는 것은 아무도 토를 달 수 없는 정리定理였다.

장군張群, 1888~1990은 자를 악군岳軍이라 하는데, 사천성 화양현華陽縣(지금 쌍류현雙流縣) 사람이다. 보정육군군관학교를 나와 1908년 일본에서 진무학당振武學堂을 다녔는데 장개석과 한반이었다. 장군은 장개석과 함께 타카다高田 포병 제13연대 사관후보관으로 배치된다. 그는 신해혁명, 2차 혁명, 호법운동에 참여한다. 1928년, 국민정부 군정부 정무차장 겸 병공서장이 되고, 동해에 상해동제대학同濟大學 총장이 된다. 1929년 4월 상해시 시장. 1933년 7월, 호북성정부주석. 1940년 11월 사천성정부주석. 항전승리 후 행정원장, 총통부자정資政, 서남군정장관西南軍政長官. 대만에서도 총통부비서장을 지냈다. 원만한 성격의 사람으로 장개석과의 우정을 계속 유지했다. 그리고 국민당 내의 원로정치인으로서 존경을 받았으며, 연금생활하는 장학량의 주변을 평생 잘 보살펴주었다. 오래 살았다.

중국말로 "시앙뻬뻬香餑餑"라는 말이 있는데, 그것은 누구나 갖고 싶어하는 대상, 누구에게든지 사랑을 받는 존재라는 뜻이다. 장학량은 당시 군벌집단들의 추파의 대상이라기보다는 중국 전인민의 "시앙뻬뻬"가 되어가고 있었던 것이다. 장학량이 시국의 중심인물이 되어가고 심양에는 각 파벌의 대표단들이 파견되어 왔다. 장개석을 대표하는 방본인方本仁, 이석증李石曾뿐만 아니라 오철성吳鐵城, 장군張群과 같은 국민당 거물들이만 29세의 고구려패러다임 똥뻬이장군에게 굽신거리면서 알현을 요청하였다.

염석산은 가경덕賈景德, 양여주梁汝舟, 부작의傅作義 등 10여 명의 대표단을 파출派出하였고, 풍옥상은 설독필薛篤弼, 석우삼石友

三 대표를 장수부에 보내 문후케 하였다. 계파桂派는 하천리何千里를, 개조파와 서산회의파는 진공박陳公博을 선후로 수부의 문간에서 굽신거리게 만들었다. 형형색색의 인간들이 각기 제나름대로의 논리를 펴면서 요순고설搖脣鼓舌하니 그야말로 장수부는 소피스트들이 난무하는 아고라agora가 된 듯하고, 심양은 전국의 정치중심이 되어버렸다. 그러나 장학량은 예절상 각 방면의 대표단을 직접 접대接待하기는 했어도, 어느 일파에도 긍정적인 승낙의 언질을 주지 않았다.

이러한 형세하에, 1930년 6월 5일 장학량은 중국식 나이로 30세 축수연을 맞이한다. 이때 똥뻬이의 각 요원들이 전부 모여 대국大局을 상토商討하는 자리에서 장작상을 위시한 장경혜張景惠·탕옥린湯玉麟·급금순汲金純Ji Jin-chun 등의 노파老派 인물들은 엄정한 똥뻬이 중립을 견지하며 어느 쪽과도 합작하지 않을 것, 그리고 보경안민保境安民을 주장했다. 이때 장작상이가 한 말은 매우 인상적이다:

"우리는 쌀밥 먹는 사람들인디, 어찌 남만南蠻새끼들이랑 섞어 딩굴갔니? 그놈들과는 멀리할수록 됴티."

오철성吳鐵城, 1888~1953은 나이가 장개석보다 한 살 아래인데 평생 손중산의 가장 신임하는 측근 중의 한 사람이었다. 그는 조적祖籍이 광동성 광주부 향산현香山縣이니까, 손문과 한 고향사람이다. 태어나기는 강서성 구강부九江府에서 태어났다. 아버지가 구강의 대상인이었기 때문에 어려서부터 영어를 배웠다. 인물이 부유하게 자란 귀티가 배어있다. 구강동문서원九江同文書院을 졸업하고 동맹회에 가입했다. 신해혁명시기에 구강에서 혁명기의를 했고 군정부 참모차장 겸 외교부장이 되었다.

2차혁명이 실패하자 일본에 건너가 명치대학에서 정법政法을 공부하고 손문의 중화혁명당에 들어가 손문의 신임을 얻고 호놀룰루에 가서 당무를 주지한다. 하여튼 오철성은 손문의 최측근으로서 회계, 외교, 신변보호의 중요한 문제를 가장 효율적으로 처리했고 또 장개석이 집권하면서부터는 장개석을 돕는 일에 일관되게 최선을 다했다. 그의 귀공자적 성품 때문에 장학량의 중원대전참전 결정도 원만하게 유도된 것이다. 그는 대만에 가서도 총통부자정資政을 했다. 1953년 11월 19일 대북에서 병사.

그런데 오철성에 관하여 특기할 사항은 손문시대로부터 장개석시대에 이르기까지 대한민국임시정부의 사무는 대부분 오철성의 손에서 이루어졌고, 그 재정지원도 그의 우호적 태도로 이루어진 것이다. 오철성은 우리에게서 한없이 고마운 인물이다. 다음 페이지를 보라!

앞 페이지에서 말했지만 대한민국임시정부가 중국땅에서 명맥을 유지할 수 있도록 재정지원을 해준 국민당정부의 창구가 오철성吳鐵城이었다. 그런데 오철성과 끊임없이 편지를 왕래하면서 국민당으로부터 재정지원을 받아낸 대한민국임정의 가장 중요한 살림꾼은 민필호閔弼鎬, 1898~1963라는 인물이다. 민필호는 여흥驪興 민씨며 자는 중우仲禹, 호는 석린石麟이다(신규식이 지어준 호). 민필호는 이미 10살 이전에 사서삼경을 모두 익힌 천재였으며 12세에 휘문의숙에 입학하여 4년 과정을 마치고 졸업을 앞둔 시점에서 홀연히 중형 제호濟鎬가 있는 상해로 건너가(일본놈이 주는 졸업장 받기 싫다) 신규식 선생이 운영하던 박달학원博達學院에 입학하여 중어, 영어, 역사를 익혔다. 그리고 동제사에 들어가 독립지사들과 어깨를 나란히 했다. 18세에 상해 남양중학南洋中學에 들어가 5년 수업하면서 중국말을 중국사람보다도 더 잘한다는 평을 얻었다.

한학의 배경이 있어 문장력이 탁월했다. 민필호는 신규식 선생이 임정의 국무원총리가 됨에 따라 그 비서를 하였고, 중국호법정부으

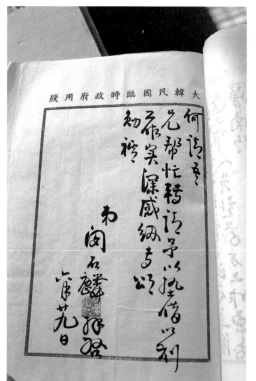

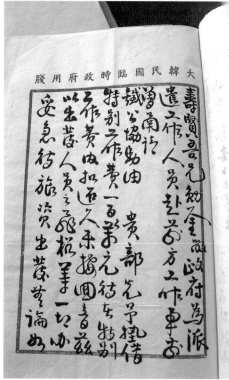

손문으로부터 대한민국임시정부를 국가로서 인정받고 양 정부간에 정식외교관계를 맺는 어마어마한 사건의 시말을 모두 준비하고 성공적으로 진행시켰다. 그러한 정식외교관계가 있었기에 국민당정부가 계속해서 임정을 재정적으로 도와줄 수 있었던 것이다. 윤봉길의거 때도 뒤치닥거리를 민필호가 담당했으며, 광복군의 재정, 그리고 임정과 교민들의 귀환에 관한 제사무를 민필호가 담당하였다. 이러한 석린 민필호의 공적에 관하여 우리역사는 너무 평가가 없다. 김구도 『백범일지』에서 민필호에 관해 진실한 평가를 하지 않는다. 공식적으로 민필호는 김구의 판공실장 겸 외무차장이었는데 그의 역할을 일일이 밝힐 필요는 없었을 것이나 그의 은공에 관한 평가가 좀 인색한 것은 사실이다. 나는 2005년 3월, 대만의 국빈으로 초청받아 진수편 총통을 만나고 그의 도움으로, 중국국민당중앙위원회 문서보관실을 샅샅이 뒤져볼

수 있었다(오랜 지기 주립희林立熙가 안내). 임정에 관한 서류뭉치가 큰 덩어리가 있었는데 대부분이 오철성과 민석린 사이에서 오간 편지였다. 여기 보이는 민필호의 필적을 보라! 그 유려함은 이루 말할 수 없다. 민필호 자신의 말을 들어보자:"오철성은 임시정부성립 전부터 예관 선생과 결교하여 한국독립운동을 원조했고 임정의 중요한 사태가 있을 때마다 수십 년간 대소사를 막론하고 협조의 여력을 아끼지 않았다." 민필호는 예관의 사위가 되었고 그 슬하에서 나의 우인 민영백이 태어

났다. 내가 말하고자 하는 것은 역사는 사가들이 기존의 주요사료라고 말하는 제한된 자료에 근거하여 기술한 역사만이 역사가 아니라는 것이다. 우리 주변에도 아직 공개되지 않은 사료는 너무도 많다. 그리고 그것을 바라보는 관점이 모두 이념이나 신화나 허위적 가치에 예속되어 왜곡을 수반하고 있을 수도 있다는 것이다. Return to the truth!

이 말은 우리가 말하는 똥뻬이 고구려패러다임의 전형적 사유를 대변하고 있다. 똥뻬이가 오히려 풍요로운 곡창을 지닌 양반동네이고 절강浙江 출신의 장개석은 오히려 저질스러운 남쪽오랑캐, 구역에 속한다는 것이다. 똥뻬이 사람들이 고구려패러다임을 우주의 중심축으로 생각했다는 사유의 한 패턴을 우리는 읽어낼 수 있다.

이에 반하여 왕수한王樹翰·유철劉哲·유상청劉尙淸·심홍렬沈鴻烈 같은 신파新派 사람들은 이때야말로 관내關內로 출병하여 장개석을 도와줌으로써, 남북통일의 대업을 달성하여 똥뻬이의 세력을 중원으로 확대시킬 수 있는 절호의 기회라는 주장을 폈다. 그러나 노파와 신파의 의견대립이 동북군의 분열을 가져올 정도의 심각한 대립상황은 아니었다.

노파의 보경안민保境安民도 장학량에게는 곽송령에게서부터 물려받은 오래된 신념 중의 하나였고, 신파의 통일대업에 관한 주장도 아버지 장작림의 꿈이기도 했다. 장학량은 바둑돌을 하나 손에 잡고 판세를 굽어보고만 있었다. 패를 어디엔가 내려놓기는 해야 할 텐데 하면서 내려놓지는 않고 있었다.

1930년 7월달에 장학량은 후루따오葫蘆島 항구개설 전례에 참석하였다(후루따오는 요동만 안쪽에 있는데 금주만錦州灣을 북으로 안고 있다. 금서錦西의 공업지대를 배후지로 하고 있다). 그리고 하북성 북대하北戴河로 휴양을 갔다(뻬이따이허는 하북성 진황도시秦皇島市 서남 15km에 있는데 해변피서지로 유명하다. 연봉산聯峰山 아래 펼쳐진 해수욕장이 장관이다. 발해의 해변이 10km에 이른다. 산해관에서 멀지 않은 곳이다). 그런데 각 파에서 파견된 대표단들이 천리마 궁둥이에 붙은 쇠파리처럼 줄줄이 따라붙었다(중국말로는 구찮게 따라다니는 쇠파리들을 "견피총跟屁

虫"이라고 한다).

본시 영정유아寧靜幽雅했던 피서승지가 남북정객들의 각축장으로 변했다. 이 쇠파리들 중에서 장개석이 보낸 인물들은, 염석산이나 풍옥상이 보낸 사람들에 비해 단수가 높았다. 염·풍이 보낸 사람들은 값비싼 선물로 공세를 하는데 비해 장개석은 원래 장학량과 친분이 두터웠던 장군張群Zhang Qun, 1888~1990(사천 화양華陽 사람, 일본 육군사관학교 출신. 국민혁명군 총사령부 참의, 호북성 정부 주석, 행정원장 역임. 대만 건너가 총통부 비서장 역임. 죽기 전에도 국민당 원로로서 장학량 90세 생신축연을 열어주는 등, 장학량과 좋은 관계를 유지했다), 오철성, 방본인을 보내 그저 마장麻將만 두게 했다. 정치 얘기는 빼고 친교마장만 두자고 하면서 심양에서 후루따오, 후루따오에서 뻬이따이허까지 계속 따라붙었다. 희희하하 깔깔대며 일부러 져주기도 하면서 내심 진짜 "정치마장"을 두고 있었던 것이다. "이 패는 지앙 총사령이 주는 것일세" 운운하면서 …….

1930년 6월 21일, 장개석은 국민정부의 명의名義로 장학량을 육해공군부사령陸海空軍副司令으로 임명했다. 그리고 장학량에게 출병입관出兵入關(뻬이핑을 점령하라는 뜻)하는 것을 강력히 권고했다. 그러나 장학량은 "덕박재용德薄才庸"이라는 이유로 그 제의를 거절했다. 그리고 "출병조장出兵助蔣"에 관해서는 일체 긍정적 답변을 하지 않았다. 장개석이 육해공군부사령의 임명장을 발한다는 것은 실제로 장학량을 전중국의 넘버 투 맨으로 인정하는 것을 의미했다.

장학량이 표면상 거절은 했지만 내심 그리고 있는 판도는 뻔했다. 그의 복고腹稿(가슴속으로만 쓰고 있는 원고)에는 장개석 이외에 도울 인물은 없었다.

역사를 생각한다　　중원대전

마장을 두면서 장군, 오철성은 계속해서 장학량에게 결단을 촉구했다. 장학량은 구두로 이런 언질을 주었다:"장개석군대를 제남濟南(산동성에 있다. 나의 아내 최영애가 태어난 곳)으로 보내 공격하라 하시오. 그럼 나도 동북군을 출병시키겠소."장군은 이 희보喜報를 즉각 남경에 보고했다. 장개석은 이 소리를 듣자마자 제남으로 전군을 투입했다.

장군은 장학량에게 그 소식을 전하며 이렇게 말했다:"장공은 자네 말을 믿고 전체역량을 제남으로 투입했네. 자네 말이 거짓이면 장공의 명이 날아가는 것일세."당시 장개석은 이토록 절박했다. 그런데도 장학량은 여유 있게 미소를 띠우며, 한마디 던질 뿐이었다:"제남에 당도한 후에나 다시 봄세.等打下濟南再說吧."기실 장학량은 당시 중국의 진정한 황제였다. 그것은 매우 짧은 시간에 불과할 수밖에 없었다는 비극의 전말을 전관全觀하기에는 장학량은 너무 어렸다. 장학량에는 진실로 곽송령과 같은 멘토가 항시 필요했다. 그러나 곽송령은 이미 저승에서 회한의 한숨을 쉬고 있었다.

1930년 9월 1일, 염석산은 북경에서 별도의 "국민정부國民政府"의 성립을 선포했다. 그리고 친히 주석主席에 취임했다. 그가 중남해中南海 회인당懷仁堂에서 취임을 선서한 시각은 9월 9일, 오전 9시 9분이었다. 중국 도가의 수로 9수는 길수이다. 9가 4개 들어있는 이 시각이야말로 그의 "장치구안長治久安"을 보장하는 천시라고 그는 믿었던 것이다. 그런데 이 "사구四九"는 9일 후의 장학량의 통전으로 9일만의 미몽으로 사라지게 된다. 그래서 사람들이 비꼬아 말하기를, "염석산의 사구四九는 36계(4×9=36)일 뿐, 줄행랑이 상계上計다! 빨리 도망쳐라!"

1930년 9월 10일, 장학량은 심양 북릉北陵(청태종 홍타이지皇太極의 무덤 소릉昭陵을 가리킴)에 있는 별장에서 동북군정회의를 소개召開했다. 비밀리에 중원대전에 관한 동북군의 방침을 논의했다. 장학량은 화북에 출병치 않을 수 없는 이유를 다음과 같이 설득했다:

"목전의 국사國事는 날로 그릇된 방향으로 흘러가고 있소. 우선 국내를 통일치 못한다면 우리 동북군은 효율적으로 외적에 대항키도 힘드오. 최근 염·풍 군대는 이미 황하 북안으로 물러났고 장군蔣軍은 이미 제남을 공하攻下하였소. 우리가 관내로 출병한다는 약속을 지키지 않을 수는 없을 것 같소. 반장反蔣의 북방군사연맹은 기실 오합지졸의 느슨한 연맹일 뿐이오. 우리가 북방세력과 힘을 합쳐 남경정부를 없애버리는 것도 어려운 일은 아니나(이 카드를 보다 신중하게 고려했어야 했다. 그렇지 않으면 광개토대왕처럼 중원을 넘보지 않고 동북의 축을 확고히 지켰어야 했다. 도올案), 그렇게 되면 그 후로 각 파벌간의 분쟁이 가중될 것이오. 결국 국내혼란만 가중시키는 결과를 초래할 뿐이오. 장개석도 믿을 만한 세력은 아니지만 북방의 오합지졸에 비한다면 주판알을 굴릴 만한 여지는 충분하오. 우리가 국가의 대국을 염려한다면 조속히 전쟁을 종식시키고 국가통일을 실현하는 것 외로 딴 방도가 없소!"

장학량의 호소는 동북군 모두에게 먹혀들어갔다. 동북정무위원회의 성원은 통일된 인식에 도달하였다: 만장일치로 "출병관내出兵關內, 조정내전調停內戰"을 결의하였다.

1930년 9월 17일, 장학량은 관내로 진군하는 동원령을 발포하였다. 두 개

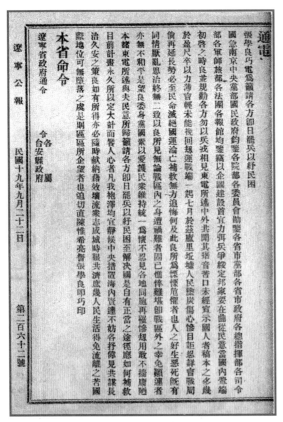

『요녕공보遼寧公報』에 1930년 9월 22일자로 실린 장학량의 통전通電. 첫 줄에, "장학량은 교전巧電(매달 18일에 나가는 전보)을 발출하여 군벌 각방이 모두 즉시 파병罷兵함으로써 백성의 곤요로움을 풀어줄 것을 부르짖어 요청합니다.張學良巧電爲籲請各方卽日罷兵以紓民困"라고 쓰여져 있다. 요녕성정부통령遼寧省政府通令으로 되어있다. 그 옆에는 『국문주보國聞周報』라는 신문의 기사인데, 장학량이 발출한 옹장통전擁蔣通電을 보도하고 있다.

군을 편조하였는데 전부 10만 인이었다. 우학충于學忠, 왕수상王樹常이 제1군, 제2군 군장을 분임하였다. 같은 날, 장학량은 염·풍의 대표, 가경덕賈景德, 설독필薛篤弼, 손전방孫傳芳을 접견한다. 그리고 똥뻬이는 옹장擁蔣(장개석을 옹호함)한다는 것을 선포한다. 가경덕 등의 등골에는 식은땀이 주루룩 흘렀다. 1930년 9월 18일, 장학량은 "교전巧電"을 발출한다. 남경정부를 지지한다는 것을 명확히 표시하고, 화북으로 출병하여 무장으로 중원대전을 조정調停한다는 것을 선포한다.

장학량의 이 결단은 전세계를 굉동轟動시켰으며 중국정계에 "헌연대파軒然

이 사진은 흐릿하지만 매우 역사적인 장면을 담은 사진이다. 동북군 대군 10만 명이 산해관山海關을 기차로 넘어가고 있다. 통전은 1930년 9월 18일 발출되었고, 9월 21일, 동북군은 천진을 점령한다. 이 사진은 9월 20일경에 찍혔을 것이다. 이로써 중원대전은 장개석과 동북군의 승리로 끝났다. 일본군이 만주사변을 일으킨 것은 정확하게 장학량의 교전巧電 1년 후의 사건이다.

大波"(쓰나미)를 일으키는 것을 의미했다: "…… 화평만이 모든 국민의 간절한 소망이다. 나 장학량은 당과 국가에 몸을 맡긴 자로서 민중을 애호하고 통일을 유지하는 것만을 가슴에 품었노라. 어찌 동포들이 참담한 지경에 빠져 있는 것을 보고만 있을 수 있겠는가? 각방各方은 즉각 파병罷兵하여 백성의 곤요로움을 풀어, 국가가 정당한 길을 걸어가도록 도우라 ……."

장학량이 출병조장出兵助蔣한다는 소식이 전해지자마자 반장동맹의 모든 이들은 자신들의 말일末日이 당도한 것을 알아차렸다. 염석산은 석가장石家莊에서 빙글빙글 돌면서 외쳤다: "끝났구나! 끝났구나完啦! 어찌할꼬? 어찌할꼬

咋個辦呢?"그리고 곧바로 새로 조건한 정부주석직무를 사임하였다. 훗날 한 간漢奸이 되어 악명을 날린 왕정위汪精衛Wang Jing-wei, 1883~1944(광동 번우인 番禺人. 일본유학. 중국동맹회 가입. 국민당 중앙정치위원회 주석. 1928년 후 국민당내 반장파 영수. 1938년 공개적으로 반국투적叛國投敵. 1940년 남경에 위국민정부를 세움) 도 장학량이 출병했다는 소식을 듣자마자 서둘러 짐을 싸서 뻬이핑을 떠났다. 장학량의 병봉兵鋒이 도착하기도 전에 반장연맹은 와해되고 만 것이다. 장개 석은 이 승세를 타고 1930년 9월 20일 염·풍을 향해 정치공세를 발했다:"제 군들은 이미 도망갈 길도 없다諸君今日已無路可逃. 그대들의 공죄功罪가 이 경각에 달려있다功罪在此須臾."

1930년 9월 19일, 왕수상과 우학충 두 장군이 통수하는 동북군 10만 정병 은 산해관을 넘는다. 반장연맹군의 배후에서 진공이 시작되면서 전세는 급변 한다. 10여 일만에 동북군은 화북지역을 완전히 제압한다. 1930년 10월 초, 평진平津(북평과 천진를 합해 부르는 말)과 하북 지역의 정권은 모두 동북군에 의하여 접수된다.

이것은 장학량이 중화민국 육해공군부사령으로 취임하는 것을 기념하여 만든 동제 묵합銅墨盒이다. 이 묵합은 당대 긴요하게 쓰인 물건이며 수장가들의 수집품으로서 가치가 높다. "동삼성병공창제東三省兵工廠製"로 되어있고, 날짜가 1930년 10월 9일 로 박혀있다. 가운데 문양은 장張.

장군張群이 국민정부를 대표하여 당대 넘버투 맨이 된 장학량에게 수인授印하고 있다. 실제적으로 북방지역의 옥새(정확히 해당되는 용어는 아니다)를 넘기는 셈이다. 뒤에 서있는 사람이 오철성이다.

1930년 11월 4일, 염석산과 풍옥상 두 사람은 하야를 통전하고, 태원의 육·해·공군총사령부는 취소를 즉고卽告한다. 공식적으로 중원대전은 장개석의 완승으로 결속結束되었다. 29세의 청년장군의 개입으로 분쟁이 정식停息되고 평

화가 실현되었을 때, 국민들의 그 환호와 열망과 열광적 호응을 한번 상상해보라! 그의 인기는 국내외로 퍼져가는 찬탄과 함께 중국을 바라보는 전 세계의 관심의 초점이 되었다. 당대 독일을 대표하는 한 신문은 장학량의 대폭 사진을 전면에 싣고 "중국통일을 찬조하여 세계평화를 주장하는 장학량 장군"이라는 타이틀 아래 고도의 평가를 찬술하였다.

장학량이 무장武裝으로써 중원대전을 종료시킨 것을 성찬盛贊하는 당시의 독일신문보도. 장학량의 중원입성은 전 세계의 관심을 모았다. 이러한 정세의 변화에 대하여 일본은 아예 동북을 삼켜버릴 계획을 착착 진행시키고 있었다. 장학량의 정예군대가 중원으로 빠졌기에 동북은 그만큼 방비가 허술해질 수밖에 없다고 판단했을 것이다.

1930년 10월 9일, 장학량은 심양에서 중화민국 육해공군부사령에 취임한다는 것을 선서하였다. 이 순간이 바로 장학량이 중국역사에서 공식적 직함과 정치적 영향력이 최고봉에 오른 순간이었다. 장작상 이하 모든 동북의 수령들도 이 장면을 같이 기뻐해야 할 사건으로만 인지하고 있었을 것이다. "물극즉반物極則反"이라는 역사의 정리는 어김없이 진행되고 있었다. 최고의 순간은 최저의 암울한 현실을 휘몰고 올 수 있다는 것을 아무도 예지하지 못했던 것이다. 서있는 사람들은 우로부터 장군, 장학량, 오철성이다.

사실 당시 장학량은 중국의 제2인자가 아닌, 실제로 제1인자의 위상을 휘날렸다. 그의 정치생애는 가장 휘황輝煌한 최고의 정점頂点을 찍고 있었다. 바로 이 정점이야말로 그의 천운의 극한이자 비운悲運의 출발이었다. 나는 나의 스승 황 똥메이 선생께서 항상 칠판에 쓰시곤 했던 그 한마디를 기억한다: "건곤은 하나의 거대한 드라마 스테이지乾坤一戲場, 우리네 인생은 그 스테이지 위에 펼쳐지는 하나의 비극人生一悲劇." 훗날 장학량은 결국 이 비극을 깨닫는다. 그러나 그는 그 깨달음 속에서 좌절하고만 것이 아니다. 그에게는 이 비극을 역전시킬 수 있는 마지막 지렛대가 남아있었던 것이다.

남경 장강대교長江大橋의 위용. 이것은 장학량시대에 있었던 다리는 아니다. 이 다리는 1968년 12월 23일 개통되었는데 길이 4,500m에 달하고 복층으로 위는 도로, 아래는 기차가 다닌다. 중국이 자체능력으로 건설한 것이다.

장개석은 정식으로 장학량에게 중화민국 육·해·공군부사령직을 위탁한다. 1930년 10월 9일, 그 취직전례가 요녕성 성정부 대례당大禮堂에서 융중하게 거행되었다. 성정부의 대로상에는 경찰·헌병·장학량호위대의 의장사열로 가득했고, 국민정부의 항공병사령부는 9대의 비행기를 특파하여 심양 상공을 날게 하여 축하의 전단을 살포하였다. 각국의 영사, 기관·법단法團의 영수 및 각계의 대표 800여 인이 대례당을 메웠다. 장학량은 양모로 된 제복에 가슴 가득히 훈장을 걸고 또렷한 두 눈매로 식장을 걸어 들어갔다. 오철성은 국민당중앙당부를 대표하고, 장군은 국민정부를 대표하여 치사를 낭독하였다.

장학량은 장군으로부터 위임장을 받은 후 낭랑한 목소리로 답사를 치致하였다.

1930년 11월, 장학량은 남경으로 향한다. 장개석은 장군張群을 천진으로 파견하여 장학량을 영접케 하였다. 천진에서 남경으로 가는 길목에는 도처에 장학량을 찬양하는 표어가 걸려있었다: "통일을 촉진하고 변방邊方을 공고히 하고, 노고공고 하여 중앙을 갈성으로 옹호한 장 부사령을 환영합니다.歡迎促進統一, 鞏固邊方, 勞苦功高, 竭誠擁護中央之張副司令!" "장 부사령은 평화식과의 사자張副司令是和平息戈的使者!" "장 부사령은 국가통일의 표솔張副司令是國家統一的表率!"

1930년 11월 12일, 장학량은 드디어 남경에 도착한다. 장강 포구에 도착하자마자 군악대의 음악이 대작大作하고, 화려한 의장대는 총을 들어 치경致敬하였다. 왕총혜王寵惠, 이석증李石曾, 하응흠 부부何應欽夫婦, 주배덕朱培德, 송자문宋子文, 하성준河成浚 등이 차참車站에서 대기하고 있다가 그를 영접하였다. "위승威勝"호 군함에 올라 장강을 거슬러 올라갔다. 중류에 도착했을 때, 강심江心에 정박하고 있던 "통제通濟"호 군함의 갑판에는 관병이 열대하여 거창치경하고, 상장을 환영하는 악곡을 병주하며, 예포를 19발을 쏘았다.

이와 동시에 강중江中, 안변岸邊에 정박하고 있던 각국의 상선과 군함이 모두 깃발을 휘날리며 치경하였고, 위승함이 남경하관에 고안靠岸할 때는 일제히 명적鳴笛하였다. 장학량에 대한 환영극의 오케스트레이션은 완벽하게 진행되고 있었다. 남경시내를 들어갈 때, 수십만 명의 남경시민들이 색색의 깃발을 흔들고 채대彩帶를 휘날리며 춤을 추었다. 도로 양변의 시민들은 29세의 부사령의 매혹적인 풍채를 쳐다보기 위하여 경쟁적으로 고개를 쑤서 들이밀

남경성 곳곳에 걸려있었던 장학량의 방경訪京을 환영하는 거폭의 플래카드. "환영극성옹호중앙적장부사령歡迎極誠擁護中央的張副司令"이라고 쓰여있다. "중앙을 극성으로 옹호하는 장 부사령을 환영합니다"라고 쓰여있는데, 여기 "중앙"이라는 말은 가시가 돋혀있다. 중앙정부는 어디까지나 장개석정부라는 뜻이다. 동북 자체의 세력기반이 없이 장학량은 "개털"일 뿐이다. 중앙에서 넘버투 맨이 된다는 것은 "허명虛名"일 뿐이라는 것을 미리 알아차려야 했다. 人生一悲劇!

었다. 시장에서 약장사를 둘러싼 군중 가랭이 밑으로 고개를 들이미는 광경을 방불케 한다. 진실로 이 광경은 한 인간이 중국에서 받을 수 있었던 가장 진실한 민중의 환호였다.

장학량이 놀란 것은, 장개석이 완벽하게 대등한 신분으로서 자기를 대접하고 있다는 사실이었다. 그러나 이러한 대대적인 쇼의 이면에 음흉한 계산이 깔려있다는 것을 감지 못할 장학량은 아니었으나, 총욕약경寵辱若驚의 예지를 간파하기에는 실제로 그는 너무 어렸다. 이러한 환영은 젊은 그에게는 그저 순결한 감격일 뿐이었다.

이날 밤 장개석 부부는 성대한 환영 주연酒宴을 열었다. 연회가 끝난 후 장학량은 흥분을 감추지 못하며 똥빼이군정요원들에게 연야連夜 전보를 쳤다.

자신의 순결한 희열의 정을 전달하고 싶었던 것이다: "학량, 요번 국부國府에 와서 장 주석의 극도의 열침熱忱의 환영을 받았음. 그 격조의 고매함은 실로 학량의 상상을 뛰어넘음.學良此次來國府, 受到蔣主席極爲熱忱之歡迎, 規格之高, 實出學良之想象."

장학량이 남경에 두류逗留하는 기간 동안에 남경의 신문들은 그를 취재 제1호의 특종인물로 우대했다. 그는 각방의 기자들의 채방釆訪을 접수하였으며, 권위 있는 종양꾸앙뿨띠엔타이中央廣播電台에서 강연을 행하였다. 장학량은 언변에 뛰어난 재주가 있었으며 무엇보다도 그의 젊고 잘 생긴 외관은 다양한 계층에게 신심을 던져주었다. 그리고 그의 말 한마디 한마디는 허술한 이야기가 아니라 심오한 휴매니즘의 철학을 깔고 있었다. 후에 말하겠지만 장학량이 송미령을 매혹시킨 것도 바로 이러한 언변의 깊이였다.

장학량은 당대 중국으로서는 신종新種의 인물이었다. 그리고 그러한 신선한 인물이 중국의 통일을 가져온 가장 핵심적 실권자라는 사실은 중국인들의 마음을 희망으로 부풀게 했다. 장학량은 당대 중국의 최고의 스타였다. 장개석 부부의 배동陪同 하에서 장학량은 탱크부대를 사열하였고, 중산릉中山陵을 배알하였고(장학량과 장개석이 같이 손문의 묘소를 참배하는 사진은 당대의 분위기를 잘 묘사하고 있는 유명한 사진이다), 남경의 명승지를 유람하였다.

장학량의 정부인 우봉지于鳳至도 따로 남경에 도착했는데, 송미령宋美齡이 직접 나가 접대하였고 장학량과 동급의 융중한 예우를 행하였다. 송미령의 친엄마인 예계진倪桂珍Ni Gui-zhen(절강 여요인餘姚人. 명말 서광계徐光啓의 후손. 상해의 명문망족)은 우봉지를 깐뉘얼乾女兒(친족명사 앞에 깐乾을 붙이면 의리로써

이 사진은 중산릉 제당祭堂과 그 밑으로 내려오는 석계石階 위에서 찍은 것이다. 장학량은 1930년 11월 12일 남경에 도착하자 마자 장개석과 함께 중산릉을 참배한다. 이날이 곧 손문의 탄신일이었다.

자금산紫金山 남록에 자리잡은 중산릉은 장개석이 손중산의 정통후계자임을 과시하기 위하여 지나치게 과도하게 크게 만든 능묘이다. 후술하겠지만 장개석은 손중산의 영구靈柩를 북경에서 모셔와 여기에 입장入葬할 때도(1929. 6. 1.) 그와 불화관계에 있던 손경령을 억지로 모셔오는 쇼를 해야만 했다. 모두 그의 정통성을 강화하기 위해 벌인 쇼였다. 이 사진은 비각과 제당 사이의 계단의 스케일을 보여준다. 폭이 70m. 392급으로 이루어져 있다.

맺은 친족관계를 나타낸다. 깐뉘얼은 "수양딸"의 의미가 된다. 깐시웅띠乾兄弟는 의형제)로 삼았다. 그래서 우봉지는 송애령宋靄齡·송미령 宋美齡과 깐지에메이乾姐妹를 맺었다(이 관계는 나중에 중요한 의미를 갖는다). 송미령의 제의로 장개석과 장학량은 의형제를 결배한다. 두 사람의 관계는 친형제처럼 빠르게 승온升溫(친근한 정이 달아오른다는 뜻)한다.

이러한 "인간적 관계human relationship"가 나중에 만주사변·서안사변을 대처하는 장학량의 인식체계·행동양식에 중요한 영향을 미친다는 것은 말할 나위도 없다. 사가들은 이러한 인간적 함수를 전혀 고려하지 않고 역사를 사건중심으로만 분석한다. 장학량은 장군이고 정치가이기 전에 하나의 인간이었고, 의리있는 청년이었던 것이다.

비정碑亭 안에 높이 9m, 너비 4m의 비가 서있는데(복건성 석재), "중국국민당장총리손선생어차中國國民黨葬總理孫先生於此"(중국국민당은 총리 손 선생을 여기에 묻다. 중화민국 18년 6월 1일)라고만 소박하게 쓰여져있다. 원래 왕정위, 호한민, 오치휘吳雉暉가 묘지명, 전문傳文, 기문記文을 쓰기로 했었는데 손중산의 사상과 업적은 아무개의 글로 표현할 수 없다 하여 다 취소하고 말았다.

남경에 있는 기간 동안 장학량과 장개석은 여러 차례의 상담商談을 통해 군사·정치·선후善後("뒤처리"라는 뜻이다. 군벌세력이 백기를 들었다고는 하나 그 군대를 해산시키는 데는 많은 경비가 들어간다. 백기를 든 각 군벌세력의 뒤처리 문제를 선후善後라 말한다. 중원대전처리 선후문제는 이후의 최대의 안건이었다고 말할 수 있다) 등의 다양한 문제에 관하여 원만한 합의를 보았다(물론 장개석은 이러한 합의를 지키지 않았다. 장학량은 **인간적**이었으나 장개석은 어떠한 경우에도 **정치적**이었다).

이것은 1930년 11월 18일, 장학량 부인 우봉지가 내려온 후에 장개석의 사적 공간에서 찍은 것이다. 뒤에 "법고금완인法古今完人"(고금의 완전한 인간들을 본받아라)이라는 글씨가 있는데 이것은 손문의 글씨이며 "양천지정기養天地正氣"(천지의 바른 기운을 몸에 함양하라)와 대구를 이루는 것이다. 손문이 1923년 원단에 "개석오제介石吾弟"에게 써준 것이다. 왼쪽부터, 장학량, 송애령, 우봉지, 송미령, 장개석. 우봉지가 송애령과 송미령의 어깨에 손을 얹고 있는 품새가 자신만만하고, 위압적이고, 코믹하다. 우봉지에게는 똥뻬이여인의 강단 같은 것이 있다.

하여튼 장학량의 남경행은 그의 생애에서 가장 흥분된 절정의 체험이었을 뿐 아니라 수확이 만만滿滿했다. 먼저, 장학량과 장개석, 그리고 동북정부와 중앙정부의 상호료해相互了解를 깊게 함으로써 쌍방에 잠재했던 분기를 해소시켰다. 그리고 남북합작을 위한 평탄한 대로를 뚫어놓았다.

둘째로, 똥뻬이는 중앙정부영도하의 자치체제에 관하여 명확한 조작표준操作標準을 확정할 수 있었다. 셋째로, 장학량은 9월 18일 발한 통전에서 천명한 "평화통일和平統一"의 충심을 실현할 수 있었다. 장학량은 그의 관장생애官場生涯에 있어서 등봉조극登峰造極(최고봉에 달했다는 뜻으로 중국사람이 잘 쓰는 말: 떵휭짜오지)했다 말할 수 있다.

일인지하一人之下, 만인지상萬人之上, 권경조야權傾朝野, 자수가열炙手可熱(손을 만지기만 해도 확 달아오른다는 뜻으로 권세가 대단한 것을 형용하는 표현)이었다. 관내출병의 "9·18교전巧戰"이 세계를 굉동轟動시켰다고 한다면, 남경방문은 중화대지를 교동攪動시켰다고 말할 수 있다.

1930년 12월 8일, 장학량 부부는 남경을 떠나 천진에 도착한다. 장학량은 장개석 부부에게 감사의 편지를 보낸다. 거기에는 감격의 정과 흠패欽佩의 단어들이 편지지 위에서 춤을 추고 있었다(후에 다시 서술하겠지만, 장학량과 장개석 부부관계의 밑바닥에는 매우 절묘한 감정이 흐르고 있었음을 간과해서는 아니 된다.

주원장의 묘, 명효릉明孝陵의 비전碑殿. 능은 1381~3년에 완공되었고 주원장은 1398년에나 죽었다. 주원장에게는 흉악한 초상, 인자한 초상 두 개의 그림이 있는 것으로 유명하다. 양면이 다 있는 사나이일 것이다. 이 비전은 1699년 강희대제의 제3차남순 때 지은 것이다. 그때만 해도 이 능묘는 방치되어 있었다. 강희는 "치륭당송治隆唐宋"이라는 4글씨를 남겼는데, 주원장이 당나라·송나라와 같은 융성한 치세를 했다고 칭송한 것이다. 명은 자기들이 거꾸러뜨린 국가이기 때문에 당·송을 빗대 찬양한 것이다. 효릉은 중산릉 서쪽에 있다.

161

장학량과 송미령은 이미 육체적 관계를 깊게 맺을 정도로 심오한 연인 사이였고, 장개석은 그러한 두 사람의 연정을 숙지하고 있었다. 장학량의 부인 우봉지도 그러한 정황을 충분히 감지하고 있었다. 인간세사人間世事를 지배하는 테마 중에서 분명 "연정戀情"처럼 깊은 인과를 지어내는 함수도 없을 것이다. 이 미묘한 관계의 배면에는 우리의 상식적 판단을 뛰어넘는 대인들의 게임이 여기 진행되고 있었다. 후술).

장학량은 중화민국 육해공군부사령이 된 후에, 봉奉·길吉·흑黑·진晉(=산서성山西省)·찰察(=차하얼성察哈爾省. 구성명. 하북성 서북부와 내몽고자치구 시린꾸어러멍錫林郭勒盟)·열熱(=열하성熱下省. 구성명. 하북성 동북부·요녕성서부·내몽고자치구동남부)·수綏(=수원성綏遠省. 구성명. 내몽고자치구 중부)·기冀(=하북

남경은 전통적으로 그렇게 유명한 곳은 아니었다. 손권이 229년에 칭제稱帝하고 여기에 오나라를 세워 건업建業이라 하였다. 주원장이 이곳을 명나라의 수도로 삼았으나 영락제가 북경으로 수도를 옮겼다. 그리고 태평천국이 도읍했고, 20세기에는 국민당이 중화민국의 수도로 삼았다. 내가 서있는 곳은 효릉과 손권의 장릉蔣陵 사이에 있는 풍경구 자하호紫霞湖 정자이다.

성) 8성의 군대를 모두 관장하게 되었고, 북평北平(당시는 북경이라 부르지 않고 북평이라 불렀다. 수도京는 어디까지나 남경南京이었다)과 천진과 청도青島 세 도시와 하북성 차하얼성 두 성도 장학량의 관할로 확실하게 귀속되었다.

그리고 똥뻬이의 인물들이 대거 중임重任되었다. 따라서 똥뻬이는 전국의 정치·군사 방면에 있어서 "거족경중擧足輕重"(일거일동이 전국에 관계됨)의 무게를 지니는 특수지위로 격상되었다. 장학량은 중원대전을 무장조정武裝調停함으로써 명리名利를 쌍수雙收한 셈이 되었다.

장학량이 1930년 11월 12일 남경에 도착했을 때, 때마침 손중산탄생일을 기념하여 국민당 제3기4중전회三屆四中全會가 열린다. 이 4중전회는 결국 중원대전승리의 논공행상의 자리가 되었다. 장학량은 국민회의 9인주석단의 한 사람이 되었고 두 차례 회의를 주지主持한다. 11월 18일 회의가 끝나는 날 열병식 앞에서 포즈를 취하고 있다. 장학량 부부의 위치는 최상석이라고 말할 수 있다. 우봉지의 자태가 포스가 있다.

9·18사변

1931년 4월, 중화민국육해공군부사령 행영行營이 북평에 설립되었고, 장학량은 심양으로부터 북평으로 거처를 옮겨야했다. 장학량은 행영공작을 주지主持하면서 실제로 북방의 제1인자가 되었다. 물극즉반物極則反이다! 섹스를 해도 오르가즘에 오르면 반드시 내려가게 마련이다. 누가 알았으랴! 북경 행영의 주인이 된 장학량! 불과 5개월 후에 9·18사변(우리나라에서는 "만주사변"이라는 표현을 잘 쓰는데 중국사가들은 이런 표현을 쓰지 않는다. "만주사변"은 실제적으로 똥뻬이의 사망을 의미했다)이 일어날 줄이야! 북경 행영에 들어앉은 후로 장학량은 하와이에서 이 세상을 하직할 때까지 그토록 그리워하던 똥뻬이로 다시 돌아가지 못했다. 자기의 마음의 고향 심양 장수부를 단 한 번도 밟아보지 못했던 것이다.

"9·18사변"을 통하여 장학량이 일거에 "부저항장군"으로 급추락한 사태에 관하여 가능한 모든 정보를 수집하여 분석하여 보아도 풀리지 않는 미스터리가 남는다. "부저항"이라는 사태가 얼마나 터무니없는 역사적 "결단"이었는지, 그 당시 저질러진 상황을 이해하게 되면, 도무지 납득하기 어려운 요소가 너무도 많다.

일례를 들자면, 똥뻬이의 공군은 당시 중국의 단연 으뜸을 자랑하는 위대하고도 건강한 군사력의 금자탑이었다. 장학량은 스무 살 때부터 이미 비행기조종을 배웠다. 하늘을 나는 것도 그의 특기 중의 하나였다. 똥뻬이 봉군이 비행기를 처음 가지게 된 것은 1920년 직환전쟁直皖戰爭 후였다. 봉군은 직계를 지원했고, 직계가 승리하자 패퇴한 환계皖系(안휘성파: 당시 단기서段祺瑞가 수령)가 소유하고 있던 비행기를 떠맡게 되었다. 운수기 4대, 정찰교련기偵察敎練機 4대였다.

이 8대가 동북공군의 최초의 장비였다. 1920년 7월, 장작림은 동삼성 순열사공서巡閱使公署 내에 동삼성 항공처航空處를 설립하여 동북항공군을 본격적으로 주건籌建하기 시작했다. 우선 동탑東塔 농업시험장을 항공군기지로 만들어, 200만m²의 비행장을 수건修建하였고, 10수 대의 비행기를 갖춘 항공대를 출발시켰다. 1923년 9월, 장학량은 동삼성 항공처 총판總辦으로 임명되었다.

장학량은 총판總辦에 취임하자마자 핵심요원을 출국시켜, 영국으로부터 "웨이메이維梅" "헝터라이페이즈亨特來佩治" "아이훠러우愛佛樓" "헝커亨克" 등식의 비행기를(비행기 기종을 말하는 것 같은데 정확한 이름을 모르겠다), 불란서로부터는 "까오더롱高德隆" "뿌라이커布萊克" 등식의 비행기를, 총 50여 대를 사들였다. 그리고 그는 비행기를 "비룡飛龍Flying Dragon" "비호飛虎Flying

Tiger" "비응飛鷹Flying Falcon"이라는 명칭의 3개 비행대飛行隊로 만들었다.
그리고 장학량은 북경의 남원항교南苑航校 출신의 비행원, 기술인원을 우대하
여 초치하였고, 높은 월급을 주어 영국·불란서 국적의 교관을 채용하였다.
1924년 가을, 장학량은 직접 불란서로 가서 17대의 비행기를 구입하여 배에
싣고 대련大連항으로 돌아왔다.

제2차 직봉전쟁 중 봉계항공군은 우수한 실력을 발휘하여 직군直軍(직례 계
열의 군대)에게 거대한 타격을 주었다. 장작림은 공군의 위력을 신뢰하게 되
었고 항공군의 규모를 확대하고 새롭게 정편整編하였다. 장학량은 1925년 3월
"비붕飛鵬" "비표飛豹" 두 부대를 증편하였는데, 당시 조종사는 100여 인에

동북군 항공대의 늠름한 모습을 보라! 심양의 동탑 항공군기지에서.

이르렀다. 장학량은 비붕부대의 대장을 겸임하였고, 서칙림徐則林이 부대장을 맡았다. 중앙대권을 장악한 이후로 그는 항공군을 급속히 발전시켰으며 수상비행기부대水上飛機隊(물에서 뜨고 또 착수 가능. 당시는 헬리콥터가 없었기에 매우 유용했다)를 만들었다.

그리고 이탈리아, 독일, 일본, 영국, 미국으로부터 정찰기 9대, 수상비행기 8대, 폭격기 9대, 전투기 5대, 교련기 8대를 구입하였다. 1926년에는 정주鄭州 비행장에서 직계군벌 소속의 상당수의 비행기를 작획繳獲한다. 이렇게 하여 봉군의 비행기 수량은 전국 제1의 규모로 증대되었다.

당시 하늘을 나는 비행기를 본다는 것은 너무도 신기한 것이었다. 어느 날, 비행기가 하늘을 날다가 연료가 떨어져 해변에 불시착하게 되었다. 그러자 주변의 농민들이 곤봉과 장창을 가지고 파일럿을 에워쌌다. 그리고 그를 "왕 잠자리귀신蜻蜓精"이라고 지목하면서 때려죽이려고 하였다. 그러자 조종사가 "나 사람이요" 하고 말하니까, 농민이 말하기를 "그런데 왜 잠자리 눈깔을 하고 있누?" 하는 것이었다. 그래서 얼른 안경을 벗었다. 농민이 또 말하기를 "그런데 왜 잠자리 대가리를 하고 있노?" 하는 것이었다. 그래서 얼른 헬멧을 벗었다. 그러나 몸뚱이가 왜 가죽으로 덮였냐고 묻는 것이었다. 그래서 얼른 비행복을 벗었다. …… 하여튼 이런 우스개 얘기가 떠도는 시절에 봉군은 막강한 비행부대를 확보하였던 것이다.

장학량은 군비확충과 동시에 항공인재의 배양을 조직적으로 힘쓰지 않으면 안된다고 생각했다. 1922년 9월, 봉천에 동삼성항공학교를 열고, 다음 해 장학량 본인이 직접 항교航校 교장이 되었다. 항교는 왕립서王立序, 만함장萬

동탑 항공군기지에서 훈련중인 동북공군. 당시는 비행기의 날개가 이중이었다. 그래서 복엽기라고 한다. 복엽이면 양력이 좋다. 복엽에서 단엽으로의 변화가 비행기역사에서 획기적인 전환이다. 여기 보이는 것은 영국제 소형폭격기들이다.

咸章 등 남원항교 출신의 비행원과 비행교관을 초빙하고, 영국 교관 1인, 프랑스 교관 2인을 초빙했다. 그리고 후에 하얼삔으로부터 백러시아계 비행원 레이껀雷根, 뚜어스투어후多斯托夫, 빠오치루어후鮑啓羅夫 등 4인의 비행교관을 초수招收하였다. 항교 제1기 학생은 40명이었다. 1924년 8월에 졸업했는데 그 졸업식은 매우 융중隆重했고, 고급장령이 모두 참석했다. 장학량은 그들 모두에게 한 사람 한 사람 졸업장을 건네주고, 같이 사진을 찍었다.

1923년 12월에, 동북항공처는 동북군 제2려, 제6려에서 초급군관을 선발하여 불란서 항공학교로 유학을 보냈다. 그런데 이들 대부분이 신체조건이 맞지 않아 졸업을 하지 못했다. 이것을 교훈 삼아 1925년에 제2기 유학생을 보낼 때는 동북공군훈련반 1,000여 명 중에서 체질, 연령, 이빨, 혈액, 자세 등 엄격한 기준에 의하여 20세 전후의 28명을 선발하여 불란서 마오란나毛蘭納, 까오룽터高龍特 항공학교에 입학시켰다. 이들은 1926년 가을, 프랑스 남부의 이쓰터伊斯特爾 육군항공학교Istre Aviation School(1917년 개교)로 전입되어 전투를 배웠고, 실전에도 참가하는 경험을 축적하게 하였다.

1927년 초, 이들이 귀국했을 때, 이들은 국내 최고의 비행원이었기 때문에, 각파 군벌에서 이들을 빼돌리려고 온갖 공작을 폈다. 남경정부도 파리에 주둔하고 있는 국민당 당부黨部를 통하여 여러 인맥을 활용하여 이들을 빼돌리려고 했다. 장학량은 이에 대비하여 그들 학생의 계급을 준위准尉에서 중위中尉로 제승提升하고, 귀국 후에는 곧바로 소교少校나 중교中校로 제승시켰다.

장학량은 불란서유학파만 만들면 안된다고 생각하여, 동북항교 제2기 학원學員 중에서 손염孫炎, 요동환姚東煥, 장재선張在善, 이상림李祥林 4인을 일본의 시모시즈下志津 항공학교로 유학 보내, 고급항공기술을 학습하게 했다. 이후에도 동북공군은 계속해서 외국에 고급인력을 파견하여 선진기술과 훈련방법을 배워오게 하여 동북공군의 온전한 건설에 기여하게 했다. 혼하渾河 수면에 공중사격실습장을 건립하고, 해변에 공중폭격실습장과 각종 훈련설비를 세워 동북공군의 수평을 제고시켰다.

동북공군의 비행기가 모두 외국에서 구입하거나 타 군벌로부터 작획해온 것이 아니다. 동북공군은 스스로 전투기를 제조하는 실력을 갖추었다. 동북공군이 제조한 전투기를 "랴오에프완식遼F1式"이라고 불렀는데, 이 기종은 독일의 후커福克 전투기와 프랑스 전투기의 장점을 합하여 만든, 쌍날개형에 두 대의 리우이쓰劉易斯 항공기창航空機槍을 장착한 것이다. 이외로도 경형폭격기 "랴오FH1식"을 만들었고, 이 비행기는 50kg짜리 항공작탄炸彈 4매를 실을 수 있었다.

또 중형폭격기 "랴오H1식"을 만들었는데, 한 비행기에 2명의 비행원이 타고, 2대의 기관총, 100kg짜리 항공작탄 4매를 실을 수 있었다. 이 비행기는 비행거리가 가장 멀었고, 동북이 자체로 만든 비행기 중에서 기술함량이 최고 수준이었다. 제조 난도難度가 가장 높은 큰 비행기는 제조원가가 많이 들고 기술적으로도 곤란한 점이 많았으나 똥뻬이 비행기창에서는 이 대형비행기를 10대나 만들었다.

이것이 바로 똥뻬이에서 자체기술로 만든 대형 "랴오FH1식" 비행기이다. 100kg 무게의 폭탄 4매를 실을 수 있었다. 그리고 단엽기라는 사실이 놀랍다. 단엽기는 속도면에서 복엽기와 비교가 되지 않는다. 이것은 원래 영국기종을 러시아가 카피한 것인데, 그 러시아기종을 다시 똥뻬이에서 카피한 것이다. 이 장소는 1920년대말 동탑기장이다.

그런데 이 10대가 모두 제2차 직봉전쟁에 참가, 제공권을 획득하여 승리를 가져다주었다. 이경림李景林, 장종창張宗昌의 제2군과 장학량, 강등선姜登選의 제1·제3 연군의 항공대가 전투에 참가했는데 모두 봉군이 직접 만든 비행기로 승리를 거두었던 것이다. 이렇게 똥뻬이 자체의 기술력이 증진하고 있었다는 것을 군사기밀이래서 주변 사람들은 알지를 못했고 역사에 제대로 기억되지도 않는다. 그러나 장씨 부자의 이러한 노력은 참으로 가상한 것이다.

일본사람들은 항상 침략을 할 때, 그냥 노골적으로 침략하는 것이 아니라, 구실을 만드는 자작극自作劇을 벌인다. 야비한 위장의 천재라고 할까 둔재라고 할까? 이들은 유조호柳條湖 지역, 북대영에서 불과 800m 떨어진 지점의 남만철도를 폭파한다. 그 책임자가 카와모토 스에모리河本末守 중위였다. 그 폭파시간이 1931년 9월 18일 밤 10시 20분경이었고, 한 시간도 채 안되는 11시경에는 곧바로 북대영을 진공進攻한다. 남만철도를 동북군이 훼손시켰다는 명분이 북대영침공의 구실인 것이다. 그런데 일본사람들이 증거로 제시한 사진을 보면 "철로의 파편鐵路の破片"이라고 해놓고 철로 한 조각만 철로변에 갖다놓았다. 철로는 실제로 파손이 거의 없었던 것이다. 그날 밤으로 열차들은 무사히 다녔던 것이다(80cm 정도가 절단되었다고 하는데 바로 복구됨). 아마도 소음만 내는 폭탄 몇 개를 철로변에서 터뜨린 것 같다. 일본이 하는 짓들이 다 이와 같다. 일본의 이와 같은 야비한 자작극의 행태가 오늘날의 국제관계에서도 동일하게 지속되지 않으리라는 보장이 어디에 있겠는가? 우리가 일본이 자국의 과거사에 대한 근원적 반성을 요구하는 이유는 바로 이러한 행태의 근원적 단절을 요구해야만 하기 때문이다. 일본인은 일본인의 후손들을 스스로 잘못 가르치려고 노력하고 있는 것이다. 그런데 우리나라 보수세력은 이러한 일본을 옹호해주려는 멘탈리티를 벗어나지 못하고 있다. 통탄할 일이다!

장학량은 역치 후에, 더욱 더 공군을 발전시켰다. 신인을 대담하게 기용하였고 체제와 편제를 대폭 개량시켰다. 심양 북릉北陵에 새로운 비행장을 만들고 그 새 비행장은 초급비행훈련기지로 쓰게 했다. 그리고 동탑비행장은 고급비행기훈련기지로 승격시켰다. 역치 후 장학량은 똥뻬이공군을 남경정부항공군의 체제를 기준으로 개혁하지 않으면 아니 되었다. 이러한 장학량의 한 판 개혁과 훈련으로 똥뻬이공군의 풍기가 일신하고, 관병훈련의 열정이 고창高漲하였으며, 사기가 고앙高昻하였다.

바로 만주사변이 일어나는 그 시점이야말로 동북공군의 전성시기였으며, 비행기술과 비행전술의 수평이 최고조에 달한 시기였다. 비행기가 자그마치 250대에서 300대가 신선하게 작동하고 있었고, 우수한 전투 파일럿이 100명 이상 확보되어 있었다. 이러한 전투력은 국내 제1일 뿐 아니라 국제적으로도 무시할 수 없는 수준이었다.

생각해보라! 과연 이런 상황에서 적국(일본)과 싸우지말라는 "부저항 명령"이라는 게 도대체 무엇을 의미하는 것일까? 얼마나 황당한 짓인가?

1931년 9월 18일 밤, 일본 관동군은 동북군의 본영이었던 북대영北大營을 침공한다. 필선안내必先安內의 부저항 운운의 평소 분위기에서 일체 응전준비 태세를 갖추고 있지 못했던 동북수군守軍은 창촉지간, 공군에게 구원을 요청할 수밖에 없었다. 장학량은 당시 뻬이핑北平에 있었고, 동북공군의 대리총사령代理總司令이었던 장환상張煥相Zhang Huan-xiang, 1880~?(요녕성 무순 사람. 1911년 일본 육군사관학교 출신. 흑룡강독군부참모장. 동성 특별구행정장관. 장학량의 신임이 두터웠으나 불행하게도 위만주국과 타협하여 협화회 지도부 부장, 위만국무원사법부대신을 지냈다)도 심양에 있지 않았다.

북대영北大營의 조감사진. 언뜻 보기에 펜타곤을 닮은 모던한 설계이다. 병영의 배치가 잘 보인다. 이 사진은 1931년 당년에 오오사카아사히신문大阪朝日新聞에 실린 사진인데, 이미 일본군에 의하여 파괴된 모습이다. 건물들의 뚜껑이 날아갔다.

공군사령부에는 참모장 진해화陳海華 한 사람만 남아있었다. 진해화는 장학량에게 급히 전보를 쳤다. 불행하게도 이들은 모두 장학량의 명령이 없이는 임의로 행동할 수 없다는 충성심이 철저한 우수한 군인들이었다. 이날 밤, 동북군 전체 참모총장인 영진榮臻이 명령을 전달하였다: "일본군이 일을 벌이고 있으나 그에 대한 일체 저항은 허락되지 아니 한다. 만약 이 명령을 듣지 않고 임의로 행동하는 자가 있으면 군법으로 다스린다.日軍鬧事, 不準抵抗, 如有不聽命令肇事的, 軍法從事。" 날이 밝은 후에도 영진은 전화를 걸어

지시하였다: "금일 비행을 허락지
아니 한다. 일체 전투행위를 금한
다. 今天不準飛機起飛, 以免出事."

당시 동북공군의 고급비행훈련인
원들은 모든 무기와 폭탄을 비행기에
장착해놓고 있었고, 떴다 하면 바로
신나게 전투를 할 수 있는 만반의 태
세를 갖추고 있었다. 공군 장교들과
사병들은 이 명령을 듣고 하늘이 꺼
지는 듯했으며 그 답답한 가슴을 어
찌할 줄 몰랐다. 풀이 죽은 채, 쓸쓸
하게 자기 애인보다도 더 사랑했던
비행기를 그대로 놓아두고, 비행장
을 철리撤離할 수밖에 없었다. 그 찬
란한 역사를 눈물 속에 파묻으며.

북대영의 자랑스러운 군관들.

동북군이 소유한 불란서 르노雷諾 FT-17형 탱크.

북대영 격납고. 매 칸마다 FT-17형 탱크가 들어가있다.

북대영을 쳐들어가고 있는 일본군. 3·4개 중대에 불과했다. 이들에게 동북군의 핵심을 그냥 내어주었다. 어떻게 이런 일이 가능할 수 있겠는가! 1931년 9월 18일은 중국인들에게 우리나라의 경술국치일과 같은 국치일로 기억되고 있다.

1931년 9월 19일 이른 새벽, 심양 동탑비행장에 도착한 일본군은 겨우 100여 명의 사병이었다. 아무 동정도 없는 조용한 비행장에 묵묵히 110대의 비행기가 그들을 맞이하는 것이었다. 전투기의 모든 화력이 그대로 방치되어 있고, 항공공창工廠의 모든 설비가 원봉미동原封未動한 채로 고스란히 보존되어 있는 것이다. 상상하기조차 어려운 이런 황당한 방식으로 일본군에게 넘어간 동북공군의 비행기가 260대였다.

"부저항"이 도대체 무엇을 의미하는가? 11년 동안 불철주야 장작림·장학량 부자가 쌓아올린 똥뻬이공군이라는 공든 탑이 이렇게 허무하게 사라졌다. 이것은 너무도 너무도 슬픈 이야기! 있을 수 없는 이야기!

불타는 북대영. 일본군 제7려는 19일 새벽 5시 30분에 북대영 전체를 장악했다. 그리고 모든 영방營房을 분소焚燒시키고, 모든 시설을 파괴했다. 불은 이틀 동안이나 계속 타올랐다. 장작림, 장학량 2대에 걸쳐 고심경영하면서 쌓아올린 금자탑, 중국 전군대를 통하여 가장 현혁顯赫했던 북대영은 이 불길과 더불어 영원 속으로 사라져버렸다.

생각해보라! 당시 동북군은 30만의 대병력이었고, 경찰이나 민방위군에서 동원될 수 있는 15만을 합치면 45만의 우수한 병력이 있었다. 최소한 260대의 고성능 전투기가 있었고, 충분한 기술요원과 조종사가 훈련되어 있었다. 3,000여 문의 대포가 있었고, 1만여 대의 보병총이 있었고, 5,800여 정의 기관총이 있었다. 어떻게 이 거대한 무력을 하룻밤에 무기력하게 "부저항"이라는 몇 사람의 구업口業 하에 일군 수중으로 넘길 수가 있는가? 당시 일본 관동군이래야 핵심 병력이 2만 명밖에 되지 않는다. 심양에 들어온 것은 1개 연대 3·4천 명밖에 되지 않는다.

일본군이 태워버리고 난 후의 쓸쓸한 북대영의 모습. 그 처참한 모습은 장학량의 가슴이 찢긴 모습과도 같다. 장학량은 9·18이 8년 지난 그날, 일기에 이와 같이 쓰고 있다:

우리집은 똥뻬이 송화강 위에 있었다네. 거기에는 숲이 있었고 탄광이 있었지. 그리고 또 만산편야滿山遍野의 콩밭, 수수밭이 있었지. 우리집은 똥뻬이 송화강 위에 있었다네. 거기에는 나의 동포가 있었지. 그뿐인가? 늙어가는 아버지, 새악씨가 있었다네. 아~ 9·18, 9·18, 그 흑비 내리는 마음의 눈물 …

　일본군이 동북군의 대본영인 북대영을 침공하는 장면도 너무 슬프다. 북대영은 심양성 북쪽 약 5km 지점에 있는데, 1907년 서세창徐世昌이 동삼성총독으로 있을 때 건립한 곳으로, 동북군의 휘황찬란한 역사를 간직하고 있는 곳이다. 이 북대영을 지키고 있는 것은 동북군의 핵심부대인 제7려旅였다. 제7려하에 제619단, 제620단, 제621단, 3개 보병단이 있었다. 려부 직속으로 기병·포병炮兵·통신병·특무병 4개 독립연連이 있었다. 제7려에 소속한 관병은 1만 명 정도가 있었으며, 전투요원은 6·7천 명이 있었다.

　사병들의 질도 매우 높았으며, 군관 중에도 육군대학·보정군교·동북강무당 출신, 일본·미국·영국에 유학한 인재가 수없이 많았다. 매 단團에는 중기창련重機槍連, 박격포련迫擊砲連, 평사포련平射炮連이 배당되어 있었다. 매 보병

련에는 지에커捷克(체코)식 보창步槍 120지支, 지에커식 경기창輕機槍 12정挺이 배당되어 있었다. 려사령부에는 또한 직속 탱크부대가 있었고 경형 탱크 12 량輛이 배속되어 있었다.

9월 18일 밤, 일본군이 들이닥쳤을 때 북대영은 "군룡무수群龍無首"의 꼴이 었다. 똥뻬이 최고군정장관인 장학량은 몸이 불편하여 뻬이핑 협화의원協和 醫院에서 요양중이었는데, 그 시각에는 몸 컨디션이 그럭저럭 했기 때문에 요 서지역의 수재를 위하여 모금하는 명목으로 공연하게 된 메이 란황梅蘭芳 출 연의 『우주봉宇宙峰』이라는 연극을 관람하고 있었다. 동북변방군 부사령인 장작상張作相은 금주錦州로 가서 아버지 상喪을 치르고 있었고, 심양 주둔의 동북변방군 참모장인 영진榮臻은 삼경가三經街 공관에서 아버지 생신잔치를 벌이고 있었다. 제7려 려장인 왕이철王以哲과 그 속하의 3개 단 단장이 모두 북대영에 숙직하고 있질 않았다. 당시 북대영에 숙직하고 있었던 최고의 영 도는 제7려 참모장인 조진번趙鎭藩 한 사람뿐이었다.

당시 아무런 방비 없이 비몽사몽을 헤매고 있던 병사들은 창포와 함성소 리에 눈을 비볐다. 창촉지하倉促之下, 조진번은 왕이철 려장의 집으로 전화를 걸었다. 왕이철 려장은 즉각 심양성내에 있었던 참모장 영진에게 보고하였 다. 조진번은 우선 전 려 관병에게 진을 정렬하고 기다리라고 명령을 내렸다. 보고를 받은 영진은 뻬이핑의 장학량에게 전화를 걸어, 북대영의 현황을 보 고했다.

장학량은 보고를 받고도 즉각 답변을 하지 못했다. 매우 당황하는 눈치였 다. 그리고 홀연히 전화가 끊겼다. 이렇게 긴박한 상황에서도 영진은 장학량으로부터 아무런 행동지침을 하달받지 못한 것이다. 영진의 머리를 스치고 지나가는 것은 장학량이 최근 들어 계속, 일군과의 충돌은 무조건 피면避免하라고 신신당부한 엄명嚴命이었다. 그래서 영진은 황공惶恐중에 북대영의 관병에게 이러한 명령을 하달했다: **"저항을 허락지 않는다. 이동도 하지마라. 총도 창고방에 갖다 두고 소지하지마라. 꼿꼿이 서서 죽을 각오를 하라. 모두 살신성인하여 조국을 위하여 희생하라!** 不準抵抗, 不準動, 把槍放到庫房裡, 挺着死, 大家成仁, 爲國犧牲。"

세상에 이런 "하이 코메디"가 또 어디 있나? 허무개그라고 말할 수도 없는 허무한 짓이다. 군인이란 본시 전쟁을 위해서 존재하는 것이다. 군인의 본분, 그 본질, 그 진가는 모두 외적이 침입했을 때 그 국난을 방어하는 데서 발현되는 것이다. 군인의 존재이유, 그리고 똥뻬이의 군인이 가지고 있던 특유의 애향심마저 거부케 만드는 이 명령은 도무지 군인에게 하달될 수 있는 명령이 아니었다.

총은 이미 모두 병사에게 지급되어 그들의 목숨처럼 그들의 품안에 있는 것이다. 쳐들어오는 적을 눈앞에 두고 총을 수거한다는 것은 불가능에 속하는 것이다. 적과 미리 특정한 약속이 되어있는 상태라면 혹 모르되, 이토록 긴급한 상황에서 있을 수 없는 요구를 하달하고 있는 것이다.

조진번은 직접 영진에게 전화를 걸어 다시 한 번 사태를 고려해줄 것을 요청했다. 그리고 명령을 바꾸어줄 것을 희망했다. 영진은 성색聲色을 모두 엄숙하게 바꾸면서 이와 같이 답변했다: "이것은 명령이다! 만약 이대로 행동하지 않으면 향후의 모든 문제는 네 책임으로 돌아간다! 這是命令, 如果不照辦,

出了問題由你負責!"

이 명령이 관병에게 전달되자, 병사들은 극도로 분개했다. 각 부대로 이 명령이 전달되자 병사들은 분분하게 질문하는 것이었다: "아니 우리들은 우리의 전우 형제들이 산채로 꼼짝없이 적에게 죽어 넘어지는 것을 눈뜨고 보고만 있으란 말인가?" "일본놈들이 도대체 뭐간데, 일본놈들이 우리를 이렇게 까뭉개도록 그냥 둔단 말인가?" 어떤 비분강개한 병사는 소리쳤다: "우리가 감정 있는 사람이 아니란 말인가? 야! 일본놈들 하고 한판 붙자!"

이때 620단 제2영의 관병들은 이와 같은 소리를 들었다: "대오를 흩뜨리지를 마라! 총은 모두 창고에 갖다 두어라! 숙사로 돌아가 잠자도록 해라! 일본인들이 원하는 것은 무엇이든지 다 주어라!"

이 명령을 들은 병사들은 모두 화가 극도로 치밀어 한목소리로 외쳤다: **"아니 모가지 달라면 모가지까지 내주란 말이오?**要命也給嗎?"

개인의 사활과 국가의 존망이 경각에 달린 병사들에게 "총을 창고에 갖다 두고, 다시 침대로 돌아가 누워 잠자라"라는 명령은 군대에서는 도무지 명령이 될 수가 없는 명령이다. 이것은 하이 코메디가 아닌 로우 코메디, 아니 코메디의 자격조차 없는 넌센스! 광포한 그림자들의 지껄임!

내가 이런 정황을 이렇게 자세하게 기술하는 소이연은, "과연 역사에서 어떠한 일이 있어났는가?What really happened?" 그 진실의 실정, 인간의 내음새가 얽힌 드라마를 명확하게 인지하지 못하면 역사는 사가들의 드라이한

심양에 거저 입성하는 일본군. 날강도짓이 아니고 그 무엇인가? 아랫 사진에는 심양의 성문이 보인다.

사건기술 속에서 유실되어 연기처럼 사라지고 만다는 것이다. "부저항不抵抗," 도대체 이 한마디가 무엇을 의미하는가?

개인의 담론이 아닌 억조창생 국가존망의 엄청난 멧세지! 그 실제정황을 그것을 발설한 인간들조차 인지 못했을 가능성이 높다. "부저항"이라도, 군대의 부저항이라면 응당 싸워야 할 싸움은 싸워가면서 "부저항의 어떤 방향적 원칙"을 제시해야 옳다. 이런 식의 부저항은 그야말로 "루안치빠짜오亂七八糟의 카오스"일 뿐이다.

1931년 9월 18일 밤 11시 30분, 일본군이 제일 먼저 서북각으로부터 제621단의 각 영 병사로 들이닥쳤다. 620단의 단장 왕철한王鐵漢은 집에서 폭음소리를 듣고 말을 달려 단부團部로 급히 왔다. 일군이 드디어 620단을 칠 때도, 동북군 참모장 영진은 그 정황을 전화로 물어가며 "부준저항不準抵抗"이라는 엄령嚴令만을 되풀이했다. 그리고 **"총과 탄약을 모두 창고에 갖다 두라**將槍彈繳庫!"라고 지시했다.

성미가 곧은 왕철한은 그 명령이 어불성설이라는 것을 알고 영진에게 말했다: "적인이 우리 병영을 기습하고 있고, 관병은 분개하며 북대영과 더불어 존망의 운명을 같이하고자 합니다. 적군이 지금 본단의 영방營房을 포격하고 있는데, 본단의 관병들은 절대 총을 들고 죽음을 기다리기만 할 수는 없습니다. 本團官兵決不能持槍待斃." 영진은 노기에 차서 전화통에 대고 소리쳤다: "감히 명령을 안 듣겠다구! 자네가 일체를 책임지라우你胆敢不聽命令, 你要負一切責任."

남만철도 주변의 광활하고 풍요로운 농토를 보라! 이러한 농토가 모조리 9·18부저항과 더불어 일본의 손아귀로 들어가버렸다. 동북삼성에서는 매년 9월 18일 9시 18분부터 9·18국치를 각성시키기 위해 15분간 경보를 울린다. 처음에 이 경보는 심양시에서 시작하였는데(1995년 9월 18일) 지금은 전국이 동시에 실시하고 있다. 나는 이 이야기를 방호범 원장의 어린 딸 효나曉娜에게 들었다.

군인으로서 상부명령을 따르며 마지막까지 버티다가 최후의 결정적 순간에 군인의 본능에 따라 행동한 왕철한王鐵漢, 1905~1995. 그는 항명으로 오히려 영웅이 되었다. 그는 군사·정치를 연구하여 『전쟁론』『동북군사략東北軍史略』을 집필, 출판하여 유장儒將으로도 불린다. 생긴 모습이 영민하기 그지없다. 북경대학을 들어갔으나 가빈하여 동북육군강무당에서 학습하였고 북평중국대학에 진수進修하였다. 왕철한은 동북군 육군독립려 제7려 620단 단장으로 항명하여 일본군과의 교전 제1성을 울렸다. 1948년 그는 심양방수사령관, 요녕성주석을 지냈다. 1948년 10월말 대만으로 건너가 1990년 장학량 90수연에도 참석했다. 1995년 12월 15일 대만에서 서세.

전화를 끊고 난 후 왕철한은 화가 치솟아 영진을 향해 "니에미 씨발"하고 외쳤다. 그리고 참모장 조진번과 상의한 후 환격還擊을 명령했다. 자세한 정황은 내가 다 기술할 수는 없다. 그래도 왕철한의 결단 때문에 제7려의 관병은 용감히 싸우면서 북대영을 철출撤出할 수 있었다. 다행스러운 일이었다.

심양성내로 침입하는 일군 장갑차

심양으로 침입하는 일본군의 작태는 평화로운 무혈입성이 아니었다. 북시장 부근, 곳곳의 경찰분국에서 처참한 육박전이 벌어졌다. 그 과정에서 일군은 수많은 양민을 학살하기도 하고 저항하는 잔존 동북군에게 만행을 저지르기도 했다. 이 사진은 조선족이 중심이 된 동북항일의용군의 저항을 진압한 후, 살아있는 포로의 목을 작두로 자르고 있는 모습이다. 이런 끔찍한 만행은 우리나라 3·1민중독립항쟁 때에도 수없이 자행되었다.

19일 새벽 5시 30분, 일본군 강도놈들은 북대영 전체를 점령했다. 제7려가 빠져나간 북대영을 일군은 불질러버렸다. 모든 설비를 훼괴毁壞시켜 버렸다. 대화大火가 다음날까지 훨훨 타올랐다. 장작림·장학량 부자가 다년간 고심하면서 하나하나 쌓아올려 일세一世를 현혁顯赫했던 북대영은 영원히 추억 속으로 소실되고 말았다. 참으로 허망한 넌센스 드라마였다.

9월 19일 새벽 6시 30분, 불과 5시간의 전투 끝에 일군은 심양성을 점령했다. 일군 제29연대는 마치 무인지경無人之境의 심양을 들어오듯 들어왔다. 모든 중국의 경찰과 헌병이 무기를

민중의 목을 베고, 그 벤 목을 들고 음험하게, 유쾌한 듯이 웃고 있는 일본군. 공식자료에 의하면 일제가 중국을 침략하는 과정에서 무고한 중국인의 목숨을 앗아간 것이 2,100만 명에 이른다고 한다. 결코 과장된 통계는 아닐 것이다.

헌납하고 항복했다. 똥뻬이 당국과 요녕성이 심양에 건설한 당黨·정政·군軍·재財·교육敎育 등 기관, 병공창, 비행장, 은행 등 그 모든 것이 일본에게 침점侵占된 것이다. 요녕성 성장 장식의臧式毅는 구금되었고, 나중에는 압박 속에서 위만주국의 봉천성장이 되었다.

대청루의 보물들이 모두 세겁洗劫되고 있다. 당시 관동군사령관은 혼죠오 시게루本庄繁, 1876~1945였는데, 혼죠오는 일찍이 장작림의 군사고문을 지내기도 한 중국통이었다(육군사관학교 제9기. 육군대학교 졸업. 육군대장). 그래서 그는 500상자의 보물을 장학량의 북경공저北京公邸에 보내주려고 했다. 장학량은 그의 전화를 받고 그에게 이렇게 말했다: "네가 돌려주려고 한다면 동북을 나에게 돌려주어야 한다. 우리집 물건을 보내는 것은 나를 모욕하는 것이다."

9월 19일 상오, 일본군은 대수부를 점령했다. 베르사이유 궁전처럼 아름답기 그지없던 대수부는 공전의 대재난을 당해야 했다. 물건들이 마구 강탈되었다. 대수부의 몇십 년, 아니 몇백 년 동안 축적된 국보급 미술, 골동품이 500박스나 되었는데 1932년 모월 모일에 경매에 부쳐졌는데 2시간 내에 다 팔려나갔다고 한다. 그 막대한 경매수익은 위만주국 건설 비용으로 들어갔을 것이다. 이런 아이러니가 어디 있나?

9·18사변 4개월 후, 일군은 동북전경東北全境을 점령하였고, 일본 본토의 3배나 되는 중국영토를 탄병吞倂하였다. 3천여 만의 똥뻬이 인민들은 망국노亡國奴로 전락되었다. 1932년 3월 1일, 위만주국이 정식 성립된다. 3월 9일, 부의溥儀Fu Yi, 1906~1967(성 애신각라愛新覺羅. 자 호연浩然. 순친왕醇親王의 아들)는 위만주국 집정에 취임하는 의식을 거행한다(1934년 3월 1일, 만주제국 황제가 됨).

이 메달은 1932년에 만주국이 성립한 후, 1934년 3월 1일 부의가 위만주국의 황제로 등극하는 등기대전登基大典 때 유공인원에게 수여된 것이다. 뒷면에 "만주국황제등기대전기념, 1934. 3. 1."이라고 명기되어있다. 이 사소한 듯이 보이는 메달이지만 이 메달처럼 20세기 역사의 진실을 말해주는 정확한 금석문은 없을 것이다. 앞면에는 봉황 암수가 날개와 꼬리를 드높이 세우고 있고 그 사이에 "제출호진帝出乎震"이라고 쓰여져 있다. "제출호진"은 무엇을 뜻하는가?

이 글은 『주역』의 십익十翼 중의 하나인 「설괘說卦」전 제5장에 나온다. "진震"은 8괘 중 동방東方을 상징하는 것이다(☳). 일양一陽이 이음二陰 밑에서 꿈틀거리며 만물을 고동鼓動시키고 있다. "제는 동방에서 나온다"는 뜻인데, 만주국의 위상을 높이는 데는 더없는 멧세지라 할 것이다. 진정한 제왕은 중원이 아니라 똥뻬이에서 나온다는 것을 암시하고 있으며, 앞으로 만주국의 위세가 대륙을 휘덮을 것이라는 암시도 들어있다. "제출호진"이라는 글씨 위에

있는 마크가 만주국 국휘國徽인데 그것은 "오족협화五族協和, 왕도낙토王道樂土"를 상징하고 있다. 오족은 만주족, 한족, 일본족, 조선족, 몽골족을 의미하며, 오족이 협화하여 유토피아제국을 건설하겠다는 의지를 표현하고 있다. 이 제식은 장춘(신경新京) 남교南郊 행화촌杏花村에서 거행되었는데 이로서 "만주국"이 "만주제국"이 되었고, "강덕康德"이라는 연호를 썼다.

38.4×43.2mm, In Collection

여기 우리의 가슴을 피멍들도록 만드는 두 개의 사진을 나란히 공개한다. 하나는 1931년 9월 19일, 일본군이 장학량관저인 장수부를 완전히 장악했을 때의 사진이고, 또 하나는 1910년 8월 29일 이후 일본이 우리의 국권을 농락했다는 것을 상징적으로 보여주기 위해 경복궁 근정전 앞에 일장기를 걸어놓고 있는 모습이다. 이들은 이 근정전을 아예 서울에서 가려버리기 위해 광화문을 옮기고 그 자리에 조선총독부(=중앙청)를 지었고, 창경궁은 동물원으로 비하시켜 창경원으로 만들고, 창덕궁은 자기들의 정원인 양 비원으로 만들었다. 한번 생각해보라! 한 가족 단란하게 평화롭게 살고있는 그대 집에 어느 강도가 들어와 그대의 부인을 겁탈하고 아이들을 다 난도질하여 죽여버리고, 그대를 몸종으로 삼고 그 집 주인노릇을 한다면 과연 그를 그 집의 주인으로 인정하고 모실 수 있겠는가? 일본은 "날강도"일 뿐이다. 자신의 욕심을 위하여 타인을 강점, 강탈, 강압하는 날강도일 뿐이다. 도덕적으로 용서할 수 없는 인간들이다. 그런데 우리나라의 네오리버럴리즘을 외치는

유수 대학의 학자들이 이러한 일본의 강점역사를 긍정적으로 바라보자는 시각을 제시하고, 또 반민특위를 좌절시킨 이승만을 대한민국 건국의 아버지로 숭앙하고, 그 정권의 역사를 보수정권의 자랑스러운 뿌리로 존중하려고 한다. 설령 일본의 식민지정책이 우리민족의 역사의 근대화과정에 기여한 바가 있다고 치자! 허나 그러한 테크니칼한 역사의 공과는 모두 도덕적 반성이 선행된 이후의 사소한 역사기술의 문제일 뿐이다. 어찌 근본을 망각하고 말폐를 미화할 수 있겠는가? 일본의 수상을 지낸 우익수장 타나카 카쿠에이田中角榮, 1918~1993가 이런 말을 한 적이 있다. 9·18과 만주국성립에 만족하고 더 욕심을 부리지 않았더라면 조선과 만주는 지금도 일본의 영토로 남아있을 것이라고. 날강도짓을 근원적으로 반성하는 것이 아니라 오족협화에 대한 미련을 아직도 많은 일본인이 무의식의 담론으로 보지하고 있다는 것을 방증하는 것이다. 좌·우를 논하지 말자! 여·야를 논하지 말자! 경복궁 앞에 일장기가 또다시 걸리는 것을 용납할 수 없다는 것은 이 민족의 상식이요, 당위요, 정의가 아니겠는가!

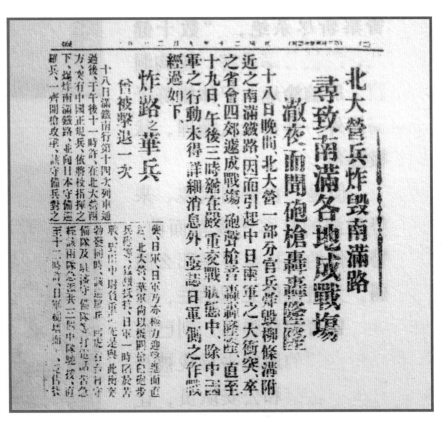

1931년 9월 20일 『성경시보盛京時報』가 9·18사변을 보도하고 있다. 그런데 제목을 보면 "북대영의 동북군이 남만철도를 작훼炸毀하여 남만주 각지를 전장으로 만들었으며 밤새 대포소리와 총소리가 끊이질 않았다 北大營兵炸毀南滿路 尋致南滿各地成戰場─激夜而聞砲槍轟轟隆隆"라고 되어있다. 다시 말해서 완전히 일본관동군의 입장에서 사태를 보도하고 있다. 이것은 관동군이 당일로 이미 신문사를 점령했다는 것을 알수 있다. 일본의 침략행위가 이토록 치밀하고, 사전에 오케스트레이션 되었다는 것을 알수 있다.

부저항不抵抗

　도대체 어찌하여 이 꼴이 되었을까? 우리나라 사람들은, 사실 나도 그 중의 하나였지만, 동북의 역사에 관하여 너무도 무지하다. 똥뻬이에 실제로 무슨 일이 있었는지, 그 사건들 자체에 대한 정보가 없는 것이다. 그런데 똥뻬이역사에 관한 무지는 중국인들에게도 마찬가지다. 똥뻬이의 역사를 중국역사의 메인스트림으로 파악하는 시각이 별로 없기 때문이다. 그러나 똥뻬이라는 결정적 함수를 도외시한 중국대륙의 역사는 허상일 뿐이다. 그 핵심적 동력이 결여된 그림자 연극皮影戲과도 같다.

　자아! 이제 동아시아역사의 운명을 바꾼 이 "부저항사태"에 관한 원인을 규명해보기로 하자! 그것은 과연 왜 어떻게 무엇을 위하여 일어난 사태인가? 우선 장학량의 "부저항정책"을 역사적 맥락의 내재적 논리를 따라, 그것이 일련의 사태의 필연적 귀결, 혹은 불가피한 선택이었다고 보는 우리나라 사학계 현대중국사분야의 훌륭한 논문이 한 편 있다. 관심 있는 사람은 전남대

사학과 송한용 교수의 "동북군東北軍의 관내진주關內進駐와 그 결과—장학량의 부저항정책과 관련하여"(『중국현대사연구』제6집)를 참고해보기 바란다. 우리나라에서도 이러한 치밀한 연구논문이 쓰여지고 있다는 사실과 관련하여 우리 학계의 연구성과에 대하여 자부감을 느낄 수 있을 것이다.

그러나 송 교수의 논문은 동북군 내의 신·구파 대립이라는 주제를 너무 과도하게 침소봉대하고 있다. 동북군의 관내진주가 본질적으로 신·구파의 대립을 배경으로 이루어진 사건은 아니다. 관내진주가 구파의 보경안민에 대한 신파의 중앙옹호의 승리를 의미하는 맥락은 전혀 아닌 것이다.

그리고 신·구파가 그토록 강렬하게 대립하고 있었다면 "부저항"이라는 사건은 일어나지도 않았을 것이다. 그토록 터무니없는 장학량의 명령이 그토록 일사불란하게 하달될 까닭이 없는 것이다. 관내진주든지 부저항정책이든지 가장 큰 문제점은 동북군 전체가 장학량 한 사람의 카리스마와 리더십으로 똘똘 뭉쳐있었다는 데 있었다. 장학량은 너무도 위대했다. 그러나 그의 위대성이 곧 동북군의 한계였다.

그리고 송 교수의 논문은 "선후처리善後處理" 문제를 너무도 큰 비중으로 다루고 있다. "선후善後"(중국말로 "산허우"라는 것은 큰 사건 이후에 잔류하는 문제들을 원만히 처리하는 것을 의미한다. 뒷처리의 의미)라는 것은 중원대전에서 낭패를 본 군벌세력, 그러니까 구체적으로 각 군벌의 군대를 삭감하고, 재편하는 문제를 말하는 것인데, 이 문제의 핵심은 선후를 위한 재정확보에 있었다. 그런데 필요한 재정이 확보되지 않았고(장개석이 외면) 또 그러한 과정에서 각 군벌과 불리하게 연루된 장학량의 세력이 평진平津지역(북평과 천진을 축으로 하는 하북지역)으로 축소되는 결과가 초래되어 그가 동북으로 돌아가는 것이 어려웠다는 것이다.

나는 이러한 분석은 장학량의 부저항사태에 관하여 그 핵심을 꿰는 주제를 대면하고 있지 못하다고 생각한다. 우선 사학계의 전공연구자들의 논문이 역사적 사건에 연루되어 있는 인간들, 그 인간들의 살아 숨쉬는 숨결을 그려내지 못할 때가 많고, 또 그들이 말하는 사건들이 실제로 보다 큰 역사적 맥락 속에서 무엇을 의미했는지, 살아 숨쉬는 당사자들의 의식 내면속에서 어떤 의의를 지닌 이벤트였는지를 파악하지 않은 채, 사건들의 시퀀스의 나열을 꿰는 드라이한 논리로써 전체를 도배질하기 쉽다는 것이다.

그렇게 되면 결국 실상과는 동떨어진 그림이 그려질 수도 있다. 물론 그럼에도 불구하고 송 교수의 논문은 많은 중요한 역사적 사실을 우리에게 일깨워준다. 한마디만 다시 첨가하자면, 선후善後문제는 결코 부저항을 유발시킨 선행조건은 아니었다. 장개석은 만주사변 이후 전개된 비상사태를 활용하여, 각 군벌들을 처리하여 없애버리는 것이 아니라 오히려 자기 체제의 일원으로서 편입시킴으로써, 그 독자적 군벌의 성격을 종식시켜 버린다.

그리고 선후문제로 인하여 장학량의 신지반이 축소되고 동북군에 대한 통제력이 손상되었다는 분석은 사건들을 꿰맞추다 보면 그럴듯하게 보일 수도 있겠지만, 결코 사태의 본질에 접근하고 있는 분석이라고 보기는 힘들다. 우리는 이러한 문제전반에 관하여 보다 단순하게, 명백한 대세의 흐름에 따라, 그 관련된 핵심 인간들의 드라마를 구성해내야 한다.

자아! 아주 평이하게 문제를 풀어보자! 우선 큰 사건들의 명백한 줄거리를 다시 한 번 따져보자! 동북군의 관내진주는 신·구파의 대립을 배경으로 한 것이 아니라, 신·구파의 전적인 합의에 의하여 동북군의 세력을 화북지역으로, 아니 중국 전 지역의 정통주간正統主幹으로서 확대하는 계기로써 실행된 것이다. 그렇다면 그러한 확대에 걸맞는 동북군의 새로운 비젼, 똥뻬이라는 로컬한 패러다임에 국한되지 않는 전 중국의 리더로서의 새로운 자기인식이 필요했다.

그런데 장학량은 전혀 이러한 전략과 자기인식을 수립하지 않은 채 1930년 9·18교전巧電(매달 18일에 나가는 전보를 "교전"이라 부른다. 후에 다시 설명)을 발했고 중원내전을 평정하였다. 그리고 남경을 방문하여 "북방의 황제"로 등극하는 온갖 세리머니를 거쳤고, 전 국민의 관심과 사랑과 존경을 한 몸에 받았다. 평화통일의 주체로서의 그의 청순한 이미지는 당시 중국에 있어서 인민들의 "세이비어Saviour"(구세주)로서 비쳐졌다. 그리고 그는 그에 합당한 구체적인 권력과 사상과 언변과 풍채를 가지고 있었다. 그의 카리스마는 전 인민의 "희망"이 되었다.

그러나 "똥뻬이"가 아닌 "남경-북평"에서의 그의 카리스마는 미안하게도 장학량 본인의 것이 아니라, 그것은 철저히 장개석에 의하여 연출된 것이다. 그리고 그 연출무대의 뒤켠에 한 여인이 총지휘봉을 들고 앉아있었다. 그 여인의 이름은 쑹 메이링, "중화민국 제1부인"이라고 불리는 그 여인이었다. 이 문제는 장학량이라는 "전인간"을 그릴 때 반드시 다루어야만 하는 또 하나의 거대한 주제이기 때문에 후에 다시 논술키로 하겠다.

광세정연曠世情緣의 주인공 송미령 宋美齡Song Mei-ling, 1887~2003. 송미령은 장학량보다 나이가 네 살 위이다. 송미령도 물론 보통 인간 이다. 세상의 부귀권력을 다 한손에 걸어졌었고 미모와 지혜를 다 소유한 인간이었지만 죽을 때는 맨해튼에 있는 개인 아파트에서 쓸쓸히 죽었다. 송미령이 일생을 통해 가장 진실하게 사랑을 주고받았던 사람은 장학량이었다. 이 중년의 송미령 사진은 그녀의 이지적 미모를 잘 보여주고 있다. 송미령에 관해 특기할 일이 하나 있다. 윤봉길 의사가 상해 홍구공원에 폭탄을 투척하여 시라카와를 폭사시켰을 때 민필호는 중국화양진재華洋振災위원회 위원장인 주경란朱慶瀾(곽송령의 선생)에게 선후비용을 요청했다. 그때 주경란은 대양大洋(상해돈) 1만 위앤元을 보내왔는데, 송미령 여사는 자진해서 대양 10만 위앤을 보내왔다. 그리고 1940년 한국광복군을 조직할 때 송미령 여사는 또 10만 위앤을 자진해서 찬조하였다. 이것은 석린의 정확한 기록에 의한 사실이다. 송미령이 우리나라 임정활동을 도왔다는 역사적 사실도 우리는 기억해야 할 것이다.

 장학량의 로맨스, 그 광세정연曠世情緣의 세기적 드라마는 한 인간이 누릴 수 있는 "바람Divine Feeling"의 극대치라고 확언할 수 있을 것이다. 사실 장학량의 행동양식은 사가들이 묘사하는 그러한 개념적 필연성에 의하여 지배되는 것이 아니라 그를 둘러싼 여인들과의 관계에서 발생하는 로맨틱 필링에 의하여 끌려간 것일 수도 있다. 사가들은 이러한 나의 기술에 코웃음을 칠지 모르겠다. 그러나 휴매니스트로서의 장학량에게는 리理보다 정情이 더 강렬한 실체였다. 아마 고구려적 인간의 특성일지도 모르겠다.

우리 일상언어에 "쥐약을 먹는다"는 말이 있다. 여러 가지 맥락이 있겠지만, 하여튼 우쭐한 분위기에서 결정적으로 낭패를 볼 짓을 한다는 것을 의미한다. "총寵"의 순간에는 반드시 그것이 "욕辱"을 배태한다는 인간사의 철칙을 깨닫고, 총에 대한 거리감을 둘 줄 아는 지혜, 이 지혜가 가장 부족한 인간형이 로맨티스트들이다.

사실 장개석은 남경에서 장학량이 우쭐할 대로 우쭐하게 만들었다. 장학량의 감격, 그 감격은 장학량이 너무도 많이 쥐약을 처먹었다는 것을 의미했다. 장학량이 쥐약을 많이 처먹은 것은 의도된 것이든, 아니든간에 전적으로 송미령의 선의에 의한 것이다. 의형제를 맺고, 수양딸을 삼고, 깐지에메이가 되고 하는 따위의 연출이 모두 쥐약이 된 것이다.

"쥐약"이란 무엇인가? 쥐약이란 장학량이 자신의 위상에 관한 명료한 좌표를 상실했다는 것을 의미한다. 장학량이 자기 자신의 좌표를 상실했다는 것은 곧 동북군이 좌표를 상실했다는 것을 의미한다. 이것은 또 무엇을 의미하는가?

사실 중원대전 이후의 최대문제는 산서군, 서북군, 제잡군의 "선후善後"문제가 아니었다. 그들은 이미 대세가 꺾인 잡졸들이었다. 그들을 어떻게 정치적으로 활용할까 하는 방안만이 장개석의 관심사였다. "산허우善後"의 진정한 대상은 군벌잡졸이 아닌 똥삐이의 황제, 장학량의 처리문제였다. 이승만은 주요정적을 그냥 암살해버리는 습성을 가지고 있었지만 장개석은 이승만보다는 교활의 차원이 좀 더 대륙적이었다. 장개석의 전략은 "띄워놓고 병신만드는 것"이다.

생각해보라! 장학량이 남경의 화려한 데뷔에 연이어 불과 몇 개월만에 똥뻬이군을 데리고 일본의 침략군을 소탕하고 똥뻬이의 국토를 고수하여 위만주국과도 같은 황당한 야욕을 분쇄시키는 쾌거를 수립했다고 가정해보자! 과연 장개석이 중국대륙에서 발붙일 곳이 있겠는가? 진정한 대륙의 황제가 될 꿈을 꾸고 있는 장개석에게 있어서 그러한 장학량의 활약은 자신의 입지를 축소시키는 결과를 초래한다는 것은 너무도 명약관화한 것이었다.

장학량이 중화민국 육해공군총부사령이 되어 북경에서 행영行營을 지키고 앉아있다는 것 자체가, 크게 보면 장학량은 이미 자기 무덤을 판 것이다. 그 자리는 장개석이 띄워놓은 자리이지, 자신의 힘으로 획득한 자리가 아닌 것이다. 그것은 허명에 불과한 것이다. 그 허명의 자리를 향유하면서 메이 란황의 연극이나 관람하고 앉아있다는 것 자체가 시대착오적인 자기인식의 오류에 함몰되어 있는 것이다.

장학량의 리얼 파워는 오직 동북군에 있는 것이다. 동북군의 역량이 사라지면 장학량은 외톨이 개밥신세가 될 것은 너무도 뻔한 얘기였다. 장학량이 어떠한 경우에도 9·18당시 북평에 있지 않고 장수부 자택에 있었더라면 사태의 추이는 달라졌을 수도 있다. 장학량은 뻬이핑에서 사태의 실제적 추이에 관하여 구체적인 감感이 없었다.

그는 군지휘자로서의 중요한 결단력을 상실하고 있었던 것이다. 게다가 양·상의 처단은 동북군 장령들에게 엄청난 스트레스를 주었다. 장학량의 지휘체계는 격상되었고 극도의 "복종"의 분위기가 깔려있었다. 외적에 대한 "부저항"조차 일사불란한 "복종"의 대상이 되는, 그러한 "복종"의 분위기, 참으로 아이러니가 아닐 수가 없다.

또 하나의 중요한 사실은 그가 정신적으로 "쥐약을 많이 처먹었다"는 사태 이외로도 그의 판단력을 흐리게 만드는 결정적 "몸의 이유"가 있었다. 그는 "쥐약"과 함께 "아편"을 너무 많이 처먹었던 것이다. 뒤에 다시 상술하겠지만 장학량은 이때에 아편에 너무 심하게 중독되어 있었다.

이 사진은 1929년 7월, 장개석과 장학량이 중동로문제를 상의하기 위하여 북평에서 만났을 때 찍은 사진이다. 중화민국육해공군 총사령과 동북변방군 총사령이 만난 것이다. 이 중동로사건이 이 해 10월부터 동북-소련 간의 전면전으로 발전한 것은 이미 설명한 바와 같다. 이 사진을 보면 이미 장학량의 얼굴이 일그러져있고 손가락도 뒤틀려져있다. 아편중독의 혈색이 이미 역력하다.

장학량은 어려서부터 집안의 일상적 분위기 속에서 아편을 한두 모금 빠는 것에 관해 금기가 없었다. 그런데 그가 1927년 정주鄭州의 전투를 겪으면서 참혹한 전쟁과 민중의 고통을 좌시하지 못하는 그의 성격 때문에 아편을 피우기 시작했고, 1928년 아버지가 우난遇難한 이후로 그의 아편량은 급증하기 시작했다. 영진으로부터 9·18의 보고를 받았을 때도 그는 사태를 민활하게 파악할 수 있는 의식의 상태에 있질 못했다.

이런 개인적인 신상의 문제를 차치하고라도, 거시적으로 볼 때, 화북확충시대를 맞이한 동북군의 독자적이고도 새로운 창조적 생존전략이 필요한 시기에 장학량은 육해공군부사령 넘버투맨이라는 허명 속에서 자기인식의 좌표를 상실했던 것이다. 다시 말해서 동북군의 수장으로서의 자기인식을 포기하고, 중화민국 육해공군이라는 거대체제의 기능직 수행자로서의 자기인식에 안주한 것이다.

내말대로, 곽송령만 옆에 있었어도 이렇게 뿌리가 뽑히는 의식의 전환은 일어나지 않았을 것이다. 중원대전 이후에 장개석과 장학량간에 벌어진 줄다리기의 실제 문제는 매우 명료한 것이다. 장개석은 동북군을 중앙국방군의 한 체제로서 편입시키면서 그 독자성을 말살하려는 입장이었고, 장학량은 동북군이 변방군이 아닌 중앙국방군으로 개편된다 할지라도 동북군의 독자적 역량과 모든 결정과 행동의 독자성은 불가침의 것으로 확보되어야 한다는 입장을 취했다.

그러한 장학량의 입장은 매우 정당한 것이나, 구파의 지혜를 달래기 위한 립써비스에 그쳐서는 아니되는 것이다. 일본에 대한 구체적이고도 독자적인 전략을 수립했어야 하는 것이다. 그런데 장학량이 장개석의 "부저항명령"을 그대로 따르기만 했을 뿐 아무런 대책을 세우지 않았다는 것은 장학량 스스로 똥뻬이를 포기한 것이요, 자신의 세력기반을 완전히 무화無化시킨 것이다. 여기에는 장학량의 "일본인식"에 큰 문제가 있었다는 것을 의미한다.

결론부터 말하자면, 장학량은 "부저항"이라는 자신의 명령의 의미조차 제대로 파악하지 못했다. 그리고 그 부저항이 똥뻬이 전체의 상실, 곧 망국의 무서운 결과를 초래하리라는 것은 상상하지도 못했다. 자신의 입에서 떨어진 그 한마디가 즉각적으로 위만주국의 성립을 가져오리라는 것은 미처 생각하지 못했던 것이다. 다시 말해서 그의 투철한 듯이 보였던 항일자세는 아버지의 죽음과의 관련에서 발생한 감정적인 차원이었으며, 이지적인 판단력을 결한 허술한 것이었다. 장학량은 일본에 대하여 치밀한 정보를 수집하지 못했다.

역사가들은, 아니 역사전공자들은 당연한 문제에 대하여 당연한 소리를 발설하는 것을 꺼려한다. 그리고 통사를 전관하는 거대한 판단이나 역사적 개인, 그 인간 내면의 자유로운 발상에 관한 통찰 같은 것은 함부로 말하려고 하지 않는다. 그런데 역사적 개인이 주동해나가는 행위의 주체성은 너무도 중요한 역사의 동력함수이다. 장개석은 일본유학생이다. 많은 사람들이 장개석이 일본육사출신이라는 등 허황된 소리들을 한다.

그런데 장개석은 일본에 체류하고 있는 동안 예비학교인 진무학교振武學校를 좀 다녔을 뿐, 정식으로 일본사관학교에 입학한 적이 없다. 한마디로 장개석은 일본육사출신이 아니다. 그런데 그는 현지에서 일본군대에 입대해서 실

제적인 일본군인생활을 경험
하였다. 그는 타카다시高田市
(니이가타현新潟縣 남서부에 있
었던 시. 현재의 죠오에쯔시上越
市의 동·남부지역)의 일본육군
제13사단 야포병野炮兵 제19
연대에 이등병으로 들어가
후에 사관후보생이 되었다.
매우 낮은 계급이었지만 그는
일본군인의 일상생활훈련을
철저히 몸에 익혔다.

장개석이 일본 타카다야포병연대高田野炮兵聯隊에 있을 때의 모습. 장개석은 일본사관학교에 들어간 적이 없다. 장개석은 장군張群과
진무학교에서 결업結業하였고 1910년 11월 25일 타카다시에 있는 일본육군 제13사단 야포병제19연대로 같이 들어간다. 이때 그는
이등병二等兵으로 입대하였고 후에 사관후보생이 된다. 계급은 매우 낮았다. 장개석은 낮은 계급장을 달고 일본군의 생활과 관리방
식과 훈련을 혹독하게 배운다. 타카다는 일본 서해안 북부에 있으며 몹시 혹독하게 추웠다. 대설이 분비紛飛했다. 부대원은 새벽 5시
에 일어나 반드시 냉수마찰을 하고 눈으로 몸을 비볐으며 엄격한 체조단련을 했다. 장개석은 일본군대에서 비로소 강건해지기 시작
했다. 그는 이와 같이 썼다: "단언컨대, 훌륭한 신체는 천생은 단지 30%에 지나지 않는다. 70%는 오직 단련으로만 이루어진다."

그의 일본유학의 가장 큰 수확은 진기미陳其美를 통해 손중산을 만난 사건
이겠지만, 하여튼 장개석은 일본에 대하여 친근한 느낌을 가지고 있었던 사
람이고 일본을 가장 잘 안다고 자부하던 사람이었다. 오늘날, 미국이나 일본
에 유학하여 학위를 따온 한국유학생들 중에, 위기상황이 닥치면 미국이나
일본과 맞짱 떠서 싸워야 한다고 생각하는 사람은 별로 없을 것이다. 막연하게
대화로 풀거나, 혹은 일본사람에게 의존하여 문제를 해결할 수밖에 없다고
생각할 것이다. 그들의 막강한 실력을 잘 이해한다고 생각하기 때문이다.

진기미陳其美, 1878~1916의 일본유학시절 사진. 자를 영사英士라 하는데, 절강 오흥吳興 사람이다. 1892~1903년 동안 전당업과 방직업에 종사하다가 1906년 일본에 유학하여 동경경감학교警監學校에 들어가 경찰·법률을 배웠고, 후에 동빈학교東斌學校에 들어가 군사학을 배웠다. 1906년 동맹회의 중추세력이 되었고 1908년에 귀국하여 절강기의를 일으켰고, 1909년 혁명기관인 천보잔天寶棧을 접수하고 청방靑幇에 가입한다. 그는 『중국공보中國公報』『민성총보民聲叢報』『민립보民立報』를 만들어 혁명언론의 중추역할을 했다. 1911년 4월에 황화강黃花崗기의를 획책했고, 7월에 동맹회 중부총회 서무부장이 되었다. 1912년 7월 상해토원군총사령上海討袁軍總司令이 된다. 그는 원세개의 표적이 되었다. 1916년 5월 18일 상해자택(불란서조계 내 사쿼싸이루薩坡賽路14호)에서 원세개가 보낸 자객에 의하여 살해되었다.

장개석은 일본에 도착하자마자 진기미를 만났고, 진기미 커넥션으로 동맹회에 가입했고 또 손문을 알현할 수 있는 영예를 얻었다. 진기미는 장개석의 은인이라고 말할 수 있다(장개석보다 나이가 9년 위). 진기미에 관하여 특기할 사실은 우리나라 상해임시정부의 기초를 닦은 예관 신규식과 절친한 친구였다는 사실이다.

신규식과 진기미는 같은 또래였는데(진기미가 한 살 위), 예관은 상해에 오자마자 동맹회에 가입했고, 진기미와 깊은 우정을 맺고 그를 따라 신해혁명에 참가했다. 진기미가 피살되었을 때 상해의 분위기가 아주 험악했는데도 예관은 자기신변의 위험을 무릅쓰고 가장 먼저 조문한다. 총탄에 맞아 피투성이가 된 고인을 안고 통곡하면서 "장쾌하다, 사내대장부로서 나라 위해 죽었구나. 살아서는 영웅이요, 죽어서는 신령이 되었구나. 나 개인의 사교의 슬픔에 그치지 않고 중국의 슬픔이 되었도다! 당인 중에 영사英士와 같은 이를 거의 찾아볼 수 없구나!"라고 외쳤다. 예관의 문집에 「진선생영사뢰陳先生英士誄」가 있다.

이 사진은 상해 불란서조계 내에 있는 예관 신규식 선생이 사시던 집인데 남창로
南昌路 100농弄 5호이다. 그러니까 이 집 자체가 상해임시정부의 실제 아지트나
마찬가지였다. 그리고 이 집은 한때 진기미의 중화혁명당 상해총기관부總機關部
로도 쓰였다. 그래서 오늘까지 보존이 되었다. 내가 올라가서 내다보는 곳이 예관
이 살던 곳인데 그 맞은편에 바로 그 유명한, 중국을 혁명시킨 잡지 『신청년新靑
年』을 편집하던 진독수陳獨秀가 살고있었다(100농 2호). 아침에 일어나면 문을
열고 진독수에게, "여보게 중보仲甫, 별일 없었나?" 하고 묻곤 했다. 진독수는 예
관과 동갑이었다. 예관이 대륙에서 교유했던 수준이 이와 같이 고매했고 광범했다.

정확하게 장개석은 일본에 대하여 그런 생각을 가진 사람이었다. 장개석은 근원적으로 내전에만 익숙한 중국군대는, 근대적 장비와 통일적 편성을 갖춘 일본군대와 직접 맞짱 뜰 수 있는 상대가 전혀 되지 못한다고 확신하고 있었다. 그래서 무조건 일본과의 충돌은 피해야 한다고 생각했다.

장개석은 일본 군대를 지나치게 과대평가했다. 9·18사변 당시에 장개석은 만나는 사람들에게 이와 같이 말하곤 했다(확실한 기록이 남아있다): "우리 군사력의 실력차이를 현실적으로 고려할 때, 지금 일본군과 전면전쟁에 돌입하면 3일만에 중국은 멸망할 것이다."

전 중국이 3일만에 망해버릴 수도 있는 공포스러운 대상, 그것이 일본이었다. 그가 1931년 9월 23일(만주사변 나흘 후)에 발표한, "전국 인민에게 고함告全國人民書"이라는 문장의 내용은 다음과 같다:

"지금 정부는 이미 이 안건을 국제연맹 이사회에 호소하였으며 공리에 의한 해결을 기다리고 있다. 따라서 우리나라 전국의 군대는 일본군과의 충돌을 피하고, 전 국민들은 일치단결하여 엄숙진정嚴肅鎭靜한 태도를 유지할 것을 바라노라. 현재 중국에 있는 일본교포들에게 대해서도 정부는 각 지방관리들에게 그들을 보호할 것을 엄령嚴令하였다. 이것이야말로 문명국가가 걸머지어야 할 책임이 아니고 무엇이리오? 우리는 문명으로써 야만을 대적하고, 합리적 태도로써 무리한 폭행의 죄악을 현로顯露시키며, 공리公理가 승리할 것을 기대하노라. 그러나 국가의 독립을 유지하기 위하여 정부는 이미 최후의 결심을 굳혔으며 스스로의 준비를 진행시키고 있다. 결코 국민의 기망期望을 저버리는 일은 없을 것이다."

1926년 7월 9일, 장개석은 국민혁명군 총사령으로 취직한다. 이 사진은 광주廣州의 동교장東校場에서 총사령이 된 장개석이 북벌서사의식상北伐誓師儀式上 열병閱兵을 하는 장면이다. 그의 늠름한 모습을 보면 알겠지만 장개석은 밑창이 째지라고 가난한 환경에서 어렵게 자라나 이 지위까지 온 사람이기 때문에 매사를 치밀하게 기획한다. 음흉한 자신의 포부를 포기하지 않는다. 이와는 대조적으로 장학량은 주어진 최상의 환경에서 어려움 없이 컸기 때문에 음모를 꾸밀 줄 몰랐다.

말인즉 근사하게 들리나, 그 실내용인즉 아무 것도 없다. 장개석은 일본과 싸울 아무런 준비를 하지 않았다. 그러한 와중에서도 **그가 진정으로 싸우고 있는 것은 국내정적들이었다. 그는 일본의 침략으로 조성되는 비상국면을 활용하여 정적을 타도하는 것만이** 그의 주요 관심사였다.

군소군벌들은 끊임없는 도과와 이합집산을 계속하지만(호한민胡漢民과의 약법지쟁約法之爭으로 영월대립寧粵對立이 성립되는 등 복잡한 정세가 전개되고 있었다. 그리고 장개석이 일시적으로 하야하는 등 극단적 조처가 취해지지만 다 쇼에 불과한 것이었다. 상해사변이 발발하고 만주국이 성립하면서 장개석의 위상은 오히려 높아져만 간다. 설명은 생략) 이미 이런 존재들은 장개석의 장기판에서 졸卒 패에 불과했다. 문제는 상대편의 최대의 말, "장將"을 쓰러뜨려야 그 판이 끝나는데 제1차적 "장將"이 다름 아닌 북방의 황제, 장학량張學良이었다.

그런데 이 황제는 단호하고 무서운 동북 "호랑이" 같은 모습을 지니고도 있지만, 알고 보면 "청순한" 청년이었다. 감정만 잘 달래주면 고분고분 말을 잘 들을 수도 있는 귀여운 "토끼"였다. 그의 휴매니즘과 연정戀情을 잘 활용하면 장개석시스템 속의 기능직으로 전락될 수 있는 소지가 있는 순한 토끼였다.

제2차적, 아니 그의 장기판의 궁극적 "장將"은 마오 쩌똥이었다. 모택동은 민중의 기반이 있고 음흉하고 교활했다. 장학량처럼 청순한 데라고는 눈꼽만큼도 없는 신출귀몰한 존재였다. 장학량은 그 위용이 어마어마했고, 모택동은 빈약했다. 그런데 어마어마한 위용은 쓰러뜨리기가 쉽고, 빈약한 신출귀몰은 때려잡기가 어렵다.

장개석의 출세가도는 진기미를 통해 손중산을 만난 사건으로부터 시작된다. 진기미는 장개석의 위인을 높게 평가하여 손중산이 그를 신임하도록 만들었다. 손중산은 혁명의 군사적 핵을 키우기 위하여 황포군교를 만들었는데, 그때 장개석을 교장으로 임명한 것이 결국 20세기 중국역사의 운명을 결정짓는 사건이 되고 말았다. 손중산은 광주廣州에서 2년 동안 몽난蒙難의 세월을 보내고 드디어 황포군교를 열었다. 이 사진은 1924년 6월 16일 그 개교전례의 역사적 장면을 담은 것이다. 맨 앞줄에 좌로부터 추로鄒魯, 호한민胡漢民, 손중산, 장개석, 구양격歐陽格이 서있다. 교문에 걸려있는 표어는 "친애정성親愛精誠"이었다.

이 개교전례에서 손중산은 유명한 "교훈校訓"을 발표했다: "삼민주의三民主義, 오당소종吾黨所宗, 이건민국以建民國, 이진대동以進大同。 자이다사咨爾多士, 위민전봉爲民前峰, 숙야비해夙夜匪懈, 주의시종主義是從。 시근시용矢勤矢勇, 필신필충必信必忠。 일심일덕一心一德, 관철시종貫徹始終。" 이것이 남경정부의 국가國歌가 되었고 내가 대만 유학시절, 항상 영화관에서 일어서서 들어야만 했다.

장개석의 궁국적 패는 장학량이 아닌 모택동이었다. 당시로서는 빈곤한 세력인 듯이 보이는 공산당의 박멸(=위초圍剿), 그토록 모든 것을 희생하면서까지도, 그 공산당박멸에 전념한 것을 보면 장개석은 천치바보 같이도 보이지만, 어찌 보면 대국을 미리 간파한 예언자 같은 통찰력을 지닌 인물일 수도 있다. 불알없는 고자의 특별한 영감일지도 모른다. 그러나 그러한 그의 영감은 우선 민중에 의하여 용납되질 않았다(바로 이 포인트, "민중불용납"의 사실이 서안 사변으로 가는 사류史流를 주도한다).

장개석의 입장에선 장학량을 먼저 처치하는 것이, 진짜 적수인 모택동을 처치하는 첩경이 된다. 왜냐? 장학량을 모택동을 처치하는 패로 쓸 수 있기 때문이다. 장학량은 나와 대진하는 적의 장將에서 내 편의 차車·포炮로 전락해버릴 수도 있다. 그럼 어떻게 이 작업을 수행하는가? 장개석은 자기 손수 건 하나 쓰지 않고 코를 풀어버리는 방법이 준비되어 있었다. 그것은 참으로 끔찍한 묘수妙數이며 대수大數이며 참수慘數였다. **일본에게 똥뻬이를 할양하는 것이다.**

"부저항정책"이라는 것의 역사적 함의, 그리고 그것의 실제적 결말이 무엇을 의미하는가, 그것을 장개석이 몰랐을 리 없다. 사태발생 후 즉각적으로 국제연맹에 호소하는 등, 장개석의 일련의 쇼를 통찰할 줄 아는 사람이라면, 이미 그의 복안 속에 똥뻬이 정도가 일본에 넘어가는 것쯤은 아무렇게도 생각하지 않을 정도의 배포 아닌 더러운 똥배가 자리잡고 있다는 것은 쉽게 간파할 수 있다.

장개석에게 똥뻬이는 어차피 자기세력권이 아니었다. 장개석은 당태종처럼 순박하고 모험심 깊은 사람이 아니었다. 고구려친정을 감행하는 것이 아니라, 고구려를 자기 영역으로부터 떼어내버릴 묘수를 찾고 있었던 것이다.

장학량의 모든 권력의 근거는 동북군에 있다. 그런데 동북군의 정예부대는 이미 중원대전의 개입으로 화북지역, 북경에서 천진 일대에 걸쳐 10만, 정확하게는 11만 5천 정도의 병력이 주둔하고 있었다. 장개석은 똥뻬이를 일본에게 날려버리면, 가장 무서운 정적의 소굴인 똥뻬이가 중국의 정치지도에서 사라진다.

장개석이 한 짓은 이성계가 "위화도회군"을 한 짓과 똑같은 짓이었다. 이성계는 위화도회군을 통해 고구려패러다임을 포기하고 최영을 날려버렸다. 그리고 조선이라는 축소된 영역을 자신의 국가로 만들었던 것이다. 장개석도 똥뻬이를 일본에게 넘김으로써 고구려패러다임을 포기하고 최영 아닌 장학량을 날려버릴 수 있다.

그리고 진정한 중원의 제1인자가 될 수 있는 길이 열린다. 장학량이 날아가 버리면 똥뻬이 10만대군은 자기 것이 되어 버린다. 즉 똥뻬이 주력군을 공산당박멸(=초비剿匪)에 쓸 수 있는 것이다. "고구려패러다임"은 20세기 인류사의 한가운데서 이렇게 작동하고 있었던 것이다.

물론 역사의 결과를 놓고 말하기는 쉽지만, 당대 진행중인 역사가 과연 이러한 어떤 누군가의 설계도에 의하여 진행된 것인지는 말하기 어렵다고, 나의 히스토리오그라피에 문제제기를 할 자가 있을 수도 있다. 그러나 역사는 어차피 역사다. 역사란 지난 일을 기술하는 것이다. 그 지난 일을 기술하는 방식의 관점의 차이를 놓고 진상의 접근성에 관한 우열을 논할 수는 없다.

내가 생각하기에 장개석은 오히려 큰 그림이 있었다. 그러나 장학량은 큰 그림이 없었다. 9·18사변에 관한 한 장개석은 고구려패러다임을 이미 포기할 준비가 되어있었던 것이다. 그것은 참으로 참혹한 짓이다. 똥뻬이를 날려버

내가 단동시에서 압록강 하구 한가운데 있는 위화도威化島를 바라보고 있다. 위화도 건너로 의주가 보인다. 이 위화도에까지 10만 대군이 진주한 마당에(말만 해도 2만 1682필이 위화도에 있었다), 그곳에서 요동을 안 건너간 것은 참으로 안타까운 일이라 하지 않을 수 없다. 이성계는 애초로부터 작은 나라가 큰 나라를 거스르는 일은 옳지 않다라는 생각만을 가지고 있었고, 주체적인 민족대계를 생각하지 못했다. 그리고 위화도회군 당시부터 그가 역성혁명의 틀을 가지고 있었는지에 관해서도 의문의 여지가 많다.

부저향

린다? 고구려는 계속 이렇게 날아갔다. 지금도 이렇게 버려진 봉황새가 되어 창공을 헤매고 있을지도 모른다.

고구려의 항쟁이 발해로 이어진 것처럼, 결국 똥뻬이 인민들은 자체로 항일투쟁을 조직할 수밖에 없었다. 1932년에는 총인수 30만에 달하는 동북항일의용군이 조직되지만 상부조직이 날아가 버린 오합지졸은 일군에 의하여 무참히 괴멸될 수밖에 없었다.

결국 이 동북항일의용군이 발전하여, 동북항일유격대, 인민혁명군과 합세, 1936년 1월, 우리 귀에 익숙한 "동북항일련군東北抗日聯軍"(간칭 항련抗聯)이 성립하게 되는 것이다(조상지趙尙志가 총사령, 11개 군을 관할했다. 나중에 제1로군, 제2로군, 제3로군으로 정편整編된다. 양정우楊靖宇, 주보중周保中, 이조린李兆麟이 총지휘를 분임하였다. 바로 이 조직 속에서 김일성金日成이라는 또 하나의 소년장군이 성장하게 되는 것이다). 그러니까 거시적으로 보면 결국 장개석은 똥뻬이를 공산당의 텃밭으로 만드는 우愚를 범한 것이다.

장개석은 자기 손수건 하나 낭비하지 않고 코를 풀었다. 손가락 까닥 대지 않고 똥뻬이를 날려버린 것이다. 장학량 스스로 똥뻬이를 괴멸시키도록 만든 것이다. 생각해보라! 만약 장개석이 "부저항"의 명령을 똥뻬이에 내렸다면 어느 개털이 그 말을 들었겠는가? 군인은 싸워야 군인이다. 어떠한 경우에도 위급상황에서는 싸우고 보는 것이 군인이다.

위급상황에 총을 잡고 앉아서 괴멸되는 군인의 역사는 이 지구가 개벽된 이래 장학량의 부저항 단 한 건밖에는 없을 것이다. 다른 유사한 사례가 있다

해도, 그것은 전투과정에서의 우발적 사례일 뿐이다. 이것은 터무니없는 수장의 명령 하나로 45만의 대병력이 무기력하게 국권國權을 포기한 사례는 구석기시대 이래로 있어본 적이 없다.

어떻게 해서 이런 일이 일어날 수 있겠는가? 그것은 장학량의 판단능력이 상실되었기 때문이다. 이 판단능력의 상실에 관해 여러 학설이 많지만 가장 유력한 이론은 장학량이 장개석의 명령을 그대로 준수했기 때문이라는 것이다. 다시 말해서 장학량은 장개석의 죄업을 예수처럼 대속하기 위해서 모든 그릇된 판단의 업보를 홀로 뒤집어썼다는 것이다.

장학량이 과연 예수일까? 장학량이 예수라고 말한다면 나는 말한다. 장학량은 "쥐약을 처먹은 예수"라고!

쥐약을 처먹으면 죽는다는 것을 알 텐데, 왜 처먹었을까? 우쭐해서? 최면에 걸려서? 판단력이 흐려진 몽롱한 상태에서? 아주 확실한 사실은 당시 장학량은 똥뻬이의 황제로서, 그 모든 책임을 지고 있는 수장首長으로서의 자기인식을 결하고 있었다는 것이다.

무사武士(자율무장주체)가 아닌 군인軍人(타율무장집단)으로서, 총사령이 아닌 봉강대리封疆大吏(청나라 관제에서 유래한 말. 임명된 고급관리의 뜻)로서의 자기인식만 있었다는 것이다. 이러한 인식의 전환이 곧 "쥐약"이었고, 이 쥐약을 처먹게 만든 것은 다름 아닌 송미령이었다.

당시 두 사람은 깊은 연정에 빠져 있었다. 보통 사가들에게 이런 얘기는 매우

도올의 중국일기_5

황당한 함수처럼, 역사기술에서 배제되어야 할 그 무엇으로 들릴 수도 있겠지만, 역사는 인간이 만들어가는 것이다. "보지boji-자지jaji"가 인간세의 전부는 아니다. 그러나 그것은 인간세의 문학, 정치, 철학, 예술, 종교, 그 모든 것을 지배하는 강력한 동력 중의 하나이다.

쏭 메이링이 장학량을 사랑했다고 한다면, 과연 그 연인에게 쥐약을 처먹여 남편보다 더 저열한 위치로, 아니 민중에게 외면 받는 저급한 인간으로 타락하는 꼴을 보고 싶어 했을까? 이러한 문제에 답변하기 위해서는 한 여인의 몸속에 세기를 주름잡는 두 남자의 열정이 번갈아 들락거린 그 광세연정의 스토리, 아니 후아후아꽁쯔花花公子로서의 장학량의 인생의 전체 로맨스를 훑어봐야 한다.

장수부 내에 있는 장학량동상. 그 밑에 이런 설명이 붙어있다: "장학량은 20세기 중국의 가장 전기傳奇 색채가 농후한 인물이다. 평범할 수 없었던 그의 백년 인생 중에서 수차례 중국역사의 수레바퀴를 추동推動시켰다. 장학량은 봉건군벌가정에서 태어나 약관이 안되어 이미 군대에 투신하였고 28세 겨우 되는 젊은 나이에 중국정치무대의 핵심에 우뚝 섰다. '국가통일을 유호維護하고 민족독립을 쟁취한다'는 신념은 일생 굽힐 수 없는 고결한 이상이었다. 장학량은 똥뻬이역치를 영도하고 발동시켰으며, 중원대전의 주도권을 장악하여 국가통일을 촉성促成하였고 중국이 내전의 수렁에 빠지지 않도록 만들었다. 그는 양호성楊虎城 장군과 함께 개인의 생사안위를 돌보지 않고 서안사변을 일으켰으며 중화민족을 위망危亡의 광란狂瀾에서 구출해내었다. 서안사변으로 인하여 그의 이미지는 '위대한 애국자' '천고공신千古功臣'의 역사지위를 부여받았다. 장학량의 일생은 광명뢰락光明磊落하고 항상 대국大局을 돌볼 줄 알았다. 서안사변 후로, 이 정직한 성년盛年의 청춘은 처풍고우凄風苦雨 속에서 험난한 54년의 유금幽禁세월을 보내야 했다. 공정치 못한 대우를 받았다. 그러나 장학량은 시종일관 원망과 후회 없이 종용히 웃으며 자기 생애를 대면하였다. 장학량은 백년 인생의 종점에 이르기까지 일곡一曲의 별양정채別樣精彩로운 생명의 악장을 작곡하였던 것이다." 장학량의 생애를 잘 표현한 명문이라 할 것이다. 이 기념관은 1988년에 만들어졌다.

"열하熱河"는 박지원의 『열하일기』 때문에 우리에게 익숙한 이름이다. 열하는 현재 하북성의 승덕承德시를 가리킨다. 북경의 동북쪽에 있다. 열하熱河라는 이름은 승덕피서산장에 온천溫泉이 있는데(청나라의 열하이궁離宮이 있었다), 이 온천에서 흘러나오는 물이 무열하武烈河로 들어가는 것과 관련있다. 무열하가 승덕시를 돌아나가는데 겨울에도 얼지않고 증기가 피어올라 사람들이 열하라고 한 것이다. 민국 3년(1914)에 새북사성塞北四省의 하나로 열하특별구가 만들어지고 민국 17년(1928) 9월에 열하특별구는 열하성이 된다. 열하성은 하북성 동북부, 요녕성 서부, 내몽고자치구 동남부를 관할했다. 탕옥린湯玉麟이 열하성정부주석이었다. 탕옥린은 요녕성 의현義縣사람으로 토비였던 자였는데 똥뻬이에서 보기드문 사리사욕에 어두운 악한이었다.

"부저항"은 결국 어불성설의 꼴이 되고 말 수밖에 없었다. 뒤늦게 정신차린 장학량은 부저항을 거부하고 전국민의 항일공동투쟁을 고취한다. 그리하여 열하에서 일본군과 결전할 것을 선언한다: "분투하지 않고 삶을 구하지 말 것이며舍奮鬪無以求生, 희생치 아니 하고 죽음을 구원할 수 없다舍犧牲無以救死。" 전국에서 열하로 의용군이 몰려들기 시작했다. 이 사진은 열하성의 한 성시城市에서 왼쪽 전선 밑에 서있는 한 청년이 국가를 보위하는데 힘을 보태달라고 민중에게 호소하고 있는 장면이다. 1933년 2월.

열하실함熱河失陷

1933년 3월 4일, 장학량은 자신의 권력의 최후보루였던 열하熱河를 일군에게 실함失陷하면서 화북·똥뻬이 전장戰場과 모든 권력의 자리를 떠나야 했고, 한 인간으로서 더 말할 나위 없는 나락으로 추락하고 만다. 허나 추락하는 것에도 날개가 있다. 장학량은 수직으로 자유낙하를 했지만, 땅에 떨어지기 직전 그 마지막 순간에 자유낙하를 거부하는 생명의 날개를 폈던 것이다. 그 날개가 바로 "서안사변"이었다.

장개석은 자기의 기획대로 세사世事가 다 흘러가고 있다고 코웃음치고 있었는지는 모르지만, 예상치 못한 낙하의 반역이 그를 어두운 죽음의 세계로 몰아갔다. 장개석은 결국 장학량과의 싸움에서 패배한 것이다. 그런데 그 패배의 승자는 아이러니칼하게도 장학량이 아닌 모택동이었다.

지금 일본과 맞붙으면 3일 내로 전 중국을 상실할 수도 있다는 공포심을

1933년 2월 17일, 송자문宋子文(송미령의 오빠)과 장학량은 고급막료 수십 인과 함께 차량 30여 대에 분승하여 열하성 성회 승덕承德을 향해 출발한다. 민중항일단체의 영도인 주경란朱慶瀾(곽송령의 스승. 9·18 이후에도 변함없이 장학량을 보좌해주었고, 민중항일운동의 심점 노릇을 했을 뿐 아니라 민중의 재난을 구원하는 구제운동을 벌여 민중의 희망이 된 위대한 인물. 제4권 p.325에 언급), 황염배黃炎培, 화일王化一 등은 10여 대에 분승하여, 대량의 위로물자를 싣고 다른 길로 호호탕탕하게 승덕을 향한다. 그때 찍은 위의 사진을 보면 왼쪽에서 두 번째가 주경란, 다음이 장작상, 츠앙파오를 입은 사람이 장학량, 그리고 그 옆의 덩치 큰 인물이 송자문, 그 옆이 탕옥린이다. 그런데 이때 장학량의 얼굴을 보면 이미 아편에 쩔어있다. 이때도 30km를 갈 때마다 차를 세우고 아편주사를 맞았다고 한다. 1933년 2월 18일, 탕옥린 성정부주석은 장학량 일행을 위하여 환영오연午宴을 열었는데 연회석상에서 송자문은 정식으로 항전의 담론을 발표한다: "본인은 중앙정부를 대표하여 제군들에게 감히 담보합니다. 중앙은 절대로 똥뻬이를 포기하지 않을 것이며 열하를 방기放棄하지 않을 것입니다. 적이 설령 우리 수도를 점령한다 해도, 우리 중 아무도 성하지맹城下之盟(항복각서. 불평등조약의 뜻)을 맺을 자는 없을 것입니다." 그러자 그 연회에 있던 한 장령이 일어나 말했다: "당신들은 말로만 떠드는 게요. 중앙정부가 역치 이후 여태까지 우리에게 무슨 군사원조도 해준 것이 없소! 동북군이 외롭게 분투하는 것을 담배 빨면서 쳐다보기만 했소." 그러자 송자문이 이를 악물듯 말했다: "중앙정부는 어떠한 곤란을 무릅쓰고라도 제군들이 필요로 하는 물자는 이 자문이 사재를 털어서라도 주획籌劃할 것이오

가지고 있었던 장개석으로서는 똥뻬이를 일본에게 날리는 것쯤은 대수롭지 않은 일이었을 수도 있다. 그러나 장개석이 조금이라도 생각이 있는 자라면 장학량을 지켜서 똥뻬이를 지켰어야 했다.

서안사변 이후라도 장학량을 감금하고 양호성을 죽일 것이 아니라, 그들로 하여금 관동군과 싸워가며 똥뻬이를 굳건히 지키는 역할을 분담케 했더라면 모택동이 대륙을 석권하는 일은 일어나지 않았을 것이다. 그리하면 조선의 분단이라는 사태도 발생하지 않았을 것이다. 하여튼 서안사변은 일어났다.

대들은 안심하고 목숨 걸고 일본적만 물리치면 될 것이오." 송자문의 말이 끝나자 장학량은 이어 치사를 했다. 모든 사람을 면려勉勵하면서 열하를 서수誓守하고 반공反攻을 준비하여 "9·18의 치욕"을 설욕하자고 외쳤다. 연회청 내의 군정群情이 격분하고 100인을 는 사람들의 열혈熱血이 비등하지 않는 자가 없었다. 그런데 이것은 완벽한 장개석-송자문의 쇼였다. 주경란의 회고에 의하면 송자문이 이미 장학량을 이참에 타도시키자는 장개석의 음모의 밀사로 파견된 것뿐이었다. 송자문은 허풍만 떨고 돈을 내놓지도 않았다. 단지 ○만 위앤의 군비로 이 전쟁을 치를 수밖에 없었다. 이것은 중원대전에 지출한 비용의 10분의 1도 안되는 것이다. 그리고 이 긴급한 시 게 성장 탕옥린은 열하성 전체를 자기 사재로만 생각하여 군사에 쓸 240대의 차량을 자기 사재를 운반하는 데 빼돌렸다. 막말로 개판 었다. 동북군 5개려, 3개포병단의 결코 무시할 수 없는 병력이 일군 제8사단 선두부대 불과 128명의 기병騎兵, 전차 10여량에게 1창1 의 발사도 없이 열하성 성회 승덕을 내주고 만다. 위의 사진은 일본군이 1933년 3월 4일 오전 10시 20분 승덕에 입성하는 수치스러운 견을 보여주고 있는 매우 역사적인 사진이다. 성문에 "천하위공天下爲公"이라는 손문의 표어가 걸려있다. 이로써 장학량은 동북3성을 18 "부저항"으로 상실하고 남은 최후보루 열하성을 "저항"으로 상실한다. 그것은 장학량의 찬란한 생애의 몰락을 의미하는 것이다. 몰락은 동북에 사는 많은 의지박약한 자들로 하여금 친일파로 전향케 하는 계기가 되기도 했다. 이들은 역사의 대세를 오판했던 것 다. 만주국에서 전향하고 아부를 한 조선인들 상당수가 해방 후 한국에서 또다시 영화를 누린다. 국교단절로 인해 그들의 과거행적이 로되지 않았기 때문이다.

그런데 서안사변의 조정과 해결에 연루된 많은 인물이 있었지만, 그 중에서 사태진전의 결정적 열쇠를 쥐고 있었던 인물, 그 주인공은 쏭 메이링이라는 여인이었다. 중국대륙의 역사는 너무도 광활한 공간과 수없는 호걸영웅의 인간상을 무대로 하고 있다. 알아도 알아도 모를 것이 너무도 많은 것이다. 나관중의 『삼국지연의』는 끊임없이 계속 쓰여지고 있는 것이다.

9·18사변 당시 장학량은 어디 있었는가? 전술한 바대로 장학량은 북경중화극원北京中和劇院에서 메이 란황의 연극을 보고 있었다. 메이 란황은 그의

매란방梅蘭芳, 1894~1961은 20세기 세계예술사, 특히 희곡예술사에 한 획을 긋는 거대한 인물이다. "매梅"가 예명이 아니라 본래 그의 성이다. 이름을 "란瀾"이라 했고 자가 원화畹華(어떤 곳에서는 완화浣華로 표기함)이다. 조적은 강소 태주泰州인데 태어난 곳은 북경. 조부가 청의靑衣 화단花旦역의 명연기자 매교령梅巧玲. 부모가 조망무亡하여 백부(경극 금사琴師)가 길렀는데 8세에 희戱를 배워, 10세에 등대했는데, 1913년, 14년 가을 두 번에 걸쳐 상해에서 연출한 『목가채穆柯寨』로서 명조남북名噪南北, 전국을 굉동케 했다. 매란방은 "단쥐에旦角"라는 여성역을 연출하는데, 인간이 표현할 수 있는 가장 섬세한 여성의 내면을 다 표현해낸다. 여성조차 그려낼 수 없는 여성의 지고한 느낌을 남성인 그가 표현해내었다. 그는 창, 춤, 복장, 화장 등 모든 면에서 자기류의 창조로 일관했으며 그것은 경곤京崑전통의 괄목할 만한 도약을 의미했다. 그는 예술인으로서 뚜렷한 역사의식을 가지고 항일의 자세로서 자신의 아이덴티티를 유지했고, 자각적으로 중국공산당에 가입하여 경극 매파梅派예술의 맥을 지켰다. 우리 역사야말로 지금 매란방과 같은 역사의식 있는 위대한 예술가를 필요로 하고 있다.

매란방이 『패왕별희』를 연하고 있다. 우리가 아는 『패왕별희』라는 희곡 자체가 매란방이 발전시킨 매파양식이다.

아버지 장작림이 너무도 사랑했던 경극의 명가였다. 장작림은 자기의 50세 대수연에 매란방을 초빙했다. 대수부의 중원中院 사합원四合院의 3진원三進院에다가 무대를 설치하고 연 사흘 『패왕별희覇王別姬』를 공연케 했다(1924. 3. 15.~3. 17. 하루에 두 번씩 공연).

그리고 그 공연을 봉천고궁의 십왕정十王亭에 무선확대마이크를 설치하여 시민들이 듣게 만들었다(이것은 당대로서는 엄청 고난도의 기술이었다. 전국의 기술자를 불러 이런 중계를 했다). "여민동락"을 실천한 것이다. 하여튼 그런 연고도 있고, 또 요서지역의 수해도 있고 해서, 의연금 모집을 고동鼓動키 위해 매란방의 『우주봉宇宙峰』 구경을 갔던 것이다.

중화극원에는 부사령 특별박스가 마련되어 있었는데, 그 박스에는 부관 하세례何世禮의 부모(거액을 의연금으로 내놓았다), 영국대사 부부, 그리고 장학량과 그 부인 우봉지, 그리고 애인비서인 자오쓰샤오지에趙四小姐가 앉아 있었다.

그때 전화가 와서 처음에는 거부했었는데, 부관처장副官處長인 탕국정湯國楨이 와서 보고하기를 영진 참모장의 긴급한 전화이며 반드시 직접 받으셔야 하는 사안이라고 전했다. 그래서 장학량은 급히 박스를 나갔는데 다시 돌아오지 않았다. 이때 하세례의 부모는 장학량이 예의가 없었다고 생각했는데, 그 정황을 다음날 아침 신문을 보고 알았다고 했다.

영진과의 전화내용은 이미 전술한 바대로다. 그러나 그때 전화가 중단되기 이전에 두 사람 사이에서 오간 내용 중에, "장 주석의 선전지시대로 …"라는 말이 있다. 이 "선전銑電"이란 과연 무엇을 의미하는가?

민국시대에는 전보가 통신의 주요수단이었다. 그래서 그 많은 전보를 분류하고 정리하는 수단으로서 매달 어느 날짜에 발송된 전보의 이름이 결정되어 있었다. 그 전보의 날짜 대마代碼는 보통 우리가 시운詩韻으로 쓰는 평수운平水韻(=106운)에서 글자를 취하여 만들었다. 그래서 1일자는 동전東電, 2일자는 동전冬電, 3일자는 강전江電, 4일자는 지전支電, … 16일자는 선전銑電(상성上聲), 17일자는 소전篠電, 18일자는 교전巧電 … 31일자는 세전世電, 이런 식으로 그 날짜별로 전보가 분류되어 있었다. 따라서 선전이면 무조건 어느 달 16일에 발출된 전보이다. 문제가 되는 선전은 1931년 8월 16일, 장학량에게 발송된 것이다. 그 전문은 다음과 같다. 너무도 유명한 것이래도 본문대로 적어놓는다.

北平。張副司令鈞鑑。絕密。無論日本軍隊此後如何在東北尋釁，我方應予不抵抗，力避衝突，吾兄萬勿逞一時之憤，置國家民族于不顧。中正。

삐이핑. 장학량 부사령 균감. 절대비밀에 속함. 일본군대가 이후에 어떠한 방식으로 똥뻬이에서 도발의 틈새를 노린다 할지라도 우리 편에서는 무조건 부저항의 태도를 취함으로써 애써 충돌을 피해야 할 것임. 오형은 만부당 일시의 분노를 삭히지 못해 국가민족을 돌이킬 수 없는 지경으로 빠뜨리지 않기를 바람. 중정.

이 전문은 사학계에서 장개석의 부저항지시의 근거로서 항상 논의되는 것인데 불행하게도 이 전문의 물적 증거가 확보되지 않는다. 지금 대륙에 현존하고 있는 당안관檔案館을 다 뒤져보아도 이 장학량에게 보냈다는 선전은 발견되지 않는다. 대만의 저명한 역사학자 리우 웨이카이劉維開는 대만에 보존되어 있는 장개석 당안 중에서 가장 온전한 『장중정총통당안蔣中正總統檔案』(대계당안大溪檔案)을 뒤져보았는데 역시 선전은 없었다.

혹자는 떠우 잉타이竇應泰가 쓴 『장학량삼차구술역사張學良三次口述歷史』에 근거하여 그 선전의 원건原件이 미국 컬럼비아대학의 "의적서재毅荻書齋"(장학량이 미국에 간 후에 구술한 자료와 그가 소장하고 있던 당안자료들을 컬럼비아대학에 기증했다. 본 대학은 장학량의 호인 의암毅庵과 그의 만년 부인 조일적趙一荻의 이름을 따서 전문서재를 만들었다. 이 자료는 2002년 이후에 공개되기 시작했다)에 있다고 생각하여 "선전재컬럼비아대학설銑電在哥倫比亞大學說"을 유포시켰다.

최근에 대륙의 역사학자 양천석楊天錫이 컬럼비아대학 도서관에 전화로 이 사실을 문의했는데, 선전재컬럼비아대학설은 "근거가 부족하다"는 답변을 얻었다. 그러나 현재까지 "전화문의" 외로 아무도 의적서재를 직접 뒤져서 그

선전에 관한 사실을 밝혀낸 것이 아니기 때문에, 그 사실의 진위를 단정지을
수는 없다.

그렇다면 선전의 문장은 어떻게 밝혀진 것인가? 어떤 근거에 의하여 논의
된 것인가? 앞서 인용된 전문은, 북경에 있었던 육해공군부사령행영行營 비서
처秘書處 기요실機要室 주임이었던 홍방洪鈁의 기억에 의거한 것이다. 뿐만 아
니라 북대영의 수위자守衛者였던 제7려 참모장 조진번趙鎭藩도 장개석의 8월
16일자 선전의 주요내용을 다음과 같이 기억하고 있다:

> "부저항정책을 취하시오. 있는 힘을 다해 물러나고 양보하여, 충돌
> 을 피면避免하시오. 만부당 일시의 분노를 삭히지 못해 국가민족을
> 되돌이킬 수 없는 지경으로 빠뜨리지 마시오. 전칙준조轉飭遵照하
> 여(이 명령을 하달하여 그대로) 집행하기 바람. 采取不抵抗政策, 竭力
> 退讓, 避免衝突, 千萬不要逞一時之憤, 置國家民族于不顧, 希轉飭
> 遵照執行."

사실 이 정도로 기억에 의한 구술들이 일치된다면 "선전"의 존재는 의심의
여지가 없을 것으로 보인다. 현존하는 문헌적 근거는 크게 문제가 되지 않는
다. 그런데 선전의 존재에 관한 장학량 자신의 구술을 들어보자! 탕 더깡이
선전의 존재에 관해 물었을 때, 장학량은 다음과 같이 답변했다.

> "헛소리 말아! 瞎說 헛소리 말아! 瞎說 선전銑電 같은 거, 그런 거 없었
> 어沒有這事情! 이건 내가 개인적으로 말하는 건데, 정직하게 말하는 거
> 야. 어떻게 이런 일을 타인의 책임으로 전가시킬 수 있겠어. 내가 말하는

것은 사실이야. 내가 밝혀야만 될 일이야. 중요한 건 바로 이 점이야. 이 일은 타인의 일이 아니고 바로 내 개인의 사정이라는 것이지不是人家的事情是我的事情啊. 이것은 전적으로 나의 책임이야我的責任啊."

이러한 장학량의 구술에 대하여 사가들은 이러한 장학량의 진술이 장개석의 입장을 옹호하고 장개석의 업보를 자기의 죄업으로 돌리려는 일종의 디펜스 발언일 뿐이라고 생각하여 그 말을 있는 그대로 수용하지 않는다. 그러나 나는 그렇게 생각하지 않는다. "선전"의 존재는 확실한 것인 동시에, 그 존재를 9·18사변의 부저항정책에 개입시키지 않으려는 장학량의 발언도 매우 정확하고 정직한 것이다.

"헛소리 말아! 헛소리 말아! 선전 같은 거 그런 거 없었어. … 그건 모두 나 개인의 책임일 뿐이야!" 이런 말을 할 때의 장학량의 모습. 91세의 장학량. 선전을 부정하는 그의 발언이 장개석을 옹호하기 위한 그의 정략적 발언인지(이 시기는 장개석이 죽고난 뒤였기 때문에 그에 대한 옹호라기보다는 연민의 정이 있었을지도 모른다), 사실적 정황을 전하는 말인지는 아무도 모른다. 91세의 모습에도 역시 대인大人다운 풍도는 사라지지 않았다. 해금된 후 그의 말년의 발언은 해탈인의 경지가 비친다. 그런데 구술을 기록하는 자들의 수준이 너무 낮다. 이케미야기 아키라池宮城晃 촬영.

우선 전남대 송한용 교수가 명료하게 지적한 대로, 선전은 9·18사변에 대한 장개석의 지시일 수 없다. 선전은 1931년 8월 16일에 있었던 것이고 만주사변은 그 한 달 후인 9월 18일에 있었던 것이다. 다시 말해서 양자간에는 "한 달 이틀"이라는 시차가 있다.

9월 18일 밤, 장학량이 영진의 보고를 받은 후에 과연 장개석에게 연락을 했을까? 그 시각에 장개석은 어디에 있었는가? 장개석은 당시 남경으로부터 남창南昌으로 가는 배를 타고 있었다. 그는 그때도 일본과의 응전을 준비한 것이 아니라 초공剿共에 미쳐 있었다. 그는 공산당 박멸을 지휘하러 남창으로 가고 있었던 것이다.

9월 18일 밤, 장개석은 근본적으로 만주사변의 소식을 듣지도 못했다. 그가 9·18사변의 소식을 들은 것은 9월 19일 남창에 도착한 후, 밤 9시~10시 사이에 상해 방면의 소식통에 의한 것이었다. 장개석이 풍풍화화風風火火 남창에서 남경으로 돌아와 고급군정관원회의를 주지主持한 것은 9월 21일이었다.

국민정부 심계원장審計院長 우우임于右任Yu You-ren, 1878~1964(섬서성 삼원三原 출생. 광서 거인. 상해진단학원 졸업 후 일본유학. 중국동맹회가입. 국민당중앙집행위원, 섬서성정부주석. 감찰원 원장. 대만에서는 초서의 제1인자, 명필로서 유명했다. 우리나라 유학생들이 그의 글씨를 많이 받았는데, 나는 그의 서세 후에 갔기 때문에 받질 못했다)은 강개한 어조로 말했다: "본인의 생각으로는 일본군대가 이미 공세를 발동한 이상, 우선 저항을 하고 볼 일입니다. 기타의 사항은 후에 다시 논의되어야 합니다."

삼군 총사령부 비서장 소력자邵力子, 교도2사 사장師長 장치중張治中 등 양식 있는 인사들은 군정회의에서 대성大聲으로 질호疾呼하면서 견결히 항전할 것을, 일구日寇 강도놈들과 결사일전 할 것을 주장했다. 그러나 장개석의 결론은 이러했다: "국력이 부족하고, 군력이 불충분하다. 저항은 무익하다. 우리는 전쟁을 논하기에 너무 부족하다. 국제연맹League of Nations(1920년 1월 10일, 우드로우 윌슨의 제창에 의하여 발족, 유엔 설립 후 1946년 4월 18일 해체됨. 일본은 만주사변으로 연맹 탈퇴)에 호소하여 공리로 해결한다. 국내의 단결이 무엇보다 중요하다. 일치단결하여 국난을 극복하자. 행동은 상당한 인내기간 후에 결정한다." 장개석은 전혀 사태의 감각이 없었다. 국가의 리더로서의 전술·전략을 가지고 있질 않았다.

장개석의 남경군정회의도 이미 심양이 함락된 이후의 사건이었으므로, 장학량이 "이것은 우리 동북군이 스스로 부저항을 선택한 것是我們東北軍自己選擇不抵抗的"이라고 말하는 것은 형식상 정확한 논리를 따른 것이다. 그러나 장학량의 언어는 사실상 부정확하다. 동북군이 스스로 부저항을 선택한 것이 아니라, 장학량 개인이 부저항을 선택한 것이다. 장학량 개인이 부저항을 선택한 것은 선전銑電을 운운치 않아도 남경정부로부터 끊임없이 부저항의 압력을 받아왔기 때문이다.

9·18 당일의 장학량의 판단만으로 사태의 진상은 판결되지 않는다. 장개석에 대한 개인의 "충忠" 때문에 똥뻬이 인민을 구원해야만 하는 수장으로서의 천명天命을 망각한 것이다. 장학량은 장개석의 주구로서 부저항정책의 집행자가 된 동시에 부저항정책의 최대 희생물이 된 것이다.

이것이 내가 말하는 "쥐약을 처먹었다"는 표현의 실제 정황인데, 그 쥐약을 처먹게 되는 사태의 배경에는 송미령이라는 여인이 있었다는 것을 말하지 않을 수 없다. 나는 한 여인의 역할이 이 모든 사태의 국면을 지배했다는 것을 말하는 것이 아니라, "소년장군"의 전체적 한계가 극명하게 드러났다는 것을 말하고 있는 것이다. 개인감정으로써 민족대의를 대신하고, 득실단견으로써 애국의 당위를 취대取代한 것이다.

장학량을 나락으로 휘몰고 간 여인. 그녀가 그러한 결과를 의도했는지 어떤지는 아무도 모른다. 송미령의 권력에 대한 집착은 절대적인 것이었다. 그러나 송미령이 시종일관 장학량을 사랑한 것은 움직일 수 없는 사실이다. 그리고 장학량이 온전한 혼백을 유지할 수 있도록 그를 보전한 것도 송미령이었다.

30년 9월 18일, 장학량은 입관入關하여 염풍도장연맹閻馮倒蔣聯盟(염석산과 풍옥상이 장개석에 대적하여 연맹을 구성)을 분쇄하고 장개석과 맞먹는 황제로 등극했는데, 꼭 일년 후 31년 9월 18일, 장개석은 장학량에게 "부저항장군"의 보좌寶座를 봉상捧上하여 그를 역사의 나락으로 실추시켰다. "소년등과少年登科는 불행을 몰고온다"는 옛 말이 허언은 아닌 것 같다.

朝鮮農民과는 無關
問題는 商租權
張學良氏訓電內容
萬寶山紛糾의 歸結

【上海에서 特派員 申彦俊 發電】

【上海國民政府發電】 北平(北平)에서 온전보에 의하면 만보산(萬寶山)사건에 관하야 장작상(張作相)에 대하야 사건을 확대케하지말도록 훈전(訓電)을 발하고 이번 사건은 다못조선농민사이의 분규가 아니요 실로오히려 상조권(商租權)에 관한 문제임으로 일본의 요구를 배하고 거절할것이라한다 그러고 지방의대전(地方外事官署)은 이양에 이관하야 교섭할것이라한다

1931년 7월에 장춘현 만보산진萬寶山鎭(지금의 길림성 덕혜시德惠市)에, 중국농민과 조선교민 사이의 농전인수農田引水문제로 야기된 쟁집爭執인 "만보산사건"은 중국역사의 문제이기 전에 우리나라 현대사의 주요사건이기 때문에 우리가 좀 정확히 알 필요가 있다. 사태의 구체적 법적 사무에 관해서는 자세한 정보를 얻기 어려우나 대체적인 윤곽인즉, 일본이 고의적으로 중국인과 조선인간에 마찰을 일으키고 그것을 조선국내에 허위선전, 확대시킴으로써 중국침공의 도화선을 만들려 했다는 것이다. 일본인들은 만주를 처먹기 전에 그곳에 일본인들을 대거 이주시키는 것이 상책이다. 그런데 일본인들은 곧바로 만주로 갈 생각은 하지 않는다. 그래서 1910년강점 이후부터 일본인들의 조선이주를 장려하고, 동양척식주식회사와 불이흥업不二興業 등을 설립하여 조선농민의 농토를 침탈하고 일본인들에게 온갖 특혜를 주었다. 농토를 잃은 대다수의 농민들은 만주로 이주할 수밖에 없었다. 그리하여 1930년 전후에는 백만 이상의 조선농민이 만주에서 살고있었다. 일제는 중국인 학영덕郝永德을 매수하여 불법으로 이통하伊通河 동쪽 삼성번 일대 소한림蕭翰林 15만 평을 조지계약케 하였는데, 학영덕은 이 토지를 또다시 한국인 이승훈 등에게 전조계약한다. 이승훈은 만주 각지에 흩어진 조선농민을 180명이나 모아 불법으로 계약한 토지와 이통하 사이에 수로를 개착한다. 윗 사진이 바로 문제가 된 수로이다. 6월말 완성단계에 이른 수로를 이통하의 범람을 우려하던 중국인 지주와 현지 주민 400명이 여름철이 닥쳐오자 현지로 몰려와 개착한 수로를 다시 매몰하였다. 이에 양쪽을 각각 지원하던 중국경찰과 일본경찰 사이에 총격전까지 벌어졌으나 일체 피해자가 발생하지 않은 채 서로 철수하였다. 이것이 사건의 전부이다. 그런데 일본관동군은 장춘영사관측을 통하여 『조선일보』 장춘지국장 김이삼金利三을 유인, 허위특보를 제공, 본사로 지급통전케 한다. 『조선일보』는 이 허위정보를

7월 2일 석간, 3일 조간 두 차례에 걸쳐 호외로 발행하니, 한국 내에서는 중국인배척사건이 일어나고 화교습격·살상이라는 불행한 사태가 벌어지게 되었다. 그런데 이 사건을 보도한 『동아일보』의 자세는 『조선일보』와는 대조적이었다. 『동아일보』는 봉천특파원 서범석徐範錫을 만보산 현지로 보내 조사하고 『조선일보』의 보도가 사실무근하다는 것을 밝혀낸다(일중 경관대의 경미한 충돌은 있었으나 만보산동포는 무사. 『동아일보』 1931년 7월 5일자 2면). 그리고 상해특파원 신언준申彦俊, 1904~1938으로 하여금 중국 중앙정부 요직의 사람들을 만나게 하여 진상을 파악케 한다. 신언준은 이 사건이 일본이 한·중 두 민족을 이간시키려는 교묘한 술책임을 밝혀내고 『동아일보』에 확고한 입장을 전달한다. 앞 페이지 신문기사는 『동아일보』 7월 7일자 2면, 신언준의 발전發電이다. 신언준의 기사에 "장학량"이 등장하는 사실은 우리의 가슴을 뜨겁게 만든다: "북평에서 온 전보에 의하면, 만보산사건에 관하야 장학량張學良은 장작상張作相에 대하여 사건을 확대케하지 말도록 훈전을 발하고 이번 사건은 다못 조선농민사이의 분규가 아니요, 실은 동지상조권商租權에 관한 문제임으로 일본의 요구를 절대로 거절할 터이라 한다. 그리고 지방적 해결을 할 수 없는 경우에는 중앙에 이관하여 교섭할 터이라 한다." 이때만 해도 장학량의 판단이 온전했으며 조선인을 보호하고 일본의 부당함을 간파하는 의지가 굳건했다는 것을 알 수 있다. 같은 날 2면에 실린 『동아일보』 사설은 다음과 같다: "동포여, 우리가 조선에 와있는 중국사람 팔만 명에게 하는 일은,

곧 중국에 있는 백만 명 우리 동포에게 돌아옴을 명심하십시오. 그리고 즉시로 중국사람을 미워하고 그들에게 폭행을 가하는 일을 단연히 중지하십시오. 또 인도상으로 보더라도 호떡장수, 노동자 같은 중국사람이 무슨 죄이길래 우리가 그 생명과 재산을 위협하겠습니까? 이것은 도무지 불합리한 일이오 민족의 전도에 크게 해를 주는 일이니, 거듭 말하거니와 이러한 선전을 하고 폭동을 하는 이는 조선민족의 적이라 하지 아니할 수 없습니다. 동포여! 삼가고 서로 경계하실지어다." 진실로 명사설이 아닐 수 없다. 『조선일보』는 민족간의 분열과 싸움을 획책할 때 『동아일보』는 일본의 침략음모를 간파하고 한중간의 불필요한 대적감정을 근원적으로 해소시켰던 것이다. 신언준은 평남 평원사람으로 오산학교를 졸업한 후, 항저우영문전수학교, 우쑹국립정치대학吳淞國立政治大學, 똥우대학東吳大學 법률과를 나온 천재로서 안창호의 손발노릇을 했고 당대 영향력 있던 유수한 중국신문들의 사설을 썼다. 그의 아들이 바로 나에게 서양철학을 가르친 고대 철학과의 신일철 교수인데 천재의 혈통은 물려받았으나, 아버지의 인품에는 미치지 못했다. 김일성대학을 다녔다는 공연한 자괴감 때문에 반공철학의 이념틀을 벗지 못했다. 오늘날 한국의 언론도 이 시절의 『동아일보』를 배울 필요가 있다. 민족간, 남북간, 국제간의 분규·대립을 해소시킬 생각을 하지 못하고 반공, 친미, 친일, 친기득세력의 이권을 옹호하기에 급급한 작태는 언론의 보편적 소명을 포기한 이권집단의 우행이다. 언론이 언론의 사명을 포기하면 뭔 짝에 써먹을 것인가?

그렇다면 선전銑電은 왜 장학량에게 발송된 것인가? 우선 일본은 하루아침에 갑자기 9·18사변을 일으킨 것은 아니다. "만보산사건萬寶山事件"이니 "나카무라사건中村事件"이니 하는 일련의 도발사태가 계속 있어왔던 것이다. "만보산사건"은 우리나라 사람들이 연루되어 있는데도 우리가 잘 모르는 사건인데, 장춘長春 서북의 만보산 지역에서 조선이민자들과 중국농민들 사이에 농전수리 문제로 충돌이 야기된 것을 활용하여, 1931년 7월 장춘 주재의 일본영사가 교포(당시 조선인을 일본교민으로 간주)를 보호한다는 명목으로 일본군경을 파견하여 중국농민을 구타하고 다수를 창살槍殺한 완전히 날조된 사건을 일컫는 것이다.

일본정부는 이 사건의 진상을 왜곡하여 조선 각지에서 배화풍조排華風潮가 일어나도록 선동하였다. 당시 조선에 살던 중국화교들을 박해하게 한 것이다. 우리가 "짱꼴라"라고 하여 중국의 산동화교를 낮잡아보는 풍조도 이때

조성된 분위기와 관련이 깊다. 『조선일보』가 이 사건의 진상을 파악하지도 못한 채 민족주의적 견지에서 대서특필하여 보도하자, 다음날 이리 지방에 중국인박해사건이 일어나고, 또 서울, 인천, 평양, 신의주 등지로 확대되어 마침내 전국적인 중국인박해사건으로 발전되어 수백 명의 중국화교가 살상되는 불행한 사태가 벌어졌다.

이 사건은 조선인과 중국인을 이간시키려는 터무니없는 일본침략자들의 조작에 의하여 일어난 것인데, 일본의 이러한 조작에는 중국의 주권을 묵살하고 침략을 획책하는 음모가 배어 있었던 것이다. 일본정부는 이 사건을 빌미로 만주지역에 군대를 증파增派하였고 어떠한 희생을 무릅쓰고서라도 생존권을 보위해야 한다는 터무니없는 여론을 일으켜 만주사변의 전주곡을 연주하였던 것이다.

"나카무라대위사건"(일본역사에서 쓰는 사건명칭)은, 1931년 6월에, 일본이 군사간첩 나카무라 신타로오中村震太郎(참모본부의 대위, 이스기 노부타로오井杉延太郎는 예비조장曹長) 등을 중국농민으로 변장시키고 흥안령 색륜산索倫山 일대에 군사지리조사를 진행케 한데서 발단한 사건이다. 6월 26일, 흥안령 여공부餘公府에서 중국둔간군屯墾軍 제3단에게 이들은 체포되었는데, 그 정황을 조사해본 단장 관옥형關玉衡은 긴급회의를 소집하고 처리방안을 토론하였는데 그 증거가 너무도 확실하여 비밀리에 사형에 처해버렸다(1931년 6월 26일 0시 30분).

8월 17일, 이 사실을 보고받은 일본정부는 나카무라의 간첩행위사실을 은폐하고 그들이 피살되었다는 사실만을 크게 선전하여 전쟁의 위기에 직면했다는 것을 광열적으로 퍼뜨렸다. 9월 상순에 중국정부는 나카무라가 처형된

만보산사건은 9·18, 두 달 전의 일이고, 나카무라대위사건은 바로 그해 6월부터 9·18 전날인 9월 17일까지 걸친 사건이니 일본의 만주침략의 야욕이 얼마나 집요하게 진행된 기획인가를 알 수 있다. 이 사진의 두 사람이 관옥형에 의하여 처형된 나카무라와 이스기다. 이들이 발각되었을 때 군대 하부사람들과는 말이 통하지 않았는데 일본유학생인 부단장 동평여董平輿가 이들을 만났을 때, 공교롭게도 나카무라가 대학동창임을 발견하게 된다. 농업조사 운운은 다 거짓말로 들통났고, 그들의 3도책圖册에는 이 지역의 인구, 물산, 군대분포, 흥안령둔간군의 병력분포, 총포종류와 구경, 관병인수, 장교성명, 직무, 부대주둔지점, 영방營房의 용량과 견고정도 등의 내용이 적혀있었다. 관옥형은 비밀리 처형하고 이들의 존재를 말살시키고 상부에 보고하지도 않았다. 그러나 나카무라가 죽기 전에 던진 세이코오시계가 전당포로 흘러들어가 일본영사관에서 알게된다. 장학량은 이 사건을 보고받고도 문제를 확대시키지 않기 위하여 멸적보밀滅迹保密"의 방침으로 일관했다.

사실을 인정하고 평화적인 해결을 제안했으며, 둔간군 제3단 단장 관옥형關
玉衡에게 군사재판을 진행하였다. 그러나 때마침 만주점령을 기획하고 있던
관동군은 이 사건을 대대적으로 선전하여 9·18만주사변의 도화선으로 삼았
던 것이다.

　하여튼 이러한 사건이 연속되는 와중에 장개석은 오로지 "부저항"이라는
생각만을 굳혔고, 그 부저항정책을 똥뻬이의 책임자이며 당시 넘버투맨이던
장학량에게 계속 세뇌시켰던 것이다. 그러니까 "선전"이라는 하나의 문헌적
사실이, 전체사태에 관한 본질적 주제나 토의대상이 될 수 없는 것이다. 이미
무수한 선전이 명시적으로, 암묵적으로 장개석과 장학량간에 오갔던 것이다.

장학량이 똥뻬이의 진정한 리더였다고 한다면, 당시 일본의 움직임은 충분히 파악할 수 있었고, 9·18은 예측가능한 사태였다. 이러한 사태에 30만의 대군병력을 거느리고 있는 군사수장이 오직 장개석의 무지막지한 "부저항" 한마디에 그 모든 운명을 걸고 있었다는 것은 참으로 넌센스 중의 넌센스라 할 것이다.

우리는 앞서 곽송령의 죽음을 얘기할 때 장학량이 한 말을 기억한다: "**곽송령만 살아있었어도 일본인들이 감히 9·18사변을 발동시키지 못했을 꺼야!** 如果當時郭松齡在, 日本人就不敢發動九一八事變。"

이것은 매우 의미심장한 말이다. 곽송령이 당시에 심양에 있었더라면 자신의 터무니없는 결정에 반기를 들어서라도, 아니 그 이전부터 충분한 체계적 전략을 짜놓은 상태에서 필연적인 객관적 논리에 따라 대처했을 것이라는 말이다. 동북군 참모장 영진榮臻처럼 그토록 충실하게 부저항을 실천하지는 않았을 것이라는 회한 서린 이야기다.

그러나 양·상주멸 이후 장학량의 굳어진 1인 카리스마체제에서, 과연 장학량의 엄명을 정황에 따라 요리할 수 있는 그런 정신적 여유를 가질 수 있었던 군대 내 인물이 있었겠는가? 탕 더깡의 평어대로 장학량에게 위로는 도무지 속마음을 알 수 없는 음흉한 상관 한 사람만 있었고, 곁에는 그와 대화를 나누거나 쟁권탈위爭權奪位할 수 있는 동료가 없었고, 밑으로는 오직 충심경경忠心耿耿(충심으로 지조를 지킴)한 부하들만 있었다. 장학량은 그저 순결한 청춘일 뿐이었다! 순결한 청춘은 매혹적 여인에게 꼴리게 마련이다.

나는 역사를 인간의 역사로 본다. 나는 역사를 통해서 인간을 이해하려고 노력한다. 역으로 인간의 이해가 없이는 역사는 이해되지 않는다. 사건의 나열이나 정권의 변화, 민중을 괴롭혀온 정치사적 폭력의 역사를 아무리 세밀하게 그려본들 그것은 역사가 될 수 없다. 그 소이연을 알 길이 없다.

우리가 역사책을 읽을 때 흔히 지나치고 마는 고유명사, 인명이나 지명에 관한 생생한 탐구가 없이는 역사는 썩은 지푸라기와 같이 생명이 없는 것이 되고 만다. 모든 인명은 고유명사로 머무르는 것이 아니라 술부로 환원되어 "기술"되어야 하는 것이다.

역사는 인과의 체계이다. 그 인과는 무한하게 중층적인 관계망을 가지고 있다. 근인近因과 원인遠因이 서로 얽혀 중중무진重重無盡의 인드라망因陀羅網을 형성하고 있는 것이다. 그 인과의 핵심에는 역시 인간의 이야기가 자리잡고 있는 것이다. 인과는 인간의 기氣가 만들어내는 것이다. 그 기라는 것은 본능이나 감정이나 이성의 모든 의식 스펙트럼을 포섭하는 것이다.

역사에는 우연이 없다. 우연이라 해도 그것은 절대적으로 고립된 우연일 수가 없는 것이다. 그렇다고 모든 역사적 사건을 필연이라고 나는 말하지 않는다. 내가 말하는 "필연"이라는 것은 결국 이해될 만한 인과관계망의 이벤트일 뿐이라는 것이다. 그 이벤트를 형성시킨 모든 결단의 모우멘트들은 인간 속에 내재하는 것이다. 그 이벤트에 관련되어 있는 인간들의 생생한 모습을 이해하지 못하면 필연도 우연도 이해되지 않는다. 내가 말하는 인간은 신적인 인간도 아니요, 선인도 아니요, 악인도 아니다. 역사 속에 등장하는 인간은 일단 모든 선규정성先規定性의 폭력에서 해방시켜 놓고 보아야 한다.

모든 인간은 보통 인간이다. 우리 주변에서 흔히 볼 수 있는 그런 인간인 것이다. 혹자는 내가 장학량을 신적인 인간인 것처럼, 고구려패러다임의 이상적 화신인 것처럼 그리고 있다고 말할지 모르겠다. 장학량이 자신에 대한 고구려패러다임적 기술을 접하면, 또 "시아수어瞎說(헛소리 마라), 시아수어瞎說(개소리 마라)"라고 말할 것 같다.

그러나 나는 그를 아주 평범한 보통사람으로서 그리고 있는 것이다. 위대할 때 위대하고, 실수할 때 실수하고, 반성할 때 반성하는 아주 보통 인간, 그 하나의 진실한 인간을 만나려 하는 것이다. 인간이기 때문에 인간이어야만 하는 인간, 인간이라고 말할 수 있는 인간, 그 인간을 만남으로써 우리는 수없는 장학량을 길러내야 한다. 장학량의 역사를 통해서 장학량을 이해하고, 장학량과의 공감을 통해서 장학량을 실천하고 극복하는 무수한 교훈을 얻어내야 한다.

서안사변은 너무도 중요한 사건이다. 그 사건에는 거대한 역사의 물줄기와 하이데가가 말하는 개체적 실존의 "내던짐Entwurf"이 얽혀져 있다. 그것은 중국의 모든 미래적 가능성을 "결단Entschlossenheit"한 사건이다. 장학량은 "죽음"이라는 존재양식의 가장 근원적 "양심"을 현존재 속에 실천적으로 실현시켰다. 그는 미래의 죽음을 서안사변의 결단 속으로 끌어들였다. 그는 현존재의 "던짐"을 통하여 진정으로 "죽어봄"으로써 과거의 우충愚忠을 속죄하고 새로운 중국의 미래, 그리고 본래적 자기와 만났다.

서안사변이 없이 중국의 20세기는 있을 수 없었다. 오늘의 중국의 모습은 서안사변이 없이는 불가능했으며, 서안사변이라는 함수를 도외시하고 이해할 수 없는 것이다. 그런데 서안사변의 영원한 매력은, 수억만의 인간 생명들의 삶의 홍류가 만들어가는 역사의 대세를 한 인간의 실존적 결단이 결정 지웠다는 사실에 있다. 그러나 "실존적 결단"이 한 고립된 개체의 결단이 아니라, 수없는 인간의 삶의 인과적 망 속의 결단이라는 사실을 우리는 이해해야 한다는 것이다.

추락하는 것에도 날개는 있다. 장학량이 그토록 장개석의 부저항명령에 우충愚忠의 충심衷心을 고집한 것은, 기실 장개석이 정情과 정精을 짙게 나눈 사랑하는 여인의 남편이라고 하는 사실과 무관하지 않다. 사가들은 이러한 사실을 표전表詮하지 않지만 나는 이런 인간론적 팩터가 매우 중요하다고 생각한다. 결국 9·18만주사변에서 서안사변에 이르는 장학량의 삶은 이러한 청춘의 적자지심赤子之心의 열정을 극복하는 짙은 실존의 자각과정이었다. 흑과黑鍋(타인의 죄업, 억울한 누명)를 걺어진 그는 침통하게 부하들에게 이와 같이 말하곤 했다 한다:

"국토도 지키지 못했고, 아버지 원수도 못 갚았으니, 나는 민족의 죄인이야. 내가 무슨 면목으로 똥뻬이의 부로들을 뵈올 수 있으리오? 國土不能守, 父仇不能報, 我是一個民族罪人, 我有何面目再見東北父老?"

9·18사변 직후의 장학량의 심정을 정직하게 토로한 편지가 현재 절강성 당안관檔案館에 보존되어 있다. 이 편지는 한 달도 채 되기 전인, 1931년 10월 12일에 쓴 것인데, 그가 당시 가장 신뢰하던 부하장군 하주국何柱國(하주국은 당시 3개 려를 지휘하며 가장 요충지대인 산해관일대에 주둔하고 있었다)에게 보낸 것이다(본 직후 불태워 버리라고 한 것인데 보존되었다).

호한민胡漢民, 1879~1936은 20세기 중국정치사의 가장 한복판에 있었던 거물이다. 중국의 20세기 정치사는 정말 『삼국지통속연의』를 무색케 하는 인물들의 보고이다. 사진을 보아도 알 수 있듯이 호한민은 영민하고 성품이 깔끔하고 고매하게 생겼다. 호한민은 광주부廣州府 번우현番禺縣에서 태어났으니 아주 티피칼한 광동사람이다. 본명은 연홍衍鴻이요 자는 전당展堂이라 했는데 자칭 한민漢民이라 했다. 청조의 신민이 아니요 대한大漢의 백성이라는 뜻이다. 그는 국민당의 우파영수로 항상 꼽히는데 그것은 그의 일관된 반공산당 입장 때문이다. 그는 평생 모택동도 싫어했고 장개석도 싫어했다. 그의 가정은 빈한했는데 21세에 거인擧人이 된다. 그는 시험의 천재였다. 시험은 보기만 하면 붙는 사람이었다. 그래서 대리시험전문가代考槍手로 돈을 벌어 일본유학 간다. 일본법정대학을 다녔고 1905년에 동맹회에 가입하여 평의부 의원이 되었고 『민보民報』를 편집한다. 무장혁명에 참가하여 1911년 광동도독, 남경임시정부비서장이 된다. 이때에 이미 조선의 지사 신규식(동갑)과 교분을 맺는다. 2차혁명 실패 후 일본에 건너가 손문과 더불어 중화혁명당을 만들고, 1917~21까지 손문과 같이 광동에서 활동한다. 1924년 1월 5인대회주석단의 한명이 되었고, 황포군교의 정치교관이 되었다. 손중산이 광주를 떠나 소관韶關에 북벌대본영을 건립할 때 호한민이 대원수大元帥를 대행한다. 손문이 죽었을 때 국민당 최고의 실력자는 왕정위, 호한민, 요중개 3인이었다. 좌파 요중개는 곧 암살되었고, 장개석은 왕정위, 허숭지許崇智와 함께 특별위원회를 구성하고 호한민을 배제시킨다. 그 뒤 1927년 영한분열寧漢分裂(장개석과 왕정위의 대립) 때 호한민은 오히려 장개석을 지지한다. 그러나 결국 호한민

은 장개석과 약법투쟁을 벌이게 되고 장개석에게 구금된다. 그러나 결국 주변의 인물들의 성토에 의하여 장개석은 무릎을 꿇는다. 1931년 10월 14일 장개석은 호한민을 만나 이렇게 말하고 호한민을 석방한다: "과거의 일체 일은 나의 잘못이오. 호 선생 용서를 빕니다. 이후 제가 어떻게 행동해야 할지에 관하여 호 선생 가르침을 빕니다." 호는 10월 14일 하오 상해로 왔고, 연금상태를 벗어났다. 이후 광주에서 남방실력파영수가 된다. 죽을 때까지 "항일, 초공, 반장反蔣"을 외쳤다. 장개석은 그를 "신군벌"이라 불렀다. 호한민은 대한민국상해임시정부가 광동호법정부와 정식국교를 맺는 예식이 가능하도록 신규식을 도와주었다(1921. 11. 18). 우리에게는 매우 고마운 인물이다. 호한민은 국민당 4대서법가 중의 하나로 꼽는다. 예서 호한민, 전서 오경항吳敬恒, 해서 담연개譚延闓, 초서 우우임이라 했다. 호한민의 장기와 바둑의 실력은 어느 누구도 따르질 못했다. 손문은 그의 적수가 아니었다. 어느날 손문이 호한민과 바둑을 두는데 계속 연패를 하니까 손문이 화가 나서 바둑판을 엎어버렸다. 그러나 한민이 바둑알을 주우면서 중산에게 사죄하였다. 손중산은 자기행동이 잘못된 것이라는 것을 너무도 잘 알았다. 그리고 크게 너털웃음을 지었다. 두 사람의 인품을 잘 나타내는 고사이다.

이 편지의 내용은 당시 남방에서 벌어지고 있던 영월寧粵("영"이란 남경, 즉 장개석세력을 가리키는 것이다. "월"이란 광동, 즉 호한민胡漢民세력을 가리키는 것이다. 호한민과 장개석은 본시 손중산 휘하의 문무이장文武二將이었고, 남경정부의 당권과 군권을 분별장악 했다. 그런데 장개석이 당권과 군권을 모두 장악하고 독재자로서 군림하자 호한민세력이 반발하였는데, 장개석은 호한민을 남경 탕산湯山에 감금시켜 버린다)간의 분쟁과 화의에 관한 것이다. 당시 장학량은 장개석에 대한 우충愚忠 때문에 호한민세력의 주장의 정당성을 파악하지 못했다.

단지 장학량은 이토록 위태로운 시절에 국론의 분열이라는 것은 허용될 수 없는 것이라고 생각했으며, 호한민파가 장개석의 하야를 주장하는 것에 관해 분노를 금치 못했다. 장학량은 일본 관동군과의 전쟁이 동북군 자체의 역량만으로 이루어질 수 없으며 반드시 남경정부군과의 합작으로 이루어져야 한다고 생각했다. 그래서 영월분열은 허용될 수 없고 장개석의 휘하로 영월이 합심해야 한다고 주장했다.

장개석이 뒤늦게라도 동북군과 힘을 합쳐 항일전선에 전념했더라면 공산당의 리더십이 전면에 부각하는 사태는 발생하지 않았을 것이다. 이때라도 항일의 이니시어티브를 중앙정부가 장악했으면 공산당이 그토록 반사적으로 민중의 도덕성을 획득하는 사태는 발생하지 않았을 것이다. 그러나 장개석의 입장에서는 그러한 전면적인 항일전선에로의 몰입은 자멸의 길이며 공산당만 득세하게 만드는 길이라고 믿고 있었다.

장학량은 이러한 장개석의 음흉한 판세 읽기의 전모를 파악하지 못한 채, 장개석의 영도력 하나에만 매달려 있었다. 도무지 영도가 아닌 인간에게 영도를 맡기는 것이야말로 자기파멸의 첩경이라는 것을 넘버투맨으로서 자각하지 못한 것이다. 여기 하주국何柱國에게 보낸 편지의 전문을 밝히지는 않겠으나, 그 일단에 다음과 같은 표현이 있는 것은 우리 조선인 입장에서는 특별한 주목을 끈다.

現在最重要者, 要確實團結, 上下一心, 外可以御强敵, 內可以除賣國賊。弟十分痛心者, 眞有不是人類者, 確願做李完用第二, 只求目前一点小利祿, 言之不覺淚下。

하주국何柱國, 1898~1985에 관해서는 쓸 이야기가 너무도 많지만 너무 긴 이야기를 삼가하는 것이 좋을 것 같다. 하주국은 평생 군인으로서 바르게 판단하고, 중요한 절기마다 정도를 걸었으며, 무엇보다도 군인으로서 그는 패배를 모르는 명장이었다. 그리고 장학량의 생애 전체를 뒷받침해준 충직한 부하였다. 나이는 3살 위다. 원명이 주과鑄戈이고 자가 경지敬之인데, 광서성 용현容縣 남향南鄉 양매허인陽梅墟人이다. 그는 광서사람이지만 국민당 내부파인 계계桂系와는 일체 연관이 없는 순수한 봉계 장군이다. 어려서 아버지를 여의고 10세에 엄마가 서세, 형의 도움으로 황포육군소학당, 무창육군제2예비학교, 보정육군군관학교를 졸업했다. 보정의 우수한 성적 때문에 일본육군사관학교 제12기 기병과에 입학했다. 1919년 가을 귀국하여 보정육군군관학교 기병과전술교관이 되었고, 1922년 7월에도 동북으로 와서 동북육군강무당 군사교관, 기병과주임이 된다. 제2차 직봉전쟁 때도 장학량, 곽송령과 함께 제3인자로서 제3군과 제1군을 연합지휘하여 대승을 거두었다. 그리고 나중에 곽송령이 반봉기병했을 때 곽송령부대를 기습하여 곽송령을 총살장으로 보낸 것도 하주국이었다. 장작림의 북경정부의 사장으로서 북벌군대를 좌절시키고 누차 승리를 거둔 것도 하주국이었다. 장학량의 역치 때도 장학량을 보좌했고 중원대전 때 산해관을 넘은 동북군대의 리더도 하주국이었다. 9·18사변 후 산해관에 주둔하면서 일본군을 계속 격퇴시켰다. 열하실함 이후에도 계속 동북군을 지켰다. 그리고 서안사변 때도 장학량과 양호성과 함께 남경국민정부에게 발한 통전에 싸인했다. 서안사변 이후에도 그는 왕이철王以哲과 함께 동북군을 지켰다. 항일전쟁시기에도 중요한 전투에서 계속 승리했고 열심히 싸웠다. 1948년 5월에 퇴역했고, 중화인민공화국에서도 중요한 자리를 역임했다. 1985년 9월 3일 심장병으로 북경에서 서세. 향년 88세였다. 전국정협은 하주국 동지의 융중한 고별식을 올렸다.

현금의 상황에서 가장 중요한 것은 전 국민이 확실하게 단결하는 것이외다. 상하가 한마음이 되어 밖으로는 강적을 물리치고, 안으로는 매국노들을 제거하는 것입니다. 제弟가 십분 가슴 아파하는 것은, 인간 종류라 말할 수 없는 인간말짜들이 확실하게 제2의 이완용이 되기를 갈망하고 있다는 것이외다. 단지 목전의 작은 이익과 복록을 탐내고 있다는 것입니다. 이 말을 하고 있는 제 가슴이 너무 쓰려 나도 모르게 눈물이 쏟아집니다.

여기 우리로서 놀라운 것은 장학량의 세계사에 대한 지식이다. 1931년 일본의 침략야욕에 대하여 "제2의 이완용이 되기를 꿈꾸고 있는 인간이라 말할 수 없는 말짜새끼들"이라는 표현이 그의 편지문장에 나오고 있는 것을 보면 고구려패러다임의 인간으로서 조선의 정황을 꿰뚫고 있었다는 것이 실증

되는 것이다. 물론 이 편지 맥락에서는 제2의 이완용은 호한민을 위주로 한 월파粤派들을 지목한 것이다.

그러나 자기가 말하고 있는 "제2의 이완용"이 자기자신이 될 수도 있다는 가능성을 장학량은 충분히 숙지하고 있었다. 그리고 시간이 지나면서 제2의 이완용은 월파가 아니라 영파, 즉 장개석 그 인간이라는 것을 자각하게 된다. 1933년경에는 장학량은 이미 호한민계열의 사람들에게 가장 대화가 가능한 영계열의 인사로 인식된다. 장학량은 호한민의 반장反蔣주장의 논리를 수용하기 시작하였던 것이다.

우직스러운 충성으로 망국의 추락을 초래하고 그 불행의 원인을 자각하게 된 장학량으로서는 우직스러운 반역으로 국가의 대계를 바로잡는 소생의 길을 선택할 수밖에 없었다. 그것은 본인 스스로 역사에서 "제2의 이완용"이 되기를 거부하는 결단이었다. 그 결단은 무無에로의 던짐이었다.

그 무는 장학량 본인에게는 죽음의 체험이지만, 그는 그 죽음을 통하여 중국의 역사에 영원한 생명을 부여하였던 것이다. 장학량의 서안사변으로부터 새롭게 전개된 중국역사의 평가는 또다른 차원에 속하는 것이다. 내가 다루려고 하는 것은 장학량의 **"실존적 결단의 절대적 가치"**에 관한 것이다.

마지막으로 다시 한 번 9·18사변에 대한 장학량 본인의 회고담을 분석해 보자! 탕 더깡과의 대화에서 장학량은 다음과 같이 말하고 있는데, 사가들은 별로 그 말을 중시하지 않는 것 같다. 내 생각에는 비록 90세 노령의 어설픈 이야기이기는 하지만, 장학량 본인의 평가야말로 자신이 처했던 모든 상황에 대한 느낌을 압축적으로 전해주고 있다고 말할 수 있을 것 같다.

그런데 하기의 이야기는 장학량이 염석산閻錫山(자가 백천伯川. 장학량은 백천이라고 부르거나 "백사伯師"라고 부른다. 염석산은 장학량보다 나이가 18살 위이다)과의 대화 중의 일단으로 회고한 것이다. 이 문장 중의 "니你"는 염석산을 가리킨다.

他請我吃飯，席間，我和他隨便談話。

我說："伯師，我問你一點小事。"

他說："什麼事?"

我說："這九一八事變，人家都說我不抵抗，你是不是也罵我不抵抗? 你是不是也要說我不抵抗?"

他点点頭，就是說："我也承認你是不抵抗。"

我就問他，我說："伯師，你是不是想不想沒，我爲什麼不抵抗?"

他說："我沒想你這個，爲什麼不抵抗。"

我說："咱們過去對日本辦事情，南京事件也好，濟南事件也好，都是大事化小，小事化了，我當時也是大事化小，小事化了。你責備我不抵抗，不但你責備，國人也責備我，我不接納! 我不服! 我不接受! 但是，你要責備我一句話，我要接受這個責備：我當一個封疆大吏啊，東北那麼大的事情，日本呢，我沒把日本看透。那個時候，我還是看日本是平常的日本，日本那樣已經來了，我就沒想到日本會敢那麼樣來! 對這件事情，我事前沒料到，我情報也不夠，我一個封疆大吏，我要負這個責任。我覺得你責備這個，我絕對接受。"『張學良口述歷史』, 臺北: 遠流, 2009, pp.276~277.

염백천閻伯川이 어느 날 나 보고 밥을 먹자구 했지. 그래서 같이 식사를 하는 중에 우리는 아무 얘기나 부담 없이 나누었지.

내가 말했어: "백사伯師, 당신에게 한 가지 작은 일을 물어봐도 될까?"

그가 말했어: "뭔 일인데?"

내가 말했지: "9·18사변 말이야, 사람들이 다 나 보고 부저항했다구 말하는데, 당신두 내가 부저항했다고 욕하는가? 당신두 내가 부저항했다구 말할 셈인가?"

그랬더니 그가 머리를 끄덕끄덕 하면서 말했지: "당신이 부저항했다는 것을 승인할 수밖에 없지. 나두 당신이 부저항했다구 생각해."

그래서 내가 또 물었지: "백사! 내가 왜 부저항해야만 했는지 그런 거 생각해본 적이 있나?"

그가 말했어: "여보, 난 당신이 말야, 왜 부저항했는지, 그런 거 생각해본 적은 없어."

그래서 내가 말했지: "우리는 말야, 과거로부터 일본에 대하여, 그러니까 일본놈들이 하는 짓들 말야, 남경사건도 좋고 제남사건도 좋아, 모두 이런 것들을 대사일지라도 작은 일로 간주해버리고, 작은 일은 없던 일로 해버려왔어. 당시 말야, 나도 일본놈들이 저지른 큰일을 작게 만들고, 작은 일은 아주 없었던 일로 생각했단 말야. 당신이 날 부저항했다고 책망하면, 아니 당신뿐 아니라 나랏사람들이 다 날 책망해도, 난 그 책망을 받아들일 수가 없어. 나는 승복할 수가 없어. 접수할 수가 없단 말야. 우리 모두가 그래왔으니깐. 단지 당신이 날 책망한다면 단 한마디, 내가 받아들일 수밖에 없는 단 한마디가 있지! 내가 북방을 책임지고 있는 최고관리로서, 똥뻬이와

관련된 그토록 중대한 사실, 다시 말해서 일본이라는 그거 말야, 그 일본의 야욕에 대해서 근원적인 파악이 없었단 말야. 일본을 체계적으로 파악하지 못했어. 그땐 말야, 난 일본이 그냥 평상적인 일본이라고만 생각했어. 항상 문제를 좀 일으키는 일본, 그래서 대수롭지 않은 일본! 일본은 항상 그런 식으로 우리 땅에 왔었단 말야! 그런데 그 일본이 감히 똥뻬이 전체를 순식간에 처먹는 그런 식으로 오리라고는 전혀 생각지도 못했어. 이 일에 대해서 나는 사전에 대비를 하지 못했어. 우선 정보가 부족했어. 이 지역을 책임지고 있는 최고관리로서 내가 책임을 져야 한다면, 책임을 질 수밖에 없지. 당신이 이 점에 관해 날 책망한다면 난 절대적으로 그 책망을 접수할 꺼야!"

아주 담박하고 진솔한 고백이라 말하지 않을 수 없다. 남경사건南京事件(일본사가들은 역사적 이벤트를 대개 사건으로 명명한다. 자신들의 죄악을 은폐하기 위해 그런 표현을 쓰는 것이다)이란 보통 남경참안南京慘案이라 부르는 것이다. 1927년 3월 24일, 북벌군 제2군, 제6군이 남경을 점령하자, 북양군벌의 부대가 포구 쪽으로 퇴각하였다. 성내의 불량배들이 질서가 혼란한 틈을 타서 궤병潰兵과 유맹流氓들을 선동하여 마구 겁탈케 하였는데 그 폐해가 외국영사관과 외국교민에게 파급되었다.

그러자 영·미 등의 나라들은 교민들을 보호한다는 명목으로 양자강변에 정박하고 있던 군함에서 남경을 향해 포격하여 2,000여 명의 양민을 학살한 사건이 발생했다. 이 사건에 대해서도 남경정부는 미국정부의 징벌, 사과, 배상의 요구를 그냥 받아들이기만 했다. 그리고 영국, 프랑스, 이탈리아, 일본도 같은 방식으로 협정을 맺었다.

제남사건濟南事件은 보통 제남참안濟南慘案이라 부르고 또 "5·3참안"이라고도 부르는 사건이다. 1928년 봄, 장개석은 영·미 제국주의의 지지 하에서 북벌을 계속했다. 일본정부는 영·미 세력이 북방으로 발전하는 것을 저지하기 위해서, 교민을 보호한다는 구실로, 산동에 출병한다. 국민정부 외교부의 항의에도 불구하고 4월 하순에 제남을 점령해버린다.

5월 1일, 국민당군대가 제남에 진공해 들어오자 일군은 이때다 하고 총구를 열어 중국군민을 다수 살상한다. 5월 3일, 일군은 중국군대 주둔지를 향하여 진공하여, 중국군 7,000명의 무기를 빼앗고 항복시킨다. 그리고 국민정부의 산동특파교섭원인 채공시蔡公時와 16명의 외교인원을 모두 살해한다.

우리는 보통 일본인의 대학살사건을 연상하면 중일전쟁 발발 이후 1937년 말에 벌어진 30만 남경대학살을 생각하지만, 일군의 학살은 그들 본인에게는 너무도 상식적이며, 너무도 흔한 일이며, 너무도 당연한 일이었던 것 같다. 3·1민중독립항쟁을 진압한 모습이나 그 후의 경신참변의 잔혹상은 이루 형언할 길이 없다. 제남참

안 혹은 5·3참안(일본사가들은 "제남사건"이라 한다)은 장개석의 북벌군대인 국민혁명군과 제남에 파병된 일본군 사이에 벌어진 일이므로(중국공산당은 개입되어 있질 않다) 중국현대사에서 크게 다루어지지 않는 경향이 있으나 실제로 이것은 남경대학살에 못지않은 매우 참혹한 일군의 만행이다. 교섭을 위해 파견된 채공시蔡公時와 16명(혹은 17명)의 외교인원이 모두 학살되었는데, 채공시가 일본말로 항의하자 일본도로 그의 코와 귀를 베고, 계속해서 혀를 자르고 안구를 후벼 팠다. 평화사절인 국민당정무위원회 외교처주임에게 이런 짓을 한 것이다. 위 사진은 포로가 된 7,000명의 국민혁명군. 그리고 닥치는 대로 도살하는 모습. 아래는 죄없는 어린애를 묶어놓고 진검으로 검도연습하는 일본군. 한 달 후에 일본은 장작림을 죽여버린다.

동북3성을 거저 먹은 일본관동군은 1933년 정초부터 산해관을 돌습突襲했다. 열하진공의 서막을 올린 것이다. 장학량은 하주국부
게 견결堅決하게 영격迎擊할 것을 명령한다. 그러나 관동군 3,000명은 비행기, 군함, 대포, 탱크의 엄호 하에서(웃기는 일은 이것이 ㄷ
학량이 내준 물건일 수도 있다. 하이 코메디) 전면진공을 감행했다. 그런데 산해관을 지키는 중국 수군守軍은 동북군 제9려 62단 1개
병력밖에는 없었다. 하룻밤 이틀 동안 격렬한 전투를 벌였지만, 62단 전단의 반수 이상이 상망傷亡하였고, 안덕형安德馨영은 영장
사병 전원이 장렬하게 순국하였다. 이로써 일군은 산해관을 점령한다. 이 사진은 산해관을 점령한 일본군이 일장기를 휘날리며 보
서고있다. 양들은 땅주인이 어떻게 바뀌었는지 아랑곳없이 풀을 뜯어먹고 있다.

산해관을 점령한 후, 일군은 거기서 머물 생각이 없었다. 열하를 향해 계속 진공을 시작한다.

산해관전투에서 패배의 고배를 마셨다고는 하나, 그것은 동북군이 일본관동군과 싸운 최초의 정규항전이었다. 다시 말해서 "부저항" 정책의 공식적 무효화를 선언하게 된 것이다. 그동안 부저항명령에 눌려있었던 울화가 일시에 터져나오는 듯, 장학량은 항전抗戰을 직언하기 시작했다. 장학량은 그 전화 속에서 우선 만리장성 일선一線에서 일군과 사활을 건 사투를 감행할 것이라는 성명을 발표했다: "민족의 생존을 쟁취하기 위하여, 우리는 지금 우리의 혈육덩어리, 우리의 생명을 희생하여 평화를 유지하고 중국의 미래를 보장할 수밖에 없다. 다시 다른 도리가 없노라.爲爭民族的生存, 只有拿我們的血肉, 我們的性命來維持和平, 來保障中國, 再無別法了。" 그러나 장학량은 이미 실권이 없었다. 그리고 몸이 피폐해 있었다. 장학량이 이 전쟁을 치르기 전에 양상처단 방식으로 열하성 주석 탕옥린을 처단했어야 했다. 그랬더라면 승산이 있었을 것이다. 이 사진은 일본의 총공격 장면이다. 소수의 부대로 열흘만에 승덕을 점령한다. 승덕실함으로 중국은 또다시 수천 리의 땅을 일본에게 내주어야만 했다.

이에 장개석은 사병들에게 환격還擊하는 것을 허락하지 아니 한다. 일본에 대한 부저항의 원형이 여기 이미 성립한 것이다. 장개석은 군대를 모두 제남에서 퇴출시켜 우회하여 북상케 했으나 일군은 여전히 제남을 점령하고 장개석을 압박했다.

5월 7일, 일본군은 장개석에게 최후통첩을 발했다. 북벌군 중 일본에 반항한 군관을 처벌할 것, 일군이 보는 앞에서 일군에 저항한 군대무장을 전부 해제시킬 것, 북벌군은 제남을 철리撤離할 것, 교제로胶濟路 양측 20리 밖으로 철수할 것 등을 요구하고 12시간 내로 회답을 요구했다.

5월 8일, 일군은 최후통첩시한을 넘겼다는 이유로 곧바로 제남성을 포격하여 양민 1천여 가를 불살랐다. 중국군대는 자위를 아니 할 수 없어 스스로 환격하여 3일 주야를 분전하였다. 일본군은 5월 11일 제남을 함락시키고 성내로 들어와 온갖 성폭행과 약탈을 자행하였다. 6,123명이 사망하고, 1,700명이 부상했으며, 재산손실은 2,957만 위앤에 이르렀다. 이러한 사태에 대해서도 장개석은 타협정책을 취했을 뿐, 정확한 마무리를 짓지 않았다.

여기 장학량의 메시지 중 가장 중요한 말은 "따스후아샤오大事化小, 샤오스후아랴오小事化了"라는 말이다. 제남사건같이 그토록 거대한 사건도 작은 일로 간주했고, 나카무라대위사건 같은 작은 일은 없었던 일처럼 생각하는 데 익숙해 있었다는 뜻이다. 장학량의 말대로, 장학량은 근원적으로 일본의 조직적 침략의도를 간파하지 못했다. 그리고 지앙 지에스만 믿었다. 장개석은 똥뻬이를 날려 버리면 구찮은 모든 것을 함께 날려 버리고 똥뻬이군대를 자신의 영도 하로 편입시킬 수 있다는 생각을 하는 "황당한 영도자"라는 것을 장학량은 꿈에도 생각하질 못했다.

실제로 열하실함(1933년 3월 4일) 후에 장개석은 실함의 책임을 물어 장학량으로 하여금 모든 직책에서 물러날 것을 권유한다. 그것은 공식적으로 장학량이 동북군의 수장의 지위로부터 물러나는 것을 의미했다. 장학량은 순수하게 그 권유를 받아들인다. 사태해결이 그렇게 순조롭게 이루어질 줄은 장개석도 미처 생각지 못했다. 장학량은 장개석의 편지 하나로 모든 윤함淪陷의 책임을 지고 물러났다. 장개석은 장학량을 속죄양으로 삼음으로써, 중앙세력을 화북지역으로 확대시켰고, 아주 가볍게 동북군에 대한 직접지휘권을 취득했다. 일거삼득一擧三得이었다.

1933년 3월, 장개석은 친히 전선을 시찰하기 위하여 하북지역으로 왔다. 반공反攻대계를 세운다는 명분으로 열도가지 아니 하고 석가장으로 와서, 장학량과 보정保定에서 회면會面한다. 이때 장개석은 차 안에서 학량에게 이와 같이 말한다: "현재 중국의 대국大局이 위험만상萬狀인 것은 그대가 잘 알지않소? 그대와 내가 바닥 뚫린 배에 타고 있소. 한 사람이 먼저 내려야만 배가 가라앉는 것을 막을 수 있다고 해봅시다. 그대는 이 두 사람 중에 누가 먼저 내려야한다고 생각하오?" 이 말을 듣고, 장학량은 자기 차로 돌아와서 흐느끼며 통곡했다: "대장부로 태어나서 용감해야하고 견강堅强해야 하느니! 부저항으로 이미 모든 오욕을 뒤집어쓴 내가 무슨 힘으로 견강할 수 있으랴!" 그리고 1933년 3월 11일 하야성명을 통전한다(그 정확한 전문이 여기 신문에 실려있으나 잘 보이지 않는다). "전국동지全國司志 균감均鑑"으로 시작된 문장은 대강 이렇게 시작된다: "나의 아버지와 나는 중국이 똥뻬이에서 주권을 보지保持하는 것을 기임己任으로 삼아왔다. 부친께서 순국하시고 내 그 자리에 취임한 이래, 선부先父의 유지를 따라 시종 중앙을 공고히 하고 중국을 통일하는 것을 나는 직무로 삼고 전전긍긍하면서 일본의 위협에 굴하지 않고 역치하였고, 국민당이 동북에서 활동할 수 있도록 보조했다 …" 내가 이 문장을 다 번역할 필요를 느끼

지는 않는다. 이 통전을 자세히 분석해보면 이미 장개석의 부저항명령이 본질적으로 잘못된 것이었으며, 단지 자기가 물러나는 것은 국민당 중앙정부가 모든 책임을 지게 되면 국가전체가 더 혼란에 빠질 위험이 있으므로 자기가 혼자 책임을 지고 물러나는 것이 중앙을 공고하게 하는 최선의 방법일 뿐이라는 견고한 입장을 표명하고 있다. 이날 밤 장학량은 북평 순승왕부順承王府에서 동북군의 주요장령을 모두 만나 눈물을 흘리며 석별의 잔을 돌린다. 그리고 효후孝侯(우학충于學忠: 장학량이 어려울 때 가장 신임했고 또 장학량에 끝까지 의리를 지킨 동북군의 장군)에게 최후에 남은 하북지역에서의 동북군의 건재를 수주守住할 것을 부탁한다. 이 하야성명이 나가고 바로 『대공보大公報』(신언준도 이 신문에 사설을 쓰는 사람 중의 하나였다고 신일철 선생이 나에게 늘 자랑했다)에 이런 사설이 실렸다: "수십만 대군을 거느린 영수가 보정 차간에서 장씨의 한마디에 군권을 놓아버리는 것은 인류사에서 보기드문 한 창례創例이다 …" 장학량은 훗날 말한다: "장개석은 당시 나를 하야시킬 것이 아니라, 전국항전동원령을 내렸어야 했다. 인민을 일시적으로 기만할 수는 있으나 어떠한 경우에도 인민은 영원히 기만할 수 없는 것이다." 장학량은 그 모든 것을 꿰뚫고 있었으나 그를 지배하는 운명에 자기를 맡기고 있었다.

당시 『중국평론가中國評論家』라는 잡지는 장학량 소수少帥에게 보내는 풍자적인 공개서한을 실었는데, 장학량을 진실로 노벨평화상의 후보로 추천해야 마땅하다고 희언戱言했다. 후보의 당위성을 설명하면서 장학량은 "현대세계의 가장 위대한 평화주의자이며 구세주 예수 그리스도의 추종자"라고 비꼬았다. 그리고 북경의 어느 대학에서는 "강산을 사랑하지 않고 미인을 사랑하는 장군不愛江山愛美人的將軍"이라는 제목의 연극을 올려 인기를 끌었다.

여기 장학량 권좌의 본원, 그리고 동북정무위원회가 자리잡고 있었던 장수부 대청루의 장관을 보라! 이 주인 잃은 대청루가 눈물을 흘리고 있다.

어찌하다 이 꼴이 되었노? 열하실함 후 하야성명을 낸 장학량의 모습이 이러하다. 봉황이
까마귀 속에서 이렇게까지 영락할 줄이야! 아편으로 몸을 가눌 수 없는 지경이었다.

후띠에胡蝶! 이 아름다운 여인을 보라! 누구인들 이 여인과 사랑을 나누고 싶지 않으리오? 9·18 당대에 중국의
은막을 휘어잡고 있던 최고의 인기배우이자, 초상超常의 재화才華를 날리는 연기파, 후띠에! 그녀는 과연 어떻게
왜 장학량의 인생에 등장하는가? 자아! 다음 이야기를 들어보자!

후띠에

장학량의 9·18사변에 대한 대처는 단순한 정치사건으로 끝난 것이 아니라 당대 전 국민의 분노를 들끓게 했다. 1년 전 남경방문에서 새로운 국민의 희망으로 등장했던 청순한 대장군 장학량에 대한 메시아니즘이 실망과 원망과 저주와 분노로 분출된 것이다. 장학량의 실추는 걷잡을 수 없는 것이었다.

9·18사변 직후의 국민의 분노를 대변한 유명한 시詩가 한 수 있다. 이 시는 "애심양哀瀋陽"이라는 제목으로 1931년 11월 20일 상해에서 발간되는 『시사신보時事新報』에 발표되었다. 이 시를 지은 사람은 마군무馬君武Ma Jun-wu, 1881~1940(원명은 도응道凝)라는 희대의 문제아였다.

마군무는 광서 계림인桂林人인데 계림·광주·상해 등지에서 고교를 졸업하고, 1901년 겨울, 일본 쿄오토제국대학에 유학하여 화학을 전공한 과학자였다. 그는 폭탄제조법을 연구하여 청왕조에 공포습격을 진행하고 자금성의 황제를 폭탄으로 폭파시킴으로써 청제국의 멸망을 촉진한다는 꿈을 항상 가지고 있었다. 과학자라도 그는 매우 정치의식이 강한 과학자였다. 1905년 그는 일본에서 동맹회에 가입하였고, 손중산의 혁명활동에 종사하였다. 황흥黃興, 진천화陳天華 등과 공동으로 동맹회헌장(장정章程)을 기초할 정도로 핵심인물이었고, 『민보民報』의 주요 집필자이기도 했다.

1907년, 그는 독일의 베를린공업대학으로 유학 가서 야금학冶金學metallurgy을 전공하여 중국 최초의 자연과학 박사학위 취득자가 되었다. 무창기의武昌起義(1911. 10. 10.)가 폭발하자 귀국하여, 광서 대표로서 『임시정부조직대강』과 『중화민국임시약법約法』을 기초起草하는 데 참여했다.

마군무馬君武. 군무는 그의 호이고, 원명은 도응道凝이고, 개명하여 화和, 또는 동同이라 하였고 자는 후산厚山이다. 광서 계림桂林 사람.

일시 남경임시정부 실업부 차장을 지냈고, 후에는 손중산이 발기한 호법운동護法運動에 적극 참가하여 광주廣州 군정부 교통총장에 임직한다. 손중산이 임시대총통에 취임하자(1912. 1. 1.), 그는 총통부 비서장秘書長에 취임하고, 또 광서성 성장을 겸임한다. 마군무의 전성시대라 할 수 있다.

1924년에 국민당은 손문의 너그러운 마음으로 인하여 공산당을 포용하는 개조改組를 실행한다. 공산당원이 공산당의 당적을 유지하면서도 개인의 자격으로 얼마든지 국민당에 가입하여 자유롭게 활동할 수 있게 한 것이다. 제1차 국공합작이 성립한 것이다.

그러나 마군무는 풍자유馮自由Feng Zi-you, 1882~1958(광동 남해南海 사람인데 요코하마에서 출생. 강유위·양계초의 보수사상에 반대하여 자기 이름을 자유라고 바꾸고 와세다대학 전신인 동경전문학교에 들어갔다. 1905년 동맹회 가입. 해외파로서 다채롭게 활동), 장병린章炳麟Zhang Bing-lin, 1869~1936(절강 여항인餘杭人. 유월兪樾의 제자. 일본에서 손중산을 만남. 1906년 동맹회 가입. 반청사상이 철저했기 때문에 강유위·양계초와도 같은 사상노선을 걷지 않았고, 반원反袁활동도 적극 했지만, 신문화운동을 반대하는 등, 국민당 내에서도 보수적인 입장을 견지했다) 등의 유림명사들과 연합하여 국민당 개조를 반대하는 선언을 발표했다. 손문의 정책인 연아聯俄, 연공聯共, 부조농공扶助農工의 3대정책을 반대한 것이다.

이로써 국민당과 공개적으로 결별을 선언한 것이다. 1925년에는 그가 북양정부의 사법총장이 되자, 국민당은 제2차전국대표대회에서 그의 당적을 박탈해버렸다. 그 후로, 마씨는 관도官途를 버리고 교육사업에만 전념한다.

상해대하대학上海大夏大學, 북경공업대학北京工業大學, 상해중국공학上海中國工學의 총장을 역임했으며, 이 시를 썼을 때는 그가 뻬이핑에 창설한 민국대학民國大學의 총장으로 있었다. 마군무는 당시 결코 사회적 지위가 낮지 않았으며 어떤 사람은 "북채남마北蔡南馬"라 하여 그를 북경대학 총장인 채원배蔡元培와 동렬의 급으로 취급하기도 하였다. 이런 위상을 가진 자가 쓴 시의 파급

예나 지금이나 상해는 근세중국문명의 센터, 특히 언론의 중심이었다. 상해는 전통적인 중국 성시가 아니다. 작은 어촌일 뿐이었다. 1차 아편전쟁 이후 영국이 조계를 열면서 중국일반성시와는 전혀 다른 차원의 도시로 시작하였기 때문에 중국 속의 또다른 세계였다. 1930년대 상해는 뉴욕이나 파리와 같은 국제도시에 손색이 없는 문명과 반문명이 공존했다. 온갖 범죄와

타락, 정치적 술수와 제국주의열강의 경제적 수탈이 도시 저변을 지배했다.
장개석은 이 저변을 기반으로 성장한 인물이었다.

효과는 일파만파—波萬波 걷잡을 수가 없었다.

그런데 마군무는 자기 재주를 믿고 마구 까부는 매우 오만한 인물이었고, 사태의 정황을 정확히 파악하는 치밀한 사람이 아니었다. 마군무의 제자 중의 한 사람이었던 호적胡適이 자기 학생에게 한 말은 마군무의 성격을 잘 나타내준다: "마 선생은 손중산 동맹회의 비서장을 지낼 정도의 사람이니깐 지위가 매우 높았지. 그런데 성격이 정말 더러웠지. 서로 대화를 나누다가도 생각이 맞지 않으면 쓰레빠 바닥으로 송교인宋敎仁의 낯짝도 휘갈기는 그런 성격이었으니까."

마군무가 『시사신보』에 발표한 「애심양」이라는 시 2수의 내용은 한마디로 완전히 날조된 근거 없는 언어로 점철되어 있다. 일본말에 "뎃치아게でっちあげ"라는 표현이 있는데 매우 잘 어울리는 표현일 것 같다. 그런데 이러한 뎃치아게에 당한 사람들은 아무도 항거할 수도, 항변할 수도 없었다.

왜냐하면 장학량은 국가적 재난의 모든 책임을 뒤집어써야 하는 입장이고, 그 장학량에 대한 국민의 분노는 들끓어 올랐는데, 이런 시詩라도 있기에 국민들의 분노가 사방으로 말 달릴 수 있는 출로가 생기기 때문이다. 애매한 풍류에 강산의 미녀들이 등장하니, 세태의 정감에 호응하고 유파流播는 신속할 수밖에 없었다.

한마디로 이 시는 "대박"이었다. 민심을 홍동哄動케 하는 명시로서 모든 사람들에게 암송되었던 것이다. 중국말로 구체시舊體詩인데 아무렇게나 쓰는, 평측에 구애받지 않고 세태나 인물을 풍자하는 싸구려 시를 "따여우시打油

詩"라고 하는데, 마군무는 이 싸구려 따여우시로써 "일야성명—夜成名"(하룻밤에 고명을 날린다)할 수밖에 없었다.

자찬자과自讚自誇하여 말하기를, "나의 시는 감히 오매촌吳梅村(명말청초의 시인) 좨주가 오삼계吳三桂를 통견痛譴한 『원원곡圓圓曲』과 비미媲美(아름다움을 다툼)한다. 영수사책永垂史册(영원히 사책에 그 이름을 드리움) 하리라." 좀 과한 자화자찬이라 할 것이다.

나이가 90이 되었어도 장학량은 이 시를 생각할 때마다 분통이 터진다고 고백한다. 그는 부저항장군이라는 누명보다 이 시를 더 통한痛恨하고 있는 것이다. 아마도 항변을 못하고 침묵으로 답할 수밖에 없었기 때문이리라. 장학량이 평생 "원망"이 없는 사람인데, 마군무에게만은 원망의 정념을 표시했다. 그 문제의 시는 다음과 같다.

哀瀋陽

趙四風流朱五狂, 翩翩蝴蝶最當行。
溫柔鄕是英雄塚, 哪管東師入瀋陽。

告急軍書夜半來, 開場弦管又相催。
瀋陽已陷休回顧, 更抱佳人舞幾回。

시詩라는 것은 본시 주관적인 해석의 여지가 많고 은유隱喩metaphor와 인유引喩allusion가 심해 완벽한 해독이 어려울 때가 많다. 내가 아무리 한학의 도사라 할지라도 이 간단한 시를 다 해독할 수 있다고 자신 있게 말하기가 어렵다. 그렇다면 당시의 중국인들은 이 시를 다 정확히 이해했을까? 자세히 정확히는 모른다 해도 대충은 알아들었을 것이다. 대충 알아듣기 때문에 해석의 여지가 많고 해설가들의 구라가 뭉게구름 피어오르듯이 피어오르게 마련이다. 운韻이 맞고(첫 시는 광狂─행行─양陽 하평성 양운陽韻, 두번째 시는 래來─최催─회回 상평성 회운灰韻) 간략하기 때문에 외우기 쉽고, 또 쉽게 인용의 대상이 된다. 이 시가 당대에 크게 인기가 있었다는 것은 쉽게 상상이 간다.

우선 시 중 "조사趙四"라는 것은 "자오쓰샤오지에趙四小姐"를 지칭하는 것으로 장학량과 그녀와의 로맨스는 이미 세간에 널리 알려져 있었다. 자오쓰샤오지에는 당시 장학량의 공식비서였고 말년에 그의 부인이 된다. 자오쓰의 스토리는 후술하기로 한다. 자오쓰는 "쟈오 이띠趙一荻"이다.

"주오朱五"는 당시 북양정부 내무총장이었던 주계검朱啓鈐Zhu Qi-qian의 다섯 번째 딸, 주미균朱湄筠Zhu Mei-jun을 가리키는데, 주미균은 장학량의 비서인 주광목朱光沐의 부인이었다. 그의 바로 아래 여동생인 주락균朱洛筠은 장학량의 유일한 동복 남동생인 장학명張學銘Zhang Xue-ming, 1908~1983(동북육군강무당, 일본육군보병전문학교 출신. 동북군에서 임직. 천진시 경찰국장, 시장 역임. 일제와 용감히 싸워 혁혁한 전승을 거두었으며 평생 변절하지 않고 멋있게 살았다)의 부인이 되었다(이 두 사람은 독일에서 만나 연애하여 1933년에 백년가약을 맺었다). 주미균의 또 하나의 여동생 주구朱九는 흑룡강 독군督軍 오준승吳俊升의 아들인 오태훈吳泰勳에게 시집갔다.

주미균은 평상시 장학량과 춤을 추기는
했으나, 격이 있는 집안의 딸이었고 행실
이 바른 여자였기에 장학량과 특별한 내
연은 없었다. "주오광朱五狂"이라는 것은
주미균과 장학량이 미쳐 돌아갔다는 뜻인
데 전혀 실상과는 무관한 상상력의 소치
였다. 대만의 문사文史 작가인 고양高陽은
주미균에게 직접 들은 애기를 만년에 다
음과 같이 회고하고 있다.

주 샤오지에朱小姐, 주 메이쥔朱湄筠. 1905년생. 1961년 12월 12일 밤, 서안사변 25주년기념 연회장(북경인민대회당)에서 주은
래는 장학명張學銘과 장학사張學思가 형님의 안부를 걱정하면서 눈물을 흘리는 것을 보고, 편지를 쓰면 내가 반드시 대만에
있는 장학량에게 전하겠다고 했다. 두 동생의 편지는 당시 홍콩에 살고있던 주 메이쥔을 통하여 대만의 장학량에게 전달되었다.
장학량이 해금되어 하와이로 간 후, 주 메이쥔은 하와이로 가서 장학량과 조일적을 만난다. 헤어진 지 60년만의 상봉이었다.

주미균은 항전시기에 홍콩의 어느 반점 연회에서 마군무를 만났다. 주미균
은 자기가 일어나 마군무가 앉아있는 자리로 가서 당당히 그에게 말을 걸었
다: "마시엔성馬先生. 당신은 내가 누군지 알아? 내가 바로 당신 시 속에 나오
는 그 주오朱五야! 와! 이리 와! 내가 한 잔 사지. 내가 당신에게 감사해야지.
당신이 날 하룻밤에 유명인으로 만들어줬으니까!" 당시 마군무의 궁색한 태
도는 말로 형언키 어려운 것이었다. 마군무는 우물쭈물하다가 곧바로 자리
를 떠서 달아났다.

시 속에서 "온유향溫柔鄕"이라는 말은 문자 그대로 "따뜻하고 부드러운 고
향"이라는 뜻인데, 미인, 혹은 화류계의 규방을 의미한다. 소동파의 시에 그
용례가 있다. "온유향시영웅총溫柔鄕是英雄塚"이라는 것은 "따스하고 푸근한

여인의 품속이야말로 영웅의 무덤"이라는 뜻으로 풀이될 것이다. "동사東師" 는 여기서 "관동군"을 의미한다.

"개장현관開場弦管"이라는 표현은 "파티장이 열리자마자 오케스트라가 연 주된다"는 뜻이니 이 시는 9·18사변 당일 밤, 장학량은 북경의 화려한 리우 꾸어환띠엔六國飯店에서 오케스트라 관현악 반주에 맞추어 여러 여자들과 춤을 추고 있었다는 사실을 전제하고 있다. 사실무근한 터무니없는 일을 중 국어로 "자허오유子虛烏有"(자허와 오유가 다 허구적 인물)라고 하는데, 하여튼 이 시는 자허오유에 속한다 말할 수 있다. 우선 이 시를 한번 대강 번역해보 면 다음과 같다.

심양을 서러워하노라

자오쓰 소저는 바람에 미끄러지고,
주우 소저는 미쳐 돌아가네.
하늘하늘 나부끼는 나비야말로
이 자리에 가장 어울리는 쌍이야.

푸근한 여인들의 품속이야말로
영웅의 무덤.
관동군이 심양을 짓밟든
그 누가 상관하리!

아~ 위급한 상황을 알리는 군서가
야밤중에 도착했는데도

파티는 열리고 장중한 오케스트라는
춤을 재촉해

심양은 이미 떨어졌는데
되돌아볼 필요도 없잖아?
한 미녀라도 더 껴안고
몇 바퀴 춤이라도 더 추는 게
상책이지

아마도 이 정도 뉘앙스의 의미를 지니는 시일 것이다. 그런데 이 시의 진짜 핵심은 바로 "나비"라는 이 한마디에 있다. 나비는 중국말로 "후띠에蝴蝶"(우리말로는 호접)라고 하는데, 후띠에는 당시 중국 은막계에서 "띠엔잉후앙허우電影皇后"라고 불릴 정도로 최고의 인기와 영예를 누리고 있는 여배우의 이름이었다(영화계황후라는 명칭은 평론가와 전문가 관객들에 의하여 투표로 결정되는 것인데, 후띠에는 1933년 원단, 명성일보明星日報가 주최하는 투표에서 압도적으로 당선되었다).

후띠에의 본명은 호서화胡瑞華, 광동 학산인鶴山人인데 태어나기는 상해에서 태어났다. 후띠에의 일생에 관하여 내가 여기 자세한 생평을 열거할 필요는 없으나, 부친이 경봉철로京奉鐵路에서 임직하였기 때문에 유족한 집안에서 태어났고, 배우가 되는 과정이 당시로서는 최고의 전문엘리트코스를 거쳤다는 것이다.

그녀는 광주배도학교培道學校에서 공부했고 중국의 최초의 영화학교인 상해

중화전영학교上海中華電影學校 제1기생으로 입학하여 계통적으로 희극과 영화이론과 연기과정(중국에서는 "표연表演"이라고 말한다)을 공부했고 당대의 위대한 선생님들 밑에서 걸출한 재화才華를 노출했다.

1925년 서흔부徐欣夫 감독, 장직운張織雲, 왕원룡王元龍 주연의 『전공戰功』이라는 영화에 첫 출연함으로써 반세기에 달하는 그녀의 찬란한 영화인생을 출발시켰다. 후띠에의 얼굴은 중국의 청순한 시골 새악씨 같은 모습에서 극도의 현대판 요염한 요정 같은 모습이 다 겹쳐있다. 표연의 스펙트럼이 매우 넓은 배우라고 할 것이다. 20세기 중국영화사에서 가장 장수의 인기를 누린, 엘리자베스 테일러와 잉그릿드 버그만을 합쳐놓은 듯한 명성明星이라 할 것이다.

우리나라로 치면 김지미와 문희를 합쳐놓은 분위기라고나 할까? 그녀는 1928년 명성영편공사明星影片公司에 들어가 『화소홍련사火燒紅蓮寺』라는 시리즈 작품에서 열연하여 일시一時를 굉동시켰고, 중국 최초의 납반발음유성편蠟盤發音有聲片(유성영화)인 『가녀 홍모란歌女紅牡丹』에서 엄청난 인기를 끌었다. 『가녀 홍모란』에서는 남편에게 학대와 착취를 당하면서도 반항을 모르는 심지가 선량하고 또 우매한 여인의 이미지를 너무도 깊이 있게 그려냈다.

후띠에의 최고의 작품으로 꼽히는 『자매화姉妹花』(1933)에서는 전혀 성격이 다르고 신분이 다른 쌍둥이 두 여성의 삶을 혼자서 표연하여 그 색다른 두 이미지를 동시에 부각시켰다. 이 영화는 1930년대의 작품으로서 유사 이래 가장 많은 관객을 동원한 기록을 보유하고 있다. 국제적으로도 엄청난 호평을 받았다. 그리고 후띠에는 매우 정치의식이 있었던 여인이었다.

그런데 이러한 후띠에를 갑자기 장학량의 섹스파트너로 전락시킨 것이다. 하룻밤 자는데 10만 위앤을 주었다는 등, 하여튼 벼라별 풍문이 떠돌았다. 당시 장학량은 불과 30세의 청년이었고 늠름하고 아름다웠다. 모든 여성의 선망의 대상이었다. 그래서 모든 멋있는 여자는 장학량과 사랑을 나누는 것이 마치 당연한 일인 것처럼 여겨질 때였다.

그러나 장학량은 후띠에를 만난 적이 없었다. 그리고 그날 밤 장학량은 부인 우봉지와 함께 메이 란황의 연극을 관람하고 있었다. 당시 장학량은 병을 앓고 있었다. 춤출 그럴 시절이 아니었다. 그리고 장학량은 그 나름대로 고뇌에 찬 시시각각을 보내고 있었다. 똥뻬이 부하들의 저항권고와 장개석의 부저항명령 사이에서 어찌할 줄을 몰랐다.

그런데 당대의 가장 아름다운 최고의 여배우와 화려한 홀에서 오케스트라 반주에 맞추어 환상적인 춤을 추고 있었다니! 중국에서는 미녀가 화근이 되는 것을 "홍안화수紅顔禍水"라고 한다. 후띠에는 하룻밤 사이에 "홍옌후어쉐이"의 대명사가 되고 만 것이다.

후띠에는 이 불명예를 참고 견딜 수가 없었다. 그녀는 그녀의 명예를 걸고 상해의 의식 있는 일간지 신문인 『신보申報』(1872년 4월 30일 창판)에다가 정중한 성명서를 발표했다. 그녀는 성명을 통해, 영화를 찍느라고 뻬이핑에 50일을 머물렀던 것은 사실이나 단체행동을 했을 뿐, 개인적으로 외출한 적이 없으며 더구나 무도장에서 공적으로 춤을 추었다는 사실은 있을 수 없는 일이라고 논박했다.

처음에는 "포풍착영捕風捉影"의 요언謠言(뜬구름 같은 근거 없는 이야기)이라서 머지않아 수락석출水落石出(물이 빠지고 나면 진상이 다 드러난다)할 것이라 생각했지만, 그 진원을 캐어보니 그 요언은 결국 일본통신사와 신문이 날조한 것이라는 것을 알게 되어 일본의 음모를 알리지 않을 수 없다고 고충을 토로했다. 그리고 최후에 이와 같이 말했다:

"띠에, 역시 이 나라 국민의 한 사람으로 목숨 걸고 적인들과 피 튀기는 싸움을 벌이지는 못할지언정 이 국난의 시각에 국토를 지키는 책임을 지고 있는 장군과 춤을 출 수 있겠습니까? 아무리 길거리의 비천한 여인이라 한들 어찌 망국의 설움을 알지 못하겠습니까? 만약 그렇지 못하다면 개돼지도 그녀의 뒤를 쳐다보지도 않을 것이외다. 난폭한 강도 일본이 중국을 병탄하려는 야심을 달성키 위하여 헛소문을 지어내고, 기발한 발상으로 교묘한 일을 꾸며내어 장 부사령의 명예를 훼손함으로써 똥빼이로 돌아가 반격을 가하려는 계획을 저지시키려 하고 있습니다. 원컨대, 우리 국민들이시여! 그 간악함을 밝히어 차도살인借刀殺人(직접 간여하지 않고서 사람을 죽임)의 흉계를 달성치 못하도록 해야 할 것입니다."

상당히 단호하고, 사태를 개인적인 쇄사鎖事의 차원에서 벗어나 역사적 차원에서 새롭게 인지시키려는 노력이 엿보인다. 후띠에의 성명문 후에도 명성전영(영화)공사 감독 장석천張石川과 홍심洪深, 동천애董天涯, 정소추鄭小秋, 공가농龔稼農, 하패진夏佩珍 등의 전체 연직원演職員이 『신보』에다가 후띠에를 위하여 작증作証하는 성명을 다시 발표하였다.

후띠에 주변의 사람들이 그녀를 위하여 마군무를 고소하려고 했다. 그러나 그녀는 민족대의를 생각할 때, 자가분란을 도모하는 것은 결국 불 끈다고 불 위에 기름을 뿌리는 격이라고 생각하여 참고 말았다.

9·18사변 후에 장학량은 공무로 상해에 온 적이 있었다. 그때 주변의 사람들이 후띠에를 한번 만나보겠냐고 인터뷰 어레인지나 사적 만남을 주선하겠다고 했다. 장학량은 완언婉言으로 사절했다: "그렇게 하면, 요언謠言이 증실 証實을 얻지 않겠소? 如果這樣, 謠言豈不得到証實?"

1964년 6월, 후띠에는 제11회아시아영화제第11屆亞洲電影展에 출석하기 위하여 대만에 왔다. 그때도 최대의 관심사는 역시 후띠에와 장학량의 관계였다. 기자들이 후띠에에게 장학량과의 만남을 주선하겠으니 만나겠냐고 물었다. 그때도 후띠에는 소답笑答했다: "내가 그 분만을 뵙기 위하여 발길을 옮긴다는 것은 어려운 일이요. 여태까지 우리 생애에 면식이 없었다면 다시 면식을 만들 필요는 없지요." 그녀는 옆의 친구에게 또 웃으며 말했다: "과거의 이 원안冤案이야말로 아직도 풀기 어려운 숙제로 남아있어. 지금 서로 만난다면, 사람들에게 이야깃거리만 만들 뿐 …."

중국말에 "쑤메이핑성素眛平生"이라는 표현이 있다. 일생에 단 한 번의 면식이 없었다는 뜻이다. 학량과 후띠에는 쑤메이핑성으로 끝났다. 두 사람이 젊은 시절에 만나 사랑을 속삭였다면 그야말로 멋있는 로맨스가 되었을지도 모른다. 그러나 인생은 그냥 그렇게 아쉽게 흘러간다. 후띠에는 항일의식이 있어 투쟁도 했고 압력도 받았다.

그의 말년의 작품으로 가장 유명한 것은 리 한시양李翰祥이 감독한 소씨공사邵氏公司의 작품, 『후문後門』이다. 이 영화는 1960년 일본에서 거행한 제7회 아시아영화제 최우수작품상을 받았고 후띠에는 최우수여주인공상을 받았다. 1966년 그녀는 은퇴하여 대만에서 몇 년 살다가 1975년 캐나다로 이주하여 여생을 보냈다.

그녀는 나이 80이 되어서도 장학량문제를 이야기했다: "내 나이 80, 마음은 명경수 같은데. 벌써 고수高壽라 할 수 있겠네. 인생이라는 건 정말 후딱 지나가는군. 개인생활의 잡일이야, 와전이 되어도 그렇게 신경쓸 건 없지. 그런데 민족대의가 걸리는 중대사는 어물쩍 넘어갈 수 없잖아. 나와 장학량이 함께 춤을 추었다는 얘기는 벌써 반세기 동안 역사 속에서 출렁거렸어. 이젠 사라질 때도 됐겠지?"

하여튼 후띠에는 이 사건을 가슴에 품고 산 것 같다. 그녀는 1989년 4월 23일 임종할 때 이 한마디를 남겼다고 한다: "**나비는 날아가요.** 胡蝶要飛走了!"

자! 이 후띠에무도사건을 날조한 마군무 박사와 장학량과의 관계에 관하여 또 하나의 이면 스토리가 숨어있었다. 당시 상해가 언론, 출판, 예술의 중심이었기 때문에 이야기가 상해에서 다 돌고 있지만, 마군무는 당시 북경에서 민국대학民國大學을 창립하여 기금 마련에 쩔쩔 매고 있었다.

9·18사변 후에도 장학량은 장백령張伯苓이 빤辦하는 남개대학南開大學에 거액의 기부금을 주었다. 남개대학은 원래 똥뻬이문화권에 있었고 장수부와 인연이 깊었다(장백령은 장학량이 어렸을 때 그에게 영향을 준 위대한 스승이었다는 것을 기억하라! 제4권 p.293).

하여튼 이 소리를 들은 마군무는 장학량을 만나려 했다. 그러나 장학량은 새로 만든 북경의 대학에 돈을 기부할 만큼 마음이 한가롭지 못했다. 몸도 불편했고 마음도 어수선했다. 그래서 그의 면회요청을 거부했다. 그런데 며칠 후에 마군무의 학생이 딴 문제로 장학량을 순승왕부順承王府(청초의 유서 깊은 왕부의 하나인데 1921년 장작림이 75,000은원銀元에 구입하여 북경대수부로 만들었다. 장학량은 북경에서 살 때 여기서 살았다. 북경시 서성구西城區 태평교대가로서太平橋大街路西에 위치. 면적 3,000m²)에서 만났다.

이 말을 들은 마군무는 부아가 치밀어올라, "내 학생은 만나주면서 난 왜 만나주지 않나?" 했다. 그래서 순승왕부로 쳐들어가서 죽치고 앉아서 안 만나주면 안 나가겠다고 했다. 그래서 장학량은 마군무를 만날 수밖에 없었다.

장학량은 마군무의 요청을 재정부에 조회하여 보았더니, 똥뻬이가 함락되고 재정이 긴축되어 화북지역의 군대보급문제도 어려운데 도저히 기부금을 짜낼 길이 없다고 했다. 장학량은 그냥 좋은 말로 마 총장을 돌려보냈다. 그 뒤로 마군무는 장학량으로부터 이렇다 할 소식이 없자, 상해에서 편지를 보냈다.

장학량은 회신을 했다: "동북의용군의 뒤를 대기도 어려운 재정입니다. 민국대학에 대해서는 마음은 있지만 재정지원이 곤란합니다."(민국대학은 항전시기에 여러 곳으로 옮겨다니다가 호남성 장사長沙 서쪽에 있는 영향寧鄉에 안착하였고 지금은 호남대학 일부로 편입되었다).

이 일이 있은 후, 마군무는 『시사신보』에 "애심양"을 날린 것이다. 자아!

마군무의 행동을 등에서 칼을 찍는 배신으로 봐야할까? 사실 이런 문제는 사적인 원한으로 처리할 사안은 전혀 아닐 것이다. 이 시의 가치는 시를 쓴 사람이나 시가 지목한 대상의 진실성과 무관한 하나의 시의적 "바람"이다. 시는 예로부터 "풍風"이라 했다. 바람을 타고 퍼져가는 것이다. 인간 내면의 바람, 사회적 바람, 역사의 소용돌이가 다 노래인 것이다.

결국 이 마군무의 시는 당시 중국지식분자, 애국인사, 그리고 일반민중의 우국우민의 심정을 대변했고, 장개석·장학량의 "부저항"이라는 터무니없는 정책이 조국의 강산을 상실케 한 사실에 대한 민중의 통심痛心, 울분을 분출케 함으로써 광범한 공명을 불러일으켰던 것이다. 엄연한 사실은 장학량의 추락이었다. 메시아적 소망의 상징에서 대연은 大烟癮의 아편쟁이, 끝을 모르는 예덕穢德의 난봉꾼, 위색화국爲色禍國의 화화공자花花公子로 그 이미지가 실추되었다.

우리는 이제, 민국4공자民國四公子(손중산의 아들, 장작림의 아들, 단기서의 아들, 노영상盧永祥의 아들)의 한 사람으로 회자되었던 장학량의 사생활을 잠깐 들여다 볼 필요가 있다.

장수부 스케치

　잠깐, 지금 우리는 2014년 10월 26일 오후 4시경의 일정을 스케치하는 일기를 쓰고 있었다는 사실을 염두에 둘 필요가 있다. 나는 장학량의 사생활에 관하여 장수부를 방문해 보고나서야 비로소 흥미를 갖게 되었다.

　장수부는 심양시에 핵심을 이루는 심하구沈河區의 핵심에 심양고궁과 아래위로 함께 자리잡고 있다. 고궁의 바로 아래 정남편동正南偏東에 이 장대한 장수부가 자리잡고 있는 것이다. 장작림은 심양에서 태어난 부잣집 자손도 아니고, 그야말로 깡촌에서 "미꾸라지 용 되는"식으로 당대에 토비의 신분에서 군인으로, 군벌로, 전 국가 대원수로 자수성가한 기적적인 인물이다.

　장작림은 정치적 사유에 있어서도 근대민주주의적 가치에 대한 신념이 없었으며, 동맹회회원들을 철저히 탄압하고, 공산당을 철저히 박멸하였으며, 군벌과의 싸움에서 승리하여 모든 정적을 제압함으로써 전 중국을 지배할 수

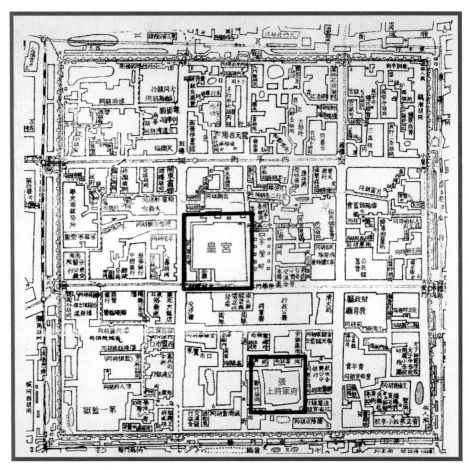

20세기 초반의 이 옛 심양지도를 자세히 들여다보면 제일 외곽으로 정사각형의 성벽이 보인다. 우리나라는 지형이 어디든지 산세가 험하여 4각의 도성이 적합치 않다. 그래서 대강 불규칙한 원형으로 산세를 따라 성벽이 만들어진다. 그러나 중국은 낙양, 장안이 모두 4각의 성과 성내 격자식 도로로 되어있다. 일본의 쿄오토京都도 낙양을 모델로 했다고 하는데, 우리나라 한양은 매우 독자적인 설계이다. 이 4각형 심양성 한복판에 황궁이 있는데, 그 바로 밑에 거의 비슷한 싸이즈로 장수부를 만든 장작림의 배포는, 배포라 말하기 전에, 원시적遠視的 비젼과 심미적 감성, 자기가 추구하는 가치에 대한 헌신이 없이는 근원적으로 불가능한 프로젝트였다고 말해야 한다. 평범한 한 토비의 깡으로 이루어질 일은 아닐 것이다.

있다는 신념에 가득차 있었던 인물이었다. 그러나 그가 서구적 정치·사회이념이 없었다 해서 그가 근대적 가치관에 어두웠던 몰지각한 인물이 아니었다. 그는 정치적 이념에 관계없이 인간세상의 정도에 관한 모든 자생적 가치를 존중할 줄 아는 특이한 인물이었다. 서구적 이념이 없더라도 인간은 인간이다.

인간이 인간인 이상, 인간이 어떻게 살아야 인간답게 사는 것인가, 인간이 사회를 형성하고 사는 한에 있어서 무엇이 정도인가, 그것은 너무도 명백한 것이다. 전통사상이 말하는 천명天命이나, 민심民心, 여민동락與民同樂이나, 성선性善, 이런 몇 마디만 주워들어 실천해도 인생과 사회의 도덕기강은 바로 설 수 있는 것이다.

장작림은 철저히 패도와 왕도, 그 양면을 동시에 추구한 인간이었다. 그의 심미적 감각, 학문에 대한 존중, 민중교육에 대한 헌신, 가정의 기강, 사병체계의 확충, 외세에 대한 주체적 발상, 그 모든 것이 탁월했다. 장학량이라는 인물은 이러한 아버지의 훈도 속에서 일궈진 거대한 문화체였다.

장작림은 1911년 신해혁명이 폭발한 직후 어수선한 혼란시국을 틈타 스스로 군대를 거느리고 "근왕勤王"의 명분을 내세우고 봉천으로 진입했다. 동삼성총독이었던 조이손趙爾巽은 그를 "봉천국민안보회奉天國民安保會" 군사부부부장副部長으로 임명했다. 그는 동맹회 혁명지사들을 효율적으로 진압하면서 청나라 조정의 확고한 믿음을 얻어 관외연병대신關外練兵大臣에 임명되고 영예로운 "후아링花翎"훈장을 받고, 나중에는 "봉천순방영무처총판奉天巡防營務處總辦"이 된다.

이듬해, 1912년 원세개가 임시대총통에 취임한 후, 원세개는 장작림의 미래적 가능성을 이미 알아차리고 그를 중화민국육군 제27사 중장사장中將師長으로 임명한다. 그는 봉천에서 조이손을 제외하고는 가장 실력있는 인물로서 그 위상이 굳어진다. 장작림은 이 위세를 활용하여 봉천에다 세력근거지를 만드는 데 주력한다.

당시 봉천방성奉天方城(고궁을 크게 에워싸는 사각의 성) 내의 관서아문官署衙門이 즐비한 정치·경제·문화의 중심인 고궁 근방에 부택府宅을 건설한다는 것은 택지도 없고 비쌌기 때문에 지극히 어려운 일이었다. 장작림은 반드시 방성 내의 고궁 근방에 자신의 새로운 부택을 건설해야만 한다고 생각했다. 독군서督軍署 부근 대남문 안쪽에 대수부를 기어코 건설해야만 하겠다는 장작림의 배포 속에서, 우리는 그 기백의 굉대宏大함과 지개志槪의 고원高遠함을 엿볼 수 있다.

1913년 말 장작림은 영후榮厚Rong Hou, 1874~?(자 숙장叔章. 만주 양람기인鑲藍旗人. 국자감 학생, 봉천금주부지부奉天錦州府知府, 봉천조폐창총판. 민국 이후 요심도윤遼瀋道尹, 길림재정청 청장. 나중에 위만주국과 타협, 만주중앙은행滿洲中央銀行 총재)의 공관公館(정방正方 5칸, 상방廂房 5칸, 문방門房 2칸)과 그 서측에 있었던 강절회관江浙會館(강소·절강사람들의 취회장소. 40여 칸)을 동시에 사들인다.

1914년 여름, 장작림은 영후의 구택을 헐고 장쾌한 건축군의 최초의 핵심 가옥건축을 시작한다. 아주 전통적인 전봉폐全封閉의 사각건물이지만 똥뻬이의 특성과 장작림이라는 인간의 개성을 충분히 살린 좌북조남坐北朝南의 중원中院 사합원四合院을 짓는다. 이 사합원은 눈 목目 자 형의 건물이다.

눈 목目 자의 모습대로 가생이가 쭉 연결되고 가로지르는 4개의 건축이 연접되어 있다. 그러니까 건물은 4개가 가로지르고 있지만 그 사이사이에 3개의 밀폐된 원락院落이 생긴다. 북에서 남으로 들어가게 되는데 그 3개의 원락을 일진원락一進院落, 이진원락二進院落, 삼진원락三進院落("락"자는 생략할 수도 있다)이라고 부른다.

1912년 1월 1일, 손문이 남경에서 중화민국 임시대총통에 취임하자, 그해 3월 10일 원세개는 그에 대항하여 북경에서 임시대총통에 취임한다. 북양군벌의 막강한 위세를 과시한 것이다. 그때 원세개는 장작림을 27사 중장사장中將師長으로 임명한다. 이 사진은 27사 중장사장 때의 장작림의 모습이다. 그러니까 장작림 38세 때의 모습이다. 장작림의 사진을 보면 어떤 사진은 매우 그 풍모가 거칠다. 그러나 이 사진을 보면 야무지고 문화적 소양이 있어 보이며, 과단성, 견결한 의지 같은 것을 풍긴다. 장학량에게는 분명 이러한 장작림의 모습이 들어 있다.

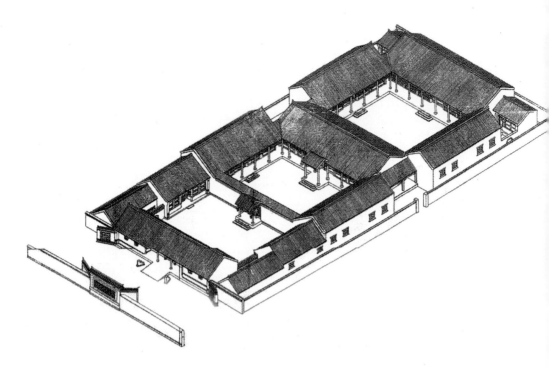

눈 목目 자 사합원의 전체구조를 일목요연하게 보여주는 측회도測繪圖. 남북으로 길고 동서로 좁으며 사주四周가 모두 위장圍墻으로 봉폐되어 있다. 그 내부의 기세는 신비로운 공간의 느낌을 자아낸다.

이 4합원만 해도 5,400m²를 점유하는 거대한 건축인데 그 정교로운 아취 雅趣를 자랑하는 우아함은 내가 여기서 말로 다할 길이 없다. 1914년 여름에 시공하여 1915년 가을에 기본공정이 완료되고, 1916년 봄에 장수裝修가 일단 완필完畢되었다고 하는데 짧은 세월에 진 집으로서는 참으로 놀라운 걸작품 이라 아니 말할 수 없다(1918년까지 보완).

사합원의 건축은 맞배지붕(硬山式)에 팔가량八架梁(八檁前廊式)·구가량九架梁 (九檁前後廊式. 지붕을 구성하는 도리가 아홉 개)을 주로 하였기 때문에, 그 전체 모습이 높고 크다. 아주 단순한 맞배지붕의 스카이라인이 장중하게 수평선을 그리다가 양 옆의 치미에서 살짝 치미는 모습이 학이 비상하려고 날개를 펴는 우아하고도 경쾌한 느낌을 전한다.

이 문은 보통 수화문垂花門이라 부르는 중문인데 1진원에서 2진원으로 들어가는 그 사잇문이다. 지금 이 사진은 1진원에서 2진원을 바라보고 찍은 것이다. 4합원의 문 중에서 가장 아름답고 정교한 문이며 장작림의 판공실, 회의실, 도서실, 비서실이 다 2진원에 자리잡고 있기 때문에 고관대작들이 가장 많이 들락거리게 되는 문이래서 가장 품격 높게 만든 것이다. 그 적·황·청의 색감과 정교한 조각들은 실로 삼진사합원의 화룡정점이라 할 것이다. 문도 4쪽의 병풍스타일이며 "만복류운萬福流雲"의 정교한 무늬로 화려하게 장식되어 있다. 문 옆의 북 위에 앉아있는 석사자(포고석사抱鼓石獅)도 유명한 조각품으로 꼽힌다. 장작림의 집무시기에는 이 양옆으로 3명씩의 호위병이 지키고 있었다. 제일 눈에 띄는 것은 문지방 위에 있는 "굉개새외宏開塞外"라는 횡비橫批인데 이것은 산해관 밖의 드넓은 세계를 장작림이 굉개宏開했다는 뜻으로, 다 개척하여 장악하였다는 뜻이다. "광개토대왕"의 "광개廣開"를 연상하면 쉽게 이해될 것이다. 똥뻬이사람들의 자부감을 나타내는 말이다. 내가 말하는 "고구려패러다임"의 의식을 내포한 언어라 할 수 있다. 옆에 써있는 영련楹聯은 해석이 매우 어려운데 대체적으로 장작림의 일생의 공업과 지향점을 표현한 것이다. 일설에 북양정부의 원로핵심인 서세창徐世昌이 써준 것이라 한다. 상련은 "관새장금봉關塞仗金鋒, 흘갑천성만리屹甲千城萬里"라 읽는데 만리장성이 장작림의 날카로운 군사력에 의지하고 있고, 동북군병사들의 우뚝 서있는 갑옷이 천성만리를 이루고 있다는 뜻이다(천성만리를 보호하고 있다). 하련은 해독이 어려운데 우선 "해외접반벽海外接半壁, 소택삼성육주昭澤三省六洲"라 읽는다. 상련이 국내상황을 말한 것이라면 하련은 국제상황을 말한 것이다. 세계열강세력들이 다 똥뻬이의 항구와 연접되어 있다고 말하면서("반벽"은 동쪽을 향한 절벽의 뜻인데 똥뻬이의 항구들을 상징적으로 표현한 것이다) 그들과의 교섭을 통해 삼성육주(똥뻬이 전역을 가리키는 개념)를 기름지게 하고 있다는 뜻이다(전체적으로 동북의 군사와 경제를 굳건히 했다는 뜻). 아무도 이 대련을 해석하는 사람이 없다. 문헌적 근거도 찾기도 힘들다. 이 설명은 오직 나의 해석에 의거한 것이다.

이것이 바로 사합원 1진원락으로 들어가는 대문. 양옆으로 상마석上馬石이 놓여있다. 문은 궁문宮門에서나 쓰는 실탑문實搨門 양식이다. 웅장하고 심플한 느낌을 동시에 준다. 보통의 민간 사합원은 대문이 동남각으로 나있다. 그러나 장수부는 궁정대궐과 같은 양식으로 지었다.

全国重点文物保护单位
张学良旧居
中华人民共和国国务院
一九九六年十一月二十日

2진원, 3진원의 정방正房이 모두 7칸이고, 상방廂房이 모두 5칸인데, 이들에 의하여 둘러쳐진 공간은 관창명량寬敞明亮하다. 하여튼 이 건물구조를 건축학적으로 다 설명할 수는 없으나 전체적으로 매우 웅장하면서 섬세하고 영성靈性의 감각이 흐른다. 색채감도 놀라웁게 세련되어 있다. 세부적 조각도 놀라웁게 정교하다.

장작림은 봉천에 입성한 후, 1913년에는 자기의 모든 저축을 털어 기관총 12정挺과 탄환 100여만 입粒을 예화양행禮和洋行을 통하여 구입한다. 난세에 과단성 있는 행동이라 아니 할 수 없다. 국가군대를 자기 사적군대화 하고, 무장을 확충한 것이다. 원세개는 불안감을 느껴 두 차례나 장작림으로 하여금 봉천을 떠나 타지로 옮겨가도록 안배를 했으나 장작림은 과감하게 그런 제의를 뒤받아버렸다. 장작림은 군대를 확충하고 사합원을 지음으로써 똥삐이 전역의 맹주로서 그 원대한 거점을 이미 봉천에 확고하게 마련하였던 것이다.

장작림은 군사적으로 탁월한 전략적 비전을 지닌 사나이였으나, 사합원을 보면 그가 얼마나 심미적으로 세련된 인간인가, 다시 말해서 그의 일상적 "삶의 도Tao of Life"가 어떠한 당대의 지식인이나 문화인의 품격보다도 더 높은 격조를 과시하고 있다는 사실에 경탄을 금할 수가 없다. 장학량의 품격도 이 사합원의 품격과 더불어 훈습되어간 것임을 쉽게 알아차릴 수 있다. 장수부의 격조와 품격 그 자체가 장학량의 이미지를 자타가 인정하는 "똥삐이 제1공자"로 자연스럽게 만들어간 것이다.

내가 장수부에 도착했을 때는 이미 해가 뉘엿뉘엇 넘어가려 하고 있었고, 관람시간도 얼마 남지 않아 나는 장수부를 충분히 관찰할 수가 없었다. 모든 상황이 촉박하여 사진도 제대로 찍질 못했다. 참으로 유감이었다. 그러나 그 촉박한 발걸음 속에서 내가 느끼는 장수부는 나의 상상을 초월하는 것이었다. 무엇보다도 아름다웠다. 매우 짜임새가 있었다. 공간의 밀도가 놀라웁게 심미적이었다.

장수부는 기본적으로 한 패밀리의 사적공간이다. 내가 이 지구상에서 만난 한 가정집으로서 이러한 규모와 밀도를 과시하는 건축물을 별로 보지 못했다. 유럽귀족의 대저택들은 거대한 건물 한 채에 거대한 정원, 그것이 기본구도이다. 너무도 단순하다.

장수부는 다양한 건축양식과 다양한 용도의 건축물들이 옹기종기 모여 전체적인 화엄구조를 이루고 있는데, 놀라운 것은 동과 서, 고와 금이 한 공간에 교차하고 있다는 것이다. 심양고궁을 설명할 때, 내가 이미 설명한 바 있다. 심양고궁은 동로東路, 중로中路, 서로西路의 3구역 건축포국布局을 지니고 있다고. 그런데 장수부 또한 고궁과 같은 포국을 지니고 있는 것이다(제4권 p.141에 있는 심양고궁평면도를 참고할 것).

중원中院, 동원東院, 서원西院의 3구역으로 이루어져 있는 것이다. 고궁은 동로에서 시작하여 중로, 서로로 익스텐션extension되어간 데 비하여 장수부는 중원에서 시작하여 동원, 서원으로 발전되어 갔다. 우리가 말하는 사합원은 바로 장수부의 최초의 핵이다. 사합원의 기능을 보면 제1진원과 제2진원은 정사를 보는 공공의 판공장소적 성격을 지니고 있고, 제3진원은 장작림 개인가족의 생활거소의 성격을 지니고 있다.

이것은 심양고궁이나 자금성의 전체구조가 "전정후침前政後寢"(남향집 앞쪽이 공적 공간public space, 뒷쪽이 사적 공간private space)이라는 건축이념에 의하여 설계된 것과 같은 것이다. 대수부의 대청루大青樓나 서원의 소수부少帥府의 건축포국도 모두 이러한 "전정후침"의 성격을 지니고 있다.

따지고 보면 장수부는 장작림 한 사람의 거소이지만 그 속에는 청왕조의 정치이념이 반영되어 있는 것이다. 장작림은 장수부에서 똥뻬이의 황제로서 군림할 수 있는 모든 포국과 격국을 완성하였던 것이다. 청태조 누루하치努爾哈赤가 1625년 건조하기 시작하여(동로) 태종 홍타이지가 이어 중로를 지음으로써 대강의 규모를 갖추기 시작한 심양고궁은 현재 6만 평방미터에 이르는데 장수부는 자그마치 5만 3천 평방미터에 달한다. 거의 맞먹는 규모로 지었던 것이다. 20세기 초반까지만 해도 심양성내에서 높은 건물은 고궁의 중로 봉황루와 대수부의 동원의 대청루밖에 없었다. 두 건물이 서로 쳐다보고 있었던 것이다.

장작림은 처음에 사합원에서 모든 것을 해결했다. 그러나 신분과 지위가 올라감에 따라 공무와 권속이 날로 많아졌다. 원래의 사합원 방옥房屋은 넓힐 수도 없었고, 현혁顯赫한 신분에 비해 너무 협소했다. 그래서 요번에는 아주 다른 서양로마건축양식의 대루를 새로 짓기로 마음먹었다. 1922년에 건성되었다. 청전青磚(푸른 벽들)이 사용되었기 때문에 대청루라는 별칭이 붙였는데 그 호화로운 장관은 볼 만하다.

1930년대의 대청루 모습

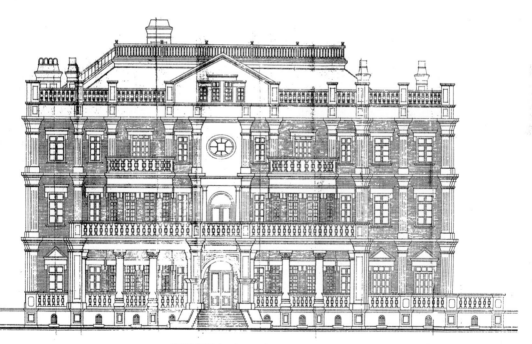

대청루 정립면正立面 도지圖紙

장수부 스케치

대청루는 로마르네쌍스식 석조건축이었으니 그 콘트라스트는 너무도 묘한 조화를 이루고 있었다(대청루는 9단의 돌계단 반석 위에 올라가 있다. 건물면적이 2,460m²나 되는 대규모의 석조건물. 기둥 하나를 보아도 이오니아식, 도리아식, 코린트 양식이 혼합되어 있는데 이탈리아 시실리 지방의 고전양식에다가 중국식 건축코드를 짬뽕했다. 전체적으로 이런 양식을 "중화바로크식건축"이라 부른다. 지하 1층, 지상 3층, 그 건물의 높이가 37m. 당시 봉천성의 최고점이었다). 중원은 대체로 1914~1918년 사이에, 동원은 1921~1926년 사이에, 서원은 1929~1934년 사이에 지어졌다. 그러니까 총 20년을 걸려 낙성된 것이다.

중원에는 사합원이 핵심이고, 동원은 동서의 건축양식이 오묘하게 결합된 아담한 2층의 소청루(장작림이 가장 사랑했던 제5부인 수씨壽氏가 살았던 곳. 장작림이 일상적으로 가장 많이 기거했던 곳. 그곳에서 별세)와 르네상스식 건물인 대청루가 그 핵심을 이룬다. 서원은 원래 강절회관江浙會館이 있던 자리에 지어졌는데, 실제로 장수부에서 규모가 제일 크고, 방옥房屋이 가장 많은 건축군이다.

점지면적占地面積이 11,017m²이고 건축면적은 13,250m²에 이른다. 건물들이 모두 일관되게 붉은 벽돌로 되어있어 홍루군紅樓群이라고 부르는데, 이 홍루군은 6동으로 되어있고 각 동이 모두 지상 3층에 지하 1층

소수부를 지은, 20세기 중국의 대표적인 건축가 중의 한 사람인 양정보. 양정보는 장학량과 동갑내기였다. 자를 인휘仁輝라 했는데 하남 남양인南陽人이다. 중국건축학회 이사장, 국제건축사협회 부주석을 역임했다. 소수부는 그의 젊은 날의 역작이다. 그는 북경 청화학교 고등과를 졸업하고 미국 펜실바니아대학 건축과에서 공부하여 석사학위를 획득했다(1924). 북경의 천단 원구단을 수선修繕했고, 심양 동북대학도서관, 동 대학 문법과과당루文法科課堂樓, 남경 중앙체육장, 중산릉 음악대音樂臺, 남경 국립중앙대학 남교문, 성도 사천대학도서관 등등 중요한 건물을 수없이 지었다.

이다. 6동 중 2동은 상루廂樓(남북으로 연결됨)이고, 4동은 정루正樓이다.

이 홍루군은 장학량이 똥뻬이를 주정主政할 때에, 그러니까 장작림 사후, 동북정사가 이미 규모가 커졌기에 기존의 사적 건물로서는 감당하기가 어려워 순수한 오피스건물로 지은 것이다. 중원, 동원에 비해 이 건물군은 보다 현대식으로, 기능적으로 지어졌다. 설계를 맡은 사람은 천진 기태공사基泰公司의 저명한 건축가 양정보楊廷寶, 1901~1982였다. 이 서원 홍루군은 순수하게 장학량이 동공흥건動工興建을 주지主持하여(시종일관 직접 건축과정을 관리했다는 뜻) 지은 건축물들이기에 사람들이 이 부분만을 떼어 "소수부少帥府"라고 불렀다.

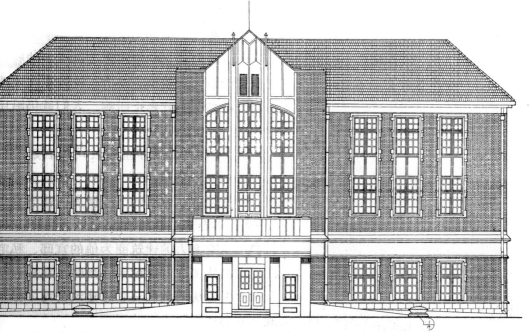

소수부는 "서원홍루군西院紅樓群"이라고 불린다. 점지면적 11,017m², 건축면적 13,250m²로서 대수부 중 그 규모가 제일 크다. 빨간벽돌을 많이 썼기 때문에 홍루라 하는 것이다. 홍루군은 6개의 큰 건물이 있는데 모두 지상 3층, 지하 1층이다. 6동 중 2동이 상루廂樓(남북배열)이고 4동이 정루正樓(동서배열)이다. 이 소수부도 "전정후택前庭後宅"의 성격이 있어 뒷쪽의 건물들은 7명의 남동생들의 생활공간으로 구상했던 것인데 불행하게도 소수부는 실제로 9·18이후에나 완성되었기 때문에 장씨들이 사용하지 못했다. 이것은 소수부의 주루인 1호루의 남립면 도지圖紙이다. 이 건물은 위만주국 심양제1군관구사령부 주지로 쓰였다.

장수부 스케치

그러나 장학량은 실제 이 건물군에서 시간을 보낸 적이 없다. 그래서 지금은 다 합쳐서 "대수부大帥府" 혹은 "장수부張帥府"로 통괄하여 부른다. 그러니까 중원은 완벽하게 중국 전통의 양식이며 동원은 서구라파 고전양식이며 서원은 현대양식이다. 삼원이 모두 제각기 특이한 양식을 가지고 있으면서도 총상總相의 조화를 이루고 있다. 결코 별상別相이 각기 따로 놀지 않는다. 상즉상입相卽相入의 조화를 형성하고 있는 것이다(본서 제일 앞에 있는 대수부 평면도를 참고할 것).

과연 우리나라 부자들 중에서, 뭐 이만큼의 거대부지는 논외로 한다 할지라도, 이런 스케일의 멋과 격을 갖춘 집 한 채라도 남긴 사람이 있을까? 하여튼 건축에 관심있는 사람은 한번 심양 장수부를 관람해볼 만하다. 장수부를 보지 않고서는 우리는 장학량이라는 인간의 스케일을 논의하기 어렵다. 실로 장수부는 내가 인간 장학량을 아는 데 많은 도움을 주었다. 부외府外로도 몇 개의 건축이 더 있다.

나는 대청루 1층이 문을 닫는다고 하길래, 부리나케 1층 회객실會客室에 자리잡고 있는 뮤지엄샵에 가서 장학량 부자와 대수부에 관한 자료를 샀다. 보통 중국전람실자료와는 달리 상당히 짱짱하게 쓰여진 엄청난 책들이 많았다. 나는 욕심나는 대로 그 책들을 수십 권 다 샀다. 자료는 눈에 띌 때, 여러 이유로 소홀히 여기고 사지 않으면, 두고두고 후회하기 마련이다.

↑ 위의 모형은 사합원과 그 옆에 있는 소수부의 전체모습을 극명하게 보여주고 있다. 앞 페이지의 도지의 건물인 제1호 주루主樓가 가운데 남면하고 있다.

← 내가 걸어가고 있는 이곳은 주루主樓 앞 정원 양쪽으로 있는 상루廂樓 중 서쪽의 건물이다.

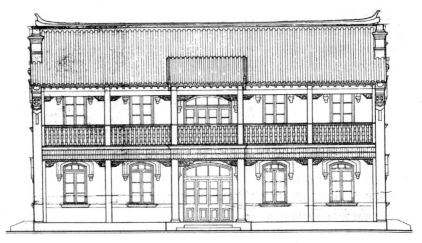

소청루小靑樓 입면 도지

소청루는 청전청와靑磚靑瓦를 썼기 때문에 소청루라 부른다. 건축면적이 450m²이며 1918년 장작림이 가장 사랑했던 5부인 수씨壽氏를 위하여 건성建成되었다. 자세한 설명은 생략하겠으나 건축양식이 중서를 결합한 방식으로 매우 독특하다. 일층 서측에 회객청會客廳이 있는데, 장작림과 수부인 지인과 막료를 접대하던 곳이다. 오준승, 장작상이 부인들을 데리고 오면 여기서 같이 오손도손 먹으며 노는 것이 낙이었다. 바로 그 방에서 장작림은 세상을 떴다.

한 박스를 옆구리에 끼고 동원의 소청루 옆으로 대수부 동항東巷길로 난 동문을 빠져나오는데 "조일적고거趙一荻故居"라고 팻말이 붙어있는 곳에 사람들이 빠글거리며 관람을 하고 있는 것이다. 나는 그때만 해도 조일적(자오이띠, Zhao Yi-di)이 누구인지를 전혀 몰랐다. 그런데 같이 간 중국인들은 조일적 즉 "자오쓰 샤오지에趙四小姐"에 관해 잘 알고 있었다.

청루를 지나 장수부 전체를 감싸고 있는 동벽에 나있는 문(대수부大帥府라는 간판이 붙어있는 곳)을 나오면 바서남방향의 아담한 저택이 있다. 그런데 그곳에 "조일고거趙一荻故居"라는 팻말이 붙어있었다. 나는 이것이 엇을 의미하는지조차 몰랐다. 그런데 사람들이 대거 집으로 들어가는 것이다. 내가 산 입장표를 보니, 표에 "조일적고거입장권"이 들어있는 것이다. 내가 만약 곳을 들어가지 않았더라면 나는 이 책을 쓰지 않았을도 모른다. 장학량 그 인간에 대한 관심이 이 건물 안서 무럭무럭 피어올랐던 것이다. 많은 독자들이 내가 유식해서 이 책을 다 알고 썼다고 생각할지르겠다. 그러나 나 도올은 항상 "무지하다." 아는 것이 별로 없다. 여행할 때도 사전지식이 충분하지할 때도 많다. 여행은 무지 속에 나를 던지는 것이다. 새롭게 깨닫는 것이다. 나는 이 "조일적고거"의 수께끼 속에서 20세기 인류사의 새로운 국면을 타개했던 것이다.

똥뻬이 사람들은 자오쓰 샤오지에는 대강 안다는 것이다. 그런데 들어가보니, 그 샤오지에러우小姐樓도 만만한 건물이 아니었다(점지면적 547m², 건축면적 428m²). 2층의 일식소루日式小樓였는데, 1층에는 누청樓廳, 무청舞廳, 피아노방, 식당이 있었고 2층에는 침실, 회객청, 사무실, 서재 등 10여 개의 방이 있었는데 모두 격국格局이 전아典雅한 별취別趣를 갖추고 있었다.

시간이 없어, 언뜻 설명되어 있는 것을 읽는데, 어떤 여자가 장학량에게 반해서 미쳐돌아가다가 아버지와 의절했고, 올데갈데가 없어 이 장수부 곁의 집을 사서 장학량을 섬기면서 살았다는 것이다. 그러다가 결국 대만에서 장학량과 결혼했다는 등 … 도무지 우리의 상식적 감각으로는 이해가 되지 않는 얘기였다.

조일적고거의 제1층 무도회장. 매우 훌륭한 저택이었다. 이 건물이 장학량을 사랑한 한 소저의 소유물이다? 이게 도대체 뭔 얘긴가?

어떻게 한 처녀가 부인 있는 남자에게 미쳐 그 곁에 와서 집을 얻고 살 수가 있는가? 아버지에게 화냥년이라고 내침을 당한 여자가 어떻게 이렇게 화려하고 멋있는 저택을 살 수가 있는가? 그리고 그 돈은 어디서 났는가? 부녀의 관계를 끊은 그 아버지의 심정은 어떠했을까?

아니, 그리고 또 나중에 본부인을 놓아두고 결국 이 바람기 있는 여자와 결혼을 했다니, 한경漢卿은 도대체 어떤 놈인가? 사실 이런 관심 때문에 나는 장학량이라는 인간을 알아야만 했다. 이 질문들에 대한 답변이 지금부터 내가 쓰려고 하는 얘기들이다. 역사는 인간의 이야기이기 때문이다.

2층의 침실. 건물의 곳곳이 격국格局이 모두 전아典雅하고 별치別致가 있었다.

이 사진을 많은 사람이 해설하기를 1911년의 장작림사진이며 오른쪽에 서있는 것이 장학량이라고 말한다. 앞의 p.275에 있는 장작림의 사진(1912)과 비교해보면 여기 장작림은 말년의 모습이며 대원수 복장을 하고 있다. 그리고 우측의 아이도 장학량 얼굴이 아니다. 이 사진은 장작림의 가장 행복했던 시절을 보여주는 사진으로 1927년 그가 북양정부 국가원수가 되고난 후에 사랑하는 수부인의 두 아들과 함께 찍은 것이다. 수부인은 아들을 쪼로록 연년생으로 넷을 낳았다. 여기 찍힌 것은 5자 학삼學森(7살)과 6자 학준學浚(5살)이다. 수부인은 9·18이후 천진에 살다가 대만으로 갔다. 학삼은 미국에 유학하여 항공을 공부했고 장학량에게 하와이주거를 마련해준다. 학준은 향년 62세로 대만에서 병서했다.

소년 장학량

장학량은 장작림의 맏아들이다. 그것도 정실부인 조씨(이름은 조춘계趙春桂. 조점원趙占元의 딸)가 낳은 장작림의 첫아들이었다. 조씨는 3년 전에 장녀를 낳았다. 장녀의 이름은 장수방張首芳 혹은 장관영張冠英이라고도 한다. 장학량을 낳고 7년 후 아들을 하나 더 낳았다. 전술한 바 있는 장학명張學銘이다. 조씨는 1녀2남을 낳았다. 조씨가 장학량을 출산했을 때는, 장작림이 마적떼들과 피 튀기는 싸움을 맹렬하게 벌이고 있었던 그런 시기였다.

1901년 6월 3일(음력 4월 17일), 조씨는 비적들과의 싸움 때문에 만삭이었는데도 정착을 하지 못하고 급히 소구루마를 타고 피난중이었다. 그런데 갑자기 산끼를 느꼈다. 옆에 아무도 없었다. 산파도 없었고 도와줄 수 있는 아무도 없었다. 구루마를 모는 남자만 있었다. "아이구 배야! 아이구 배야!" 조씨는 마차꾼에게 빨리 차를 몰아달라고 외쳤다. 빨리 아무 곳이나 민가를 찾아야 했다. 그런데 구루마에는 포대 하나도 없었고 지푸라기조차 없었다.

딱딱한 마루판이었다.

그런데 마찻길은 울퉁불퉁! 덜커덩 덜커덩, 그러던 중, 마차꾼은 여인의 소리도 듣지 못했고 마차만 빨리 몰았다. 덜커덩 덜커덩 거리다가, 드디어 고고의 성이 터졌다. 그런데 마차는 달리고 있었다. 갓난 애기가 흔들리는 마차 바닥 위로 떨어졌다. 머리가 딱딱한 구루마 판대기에 떨어져 찢어졌다.

장학량은 인간으로서 첫 숨을 쉬자마자 머리가 깨지고 피투성이가 되었다. 장학량은 그렇게 태어났다. 장작림은 숙적 김수산金壽山 비방匪幫을 토벌하는 대승을 거둠으로써 인생의 획기적 전환점을 마련한다. 장학량의 첫 이름은 "수앙시雙喜"였다(비적토벌의 기쁨과 아들을 얻은 기쁨).

장학량을 낳은 후, 모친 조씨는 젖이 나오질 않았다. 그래서 은괴 10위앤에 40여 세의 유모(나이마奶媽)를 얻었는데, 유모도 영양이 부실해서 젖이 유족칠 않았다. 그래서 장학량은 고량미죽을 먹고 자라났다.

장학량 집에 큰 똥개 한 마리가 있었다(중국사람들은 후앙꺼우黃狗라고 한다). 학량은 이 똥개를 무척 좋아했다. 똥개는 아무나 좋아했고 보는 사람마다 긴 혓바닥으로 낼름낼름 핥아댔다. 누구에게든지 친근의 정을 표시하는 것이다. 어느날, 장학량은 자매들과 같이 놀고 있었다.

> 학량은 수방首芳 누나에게 물었다:
> **"누나! 개 하고 양 하고 원숭이 하고 어떤 것이 더 좋아?"**

누나는 말했다:

"난 원숭이, 사람흉내를 잘 내서 귀엽지!"

여동생 회영懷英(둘째부인 노씨盧氏가 낳은 딸, 1907년생)에게 물었더니 회영은 순한 양이 좋다고 했다. 수방 누나가 넌 뭘 좋아하니 하고 묻자,

학량은 다음과 같이 대답했다:

"난 똥개가 좋아. 원숭이처럼 교활하지도 않고 양처럼 순하기만 하지도 않지. 그리고 우리집 똥개는 누구나 좋아해. 어른이든, 아이든, 가난한 사람이든 돈 많은 사람이든 가리지 않고 좋아하잖아?"

그런데 어느 날, 집 앞에서 어느 노인 거지 할머니가 눈물을 흘리면서 학량에게 돈 몇 푼만 달라는 것이었다. 학량은 할머니가 너무 불쌍하게 보여서 할머니에게 물었다: "집이 어디요?" 할머니 왈: "집이 어디 있겠어? 아들 하나 믿고 살았는데, 군대 끌려나가서 그만 총 맞고 죽었지."

그때 장학량 집에서 똥개가 나오더니, 남루하고 낯선 할머니를 보자, 짖으면서 날쌔게 달려들어 두 번이나 꽉 물어버렸다. 장학량은 할머니에게 너무도 미안했다. 주머니에 있는 돈을 털어 쥐어주면서, "할머니, 미안해요. 병원 가서 치료하세요."

그 뒤로 장학량은 그 개를 미워했다. 자신의 개에 대한 신념을 배반하는 행동을 했기 때문이었다. 누나가 학량의 태도가 이상해서 물었다.

소년 장학량

학량은 대답했다:

"그 똥개새끼 나쁜 놈이야. 간신이야. 난 더 이상 저 놈을 좋아하지 않아."

학량은 어려서부터 인간에 대한 깊은 애정이 있었다. 평등주의적 사랑은 태어나면서부터 가지고 있는 선의지Good Will 같은 것이었다.

학량의 아버지 장작림은 자신이 어릴 때 공부를 제대로 하지 못했다는 생각 때문에, 집에 숙塾을 열어 선생을 모셔다가, 학량과 수방이 배우도록 했다. 최초의 선생님은 양경진楊景鎭이라는 분이었는데, 고경古經과 고시古詩에 깊은 지식을 가지고 계신 박학지사였지만 생각이 매우 고루했다.

그러나 장학량은 이 선생님께 고시문의 기초를 배웠고, 『삼자경三字經』『백가성百家姓』으로부터 시작하여, 『논어』『맹자』를 마스터했고, 곧바로 『사기』를 배웠다. 장학량이 고문에 능한 것은 바로 이 글방선생 때문이었다. 양 선생은 장학량으로 하여금 긴 변발辮髪을 못 자르게 했다.

장학량은 양경진이 설 쇠러 간 사이에 변발을 짤라버렸다. 돌아온 양 선생은 몹시 화가 났다. 그래서 『효경』에 나오는 신체발부는 수지부모하니 불감훼상을 인용해대며 야단을 쳤다. 그러자 장학량은 왜 그럼 머리 전체를 깎지 않을 것이지, 반만 남겨 기르냐고 항의했다. 그러자 양 선생은 변발은 황가의 지의旨意라고 말했다.

그러자 학량은 대답했다: "황상皇上은 이미 끝났소. 변발을 짜르라는 것이 정부의 법령입니다." 양 선생은 선생에게 불복하는 장학량을 보자, 장작림에게 고장告狀하였다. 장작림은 교사의 권위를 존중하여 말했다: "내가 아이를 당신에게 맡겼으니, 아이가 당신 말을 안 들으면 내 대신 아이에게 회초리를 들어도 좋소." 장학량은 그때부터 계속 맞았다.

어느 날 양 선생은 장학량에게 작문시험을 냈는데, 그 제목이 "민주民主의 해는 군주君主 제도보다 심하다"는 것이었다. 장학량은 그 작문제作文題를 보자마자 단번에 써 갈겼다: **"민주의 해는 군주보다 심하다는 것은 산촌의 우부우부의 이야기에 불과한 것이로다.**民主之害, 甚于君主, 此乃山村愚夫愚婦之談也 …"

양경진은 이 작문답안지를 보자마자 칠규에서 다 연기가 솟을 정도로 화가 치밀어 올랐다. 그래서 학량의 작문을 가지고 와서 장작림에게 말했다: "당신의 이 아이는 정말 더 이상 제가 가르칠 수 없겠나이다."

장작림도 양 선생과 함께 화가 나서 비서인 원금개袁金鎧에게 그 작문을 보여주었다. 원금개는 학량의 작문을 읽고나서 말했다: "이 작문은 사상이 있는 학생의 작품입니다. 양 선생과 같은 수준의 교사는 더 이상 이 학생을 가르칠 수 없습니다. 이것은 학생의 과실이 아닙니다." 원금개는 양 선생을 해직시켜 버리고, 신사조의 사상을 가지고 있는 더 박학한 백영정白永貞이라는 분을 학량의 선생님으로 소개하였다.

백영정은 학량에게 노언怒言으로 지책指責한 적이 없었다. 학량으로 하여금

도올의 중국일기 5

더 많은 신서新書(신학문의 책들)를 읽게 하였고, 산적해있는 사회적 문제를 충분히 접촉할 수 있도록 만들어 주었다. 백영정의 지도는 불과 1년밖에 지속되지 못했지만 그 1년의 가르침은 실제로 장학량의 평생을 지배했다. 위대한 스승이었고, 위대한 학생이었다.

장학량은 11세 이전까지는 줄곧 엄마와 같이 살았다. 엄마 조씨는 지식이 없는 여자였고 세태에 관한 견식도 없었던 여인이었다. 흔히 사가들이 장학량의 성품을 "광인동체狂忍同體"의 쌍중인격雙重人格이라고 말하는데 이것은 광포한 결단력과 지긋한 인내력, 순종성이 혼재한다는 뜻이다.

"광狂"은 아버지에게서, "인忍"은 엄마에게서 받은 성품일 것이다. 엄마는 한없이 선량했고 현숙한 여인이었는데, 불심佛心이 깊었다. 엄마는 장학량에게 자비慈悲로써 가슴을 삼고, 관용을 배우고, 인욕하면서 어려운 것을 견디어내는 것을 가르쳤다.

장학량은 아버지의 싸움으로 집안에 항상 위기상황이 닥치는 것을 여러 번 체험하였다. 그때마다 아버지의 용감, 견의堅毅, 과단, 불굴불요不屈不撓를 보았고, 정천입지頂天立地, 사생취의舍生取義, 살신성인殺身成仁하는 영웅기개를 목도하였다. 그래서 어느 날 장학량은 엄마에게 이렇게 물었다: "엄마! 엄마! 내가 아버지처럼 되기를 원해?" 장학량은 엄마가 항상 아버지의 모습을 닮기를 원한다고 생각했다. 그런데 엄마는 그 말을 듣더니 고개를 설레설레 저으며 말했다: "아니다! 아니다! 엄마는 니가 아버지처럼 되기를 원치 않아!"

장학량은 엄마 말이 이해가 되질 않았다: "왜요? 사람들이 다 울 아버지가 영웅이라고 말하는데?"

조씨는 장학량을 왈칵 끌어안으며 눈물 성긴 얼굴로 말했다:
"얘야! 엄마는 네가 그냥 평평담담平平淡淡한 **생활을 하기를 원해!**
바람이 격렬한 곳에 서있으면 몸이 상할 뿐이란다大風口裡傷人."

이 엄마 말이 있고 얼마 안되어 엄마는 불귀의 객이 되고 만다. 1912년 봄철이었다. 그때 조씨 나이 38세였다. 숨넘어가기 전에 조씨는 장학량을 신변에 불러 말했다: "아버지를 찾아가거라! 엄마 말을 꼭 기억하거라!" 학량은 엄마 품에 고개를 박고 울며 말했다: "싫어, 싫어! 난 엄마 하구 같이 있을래. 영원히 같이 있을래." 조씨는 말했다: "엄마는 이미 틀렸다. 너하구 같이 있을 수가 없구나. 이제부터 얼마二媽(제2부인 노씨)가 네 친엄마다. 얼마에게 효경孝敬하거라!" 조씨의 마지막 말이었다.

11살의 장학량은 신민부新民府(심양의 서북쪽에 있는 도시)의 행핵점杏核店 후통을 떠나 심양의 사합원(이 사합원은 현재 장수부의 사합원이 아니다)으로 왔다. 그러니까 사합원에서 장학량이 살기 시작한 것은 엄마가 세상을 뜬 후였다.

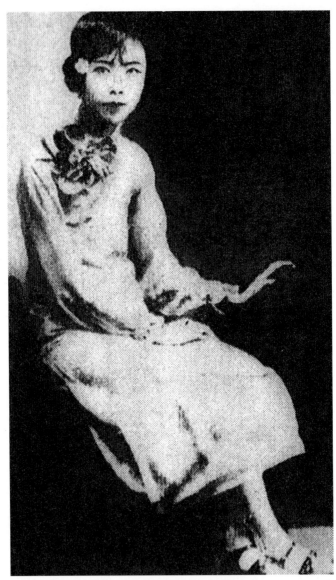

누가 이 여인을 예쁘지 않다고 말하는가? 기실 장학량의 정실이자 현처양모였던 우봉지는 장학량이 그의 생애에서 만난 어떤 여인보다도 아름다웠고 판단력이 정확한 여인이었다. 우봉지의 사진이 별로 남아있지 않지만, 우봉지는 천생의 생김새가 동양과 서양의 장처를 다 결합하고 있었으며 송미령의 적수가 아니었다. 우봉지는 송미령보다도 키가 컸고 카리스마가 더 압도적인 여인이었다. 그리고 휴매니즘의 측면에서도 뛰어난 식별력을 가지고 있었다.

우봉지于鳳至

이제 장학량의 결혼에 관해 이야기해보자! 장학량의 원배元配, 첫 부인은 우봉지于鳳至, 요원주遼源州, 주부州府 소재지인 정지아툰鄭家屯의 사람이다. 정지아툰(현재 쌍료雙遼)은 심양의 북쪽으로 한참 내륙지방에 있는데 지금은 길림성에 소속되어 있다. 심양에서 본다면 정가둔은 한참 편벽한 곳에 있는 시골인데, 어찌하여 그곳 여자가 대수부의 작은 안방마님이 되었을까? 여기에는 많은 사연이 얽혀있다.

그런데 이 두 사람의 결혼을 둘러싼 이야기가 장학량 본인의 회고담과 우봉지 본인의 회고담이 각각 다른 스토리를 짜고 있다. 장씨가족사를 쓰는 사람들에게는 매우 헷갈리는 정보들이 엇갈리고 있는 것이다. 우선 장학량은 자기 부인 나이가 자기보다 3살 위라고 하는데, 객관적으로 조사해보면 4살 위가 맞는 것 같다. 우봉지는 1897년 6월 7일생이며, 장학량보다 분명 4살 위다.

장학량은 아버지 장작림이 자기도 모르게 9살 때 12살 먹은 그녀와 정혼해버렸고, 그녀 17살 때 장인이 세상을 뜨고 21조(일본제국주의가 중국을 멸망시키려고 원세개 북경정부와 맺은 비밀조관條款. 1915년 1월 18일, 일본측이 제시. 5월 9일 원세개 승인) 체결 후 "사조철로四洮鐵路"(사평가四平街에서 조남洮南에 이르는 전장 312㎞의 철도) 건설문제로 정가둔의 우씨 집안이 몰락할 위기에 처하자 악모岳母가 재촉하여 결혼식을 올리게 되었다고 한다. 그런데 자기는 결혼식날 비로소 우봉지를 처음 보았고, 그전에는 그녀를 만난 적이 없다고 했다.

그렇다면 장학량이 결혼한 것은 14살 때의 일이고, 1914년이 된다. 그러나 우봉지의 회고담에 의하면 우봉지는 결혼 전에도 장학량과 같이 지냈다고 했다. 그리고 결혼할 당시 우봉지의 아버지도 살아계셨고, 결혼식을 올린 곳도 정가둔이라고 했다. 그러나 대부분의 증언은 결혼식은 심양 대수부에서 거행되었다는 것이다. 하여튼 이런 문제는 뒤로 미루기로 하고, 어떻게 이 두 사람의 연담緣談이 이루어졌는지를 우선 살펴보기로 하자!

1908년, 장작림의 부대는 봉천에서 100리 떨어진 신민부新民府에 주둔하고 있었다. 그런데 신민부에는 많은 일본군이 주둔하고 있었다. 일본 군인들은 길거리에서도 요무양위耀武揚威(위무를 뽐내다)하면서 중국군대를 깔보았다. 어느 봄날, 장작림 수하의 대원들이 행길을 걸어가고 있었는데 일본 군인들이 이유 없이 욕을 퍼붓는 것이다. 그래서 쌍방간에 주먹질이 벌어졌는데, 일본 놈이 총으로 두 명의 장작림 부하를 쏘아 죽였다.

장작림은 화가 세 길이나 치솟아 일군에게 총을 쏜 흉수凶手를 내놓으라고 요구했다. 이후 일군은 봉천 교섭서交涉署에 와서 한 사병 목숨에 500량,

1,000량은자兩銀子를 배상금으로 내놓고 갔다. 그러자 장작림은 사흘 후에 부대원들에게 3명의 일군을 죽이게 했다. 그래서 일군이 교섭하러 오니까, 질러 말했다: "딴말 할 필요 없다. 일본법대로 1,500량은자를 내주어라!"

이 사건으로 장작림의 군대는 신민부에 머물러 있을 수가 없게 되었다. 동삼성총독 서세창徐世昌은 장작림부대를 요원주遼源州로 이동시켰다. 그 첫째 이유는 장작림으로 하여금 일군과의 마찰을 벗어나게 함이다. 그런데 두 번째 이유는 요원주에 토비의 피해가 극심했기 때문이었다. 요원주의 토비는 흑룡강부대나 길림성부대의 실력으로는 다스릴 수가 없었다.

이 참에 초비剿匪의 대영웅인 장작림을 보내면 문제가 쉽게 해결될 수 있다고 생각했다. 장작림은 지난 5년간 요서의 비환匪患을 다 숙청하여 조정으로부터 5,000량의 상은賞銀과 한 벌의 수화용포繡花龍袍를 받은 상태였다. 일전쌍조一箭雙鵰(=일석이조)의 효과를 거둘 수 있다고 판단했다.

1908년 4월, 장작림은 수천 인마를 거느리고 요원주의 주부인 정지아툰鄭家屯으로 갔다. 정가둔은 요원주의 아서衙署 소재지인데 시골이지만 그 시내는 매우 번잡했다. "사황보로沙荒寶路"(모래황야에 보석처럼 박혀있는 큰길)라는 별명이 붙은 이 도시에는 작은 상가들이 다닥다닥 붙어있는 대로가 두 개 있었는데, 방사房舍의 형편이 매우 어려웠다. 수천마대數千馬隊가 주둔할 장소가 없었다.

그런데 서가西街에 거대한 양잔糧棧(곡물도매창고)이 하나 있었는데, 지휘부로 삼기에 매우 적합했다. 장작림은 친히 그곳으로 갔다. 입구에 "장취풍長聚

豐"이라는 거대한 팻말이 붙어있었다. 대문구大門口 아래서 하마下馬하고, 들어가 원내를 보니 원락院落이 정제整齊하고 관창寬敞했다. 이곳 주인은 우문두于文斗라는 사람이었는데, 조적祖籍은 본시 산동성 해양현海陽縣 사람이었다. 동치同治 연간에 이곳에 와서 정착했고 광서光緒 말년에는 당지 상회商會의 회장직을 맡게 되었다.

우문두의 장취풍은 항상 비적의 먹잇감이었다. 우문두는 요서의 "초비대영웅剿匪大英雄"이 온다는 것을 내심 환영하고 있던 차였다. 우문두는 극상의 차를 대접하면서 환대했다. 장작림은 기분 좋아 말했다: "초비지휘부를 여기 장취풍에 설치하겠소. 어떠하시오. 주인장?" "말할 나위가 있겠소? 제가 부탁드려야 할 입장인데." "하오好!"

이렇게 해서 장취풍은 초비사령부가 되었다. 우 회장은 호객선담好客善談하는 살가운 사람이었고, 장통령張統領은 중의강정重義講情하는 끈끈한 인물이었다. 시간이 지날수록 두 사람의 우의는 깊어만 갔다.

어느 날, 장작림은 마대馬隊를 솔령하고 초비하러 대흥안령 깊숙이 들어갔다. 산골을 뚫고 영嶺을 넘어 쫓고 쫓기고 반비叛匪는 황원荒原으로 도망갔다. 하루종일의 싸움에 지친 장작림의 부대는 한 촌락을 발견하고 그곳에서 휴정休整키로 하였다. 여장을 풀고 있는데, 갑자기 토비들이 "회마창回馬槍"(가던 길을 거꾸로 돌아 습격함)의 전술로 갑자기 들이닥친 것이다. 적은 촌락을 완전히 포위했다. 창촉촐促하게 포위를 뚫으려고 했으나 손실이 참중하였다. 장작림은 돌격대 작전을 포기하고 원군을 기다리기로 했다. 긴 시간 대치하면서 원군을 기다렸으나 원군의 소식은 감감무소식이었다.

주투무로走投無路의 절망시각에 오준승吳俊升이 보낸 조남洮南지역의 일대
一隊가 말을 달려 구원을 왔다. 장작림은 극적으로 생환할 수 있었다(조남은
길림성 꼭대기에 있다. 현재의 조안洮安Tao An. 오준승은 장작림보다 나이가 13살이나
위이며 여러모로 선배인 실력자였다. 그런데 장작림을 깍듯이 모셨고 의형제로서 생사
출입을 같이 했다. 장작림의 가장 충직한 부하였고 여러 위기상황에서 장작림을 구했다.
마지막 순간까지 같이 했다. 장작림의 열차를 산해관역에서 올라탔을 때, 장작림은 감격
했다. 후앙꾸툰에서 열차가 폭발되었을 때 오준승은 두개골이 파열되어 즉사했다. 장작
림은 들것에 실려가면서 제일 먼저 한 말이, 오수吳帥의 상세傷勢를 신속히 살펴라라는
것이었다. 오수는 그 말도 듣지 못했다).

이 사건의 뒷배경을 설명하자면, 장작림의 피위被圍의 소식을 제일 먼저 들
은 것은 우문두였고, 우문두는 오준승에게 간청하여 파병케 한 것이다(당시
오준승은 정가둔 지역에 있었는데, 장작림을 우습게 보는 위치에 있었다. 그런데 오준승
과 우문두는 같은 산동사람들이었다). 우문두는 장작림의 생명의 은인이었다. 장
작림은 우문두의 구명지은救命之恩에 감격하여 어찌할 바를 몰랐다. 그리고
이 둘은 삽혈歃血하여(피를 입가에 바른다) "의결금란義結金蘭"(『주역』「계사」상에
출전이 있다. 의형제자매를 결배結拜하는 것을 말함)하였다.

황야에서 구사일생으로 돌아온 후로 장작림은 의결금란하였다고는 하나,
둘이 같이 앉아있으면 보다 찐득하게 혈맥이 통하는 어떤 감정이 심장박동
을 뜨겁게 해주어야 할 텐데 그렇지 못한 그 허전함과 소외감이 그의 심신心
神을 불안하게 만들었다. 무언가 더 끈끈한 그 무엇이 그를 우문두와 묶어
주어야만 했다. 어느 날, 우문두와 객청에서 한담하고 있는데, 한 꼬마 뉘하
이女孩가 책을 들고 오더니, 책을 펼치고 한 글자를 손가락으로 가리키면서
묻는 것이다. "아빠! 이게 뭔 뜻이야?"

순간, 장작림의 눈이 확 밝아졌다. 옳다! 우문두에게 보답해야 할 좋은 방도가 생각난 것이다! 바로 이것이다! 그 여아를 보니 미청목수眉淸目秀하고 그 가냘프고 수려한 자태가 자기 샤오리우쯔의 배필로 흠이 없었다. 그러나 혼인대사는 신중해야 한다. 생신팔자生辰八字도 상부相符해야 하고, 비기병성脾氣秉性이 맞는지도 봐야 한다.

이름을 물어보니, "우봉지于鳳至," 순간 장작림은 무릎을 쳤다: "와아! 우리 집안에 봉鳳이 한 마리 이른다至는 뜻이로구나!" 어느 날, 우문두와 장작림이 같이 앉아있을 때 장님 점쟁이(중국말로는 쑤안밍시엔성算命先生이라고 한다)가 점 보라고 크게 외치며 지나가니깐 불러들였다.

우문두가 물었다: "어떤 방식으로 산명하오?"

"쯔핑수子平術이올시다."

"광서 23년 5월 초파일 인시, 한번 봐주오."

점쟁이는 한참 무엇을 흔들고 따져보고 하더니, 종이 위에 두 글자를 썼다: "봉명鳳命." 그 풀이인즉 귀부인이 될 운명이라는 뜻이다. 광서 23년이면, 정유丁酉이니까 닭띠이다. 아마도 봉지라는 이름 자체가 그 해에 태어났기 때문에 붙은 이름일 것이다. 우봉지는 분명 1897년생이고, 장학량보다 4살 위인 것이 분명하다.

어느 기록에 의하면 장학량이 우봉지와 결혼한 것이, 1916년 8월 8일 화요일(음력 7월 10일), 대수부 사합원 2진원락에서였다고 하는데 그것은 잘 들어 맞질 않는다. 두 사람 사이에서 태어난 첫 딸인 장려영張閭瑛이 1916년생이다. 최근에 발굴된 자료에 의하면, 1914년 11월 26일자 『성경시보盛京時報』에 "장사장위공자완인張師長爲公子完姻"이라는 자세한 기사가 있음이 확인되었다.

장학량과 우봉지의 결혼날짜는 1914년 11월 25일이다. 그렇다면 대수부 사합원은 그때 지어지지도 않았다. 우봉지의 기억에 의하면, 혼례는 자기 고향인 정가둔에서 오준승吳俊升의 주지主持 하에서 이루어졌다고 하는데, 이것은 무엇을 뜻하는 것일까? 아마도 심양의 혼례 이전에 정가둔에서 신부측 사람들을 위한 잔치를 했을 가능성이 높다. 우봉지의 기억 속에서는 그 잔치가 혼례로서 각인되었을 수도 있다.

그리고 또 우봉지는 이렇게 말한다:

"장작림은 내가 공부를 열심히 한다는 것을 매우 좋게 생각했다. 나를 항상 여자 시우차이女秀才라고 자랑스럽게 말하곤 했다. 후에, 장작림은 나의 부친에게 혼담을 제기하면서 자기의 따얼쯔大兒子 한칭漢卿이 아주 말도 잘 듣고, 상향의 노력이 있고, 장래 군대에서 크게 발전할 인물인데 나 같은 뉘시우차이女秀才가 도와주면 딱 좋게 생겼다고 말했다. 당시 혼인婚姻이란 모두 부모끼리 빠오빤包辦(관계있는 사람들과 상의하지 않는다는 의미)해서 결정하는 것이었는데, 우리 엄마·아버지는 날 너무도 텅아이疼愛(동애: 가슴아프게, 뼈저리게 사랑한다)해서, 땅꾸안當官하는 놈들은 다 삼처사첩三妻四妾해서 사니 너가 살기 힘들 것이라고 했다. 그래서 혼담을 거절했다. 그러면서 혼인은 본인 스스로 의사가 있어야 하는 것이 옳다고 했다. 장작림은 이러한 설법說

法에 결국 동의하면서, 그렇다면 아들 한칭을 정가둔에 오게 해서 한 동안 살게 하겠다고 했다. 그래서 우리 둘이서 서로 생활해보고, 서로 친해진 후에 스스로 결정하겠다고 했다. 그래서 한경이는 우리집에 와서 지냈는데, 한경이는 나를 졸졸 따라다니면서 내 말을 잘 들었다. 이러한 그의 태도는 나로 하여금 만의滿意케 했다. 그는 내 손을 붙잡고 말하기를, 영원히 내 말을 듣겠다고 했다. 절대 변심하지 않겠다고 말했을 때 나도 고개를 끄덕거렸다. 이렇게 해서 우리는 정혼하게 되었다. 우리는 천생연분임을 알게 되었다."

우봉지의 기억과 한경의 기억이 너무 다르다고 하지만, 이 일에 있어서만은 우봉지의 말을 인정해주는 수밖에 없다. 왜냐하면 한경은 결혼할 때의 나이가 만으로는 13살, 어린애였고 우봉지는 17살 성숙한 처녀였기 때문이다. 우봉지와 한경의 회고담이 다른 이유는 그만큼 두 사람이 다 너무도 어마어마한 파란만장의 역사적 사건을 한 생애에서 겪었기 때문에 자신의 사적인 경험이 명료하게 부각되지 않을 수도 있다.

나도 내 서재에 수십만 권의 장서가 있는데, 카드를 만들어놓지 않은 채 내 기억에 의존하여 책을 찾고 있다. 그러다보면, 분명 이곳에 있어야 할 책이 엉뚱한 곳에 가있곤 한다. 분명한 기억의 심상이 착각일 때가 많다. 인생의 해프닝도 이와 같은 것이다. 한경은 의식 없이 놀러갔을 수도 있다.

이 두 사람의 기억에 관하여 우리가 말할 수 있는 가장 확실한 사실은 "하나의 결혼"이라는 사태를 바라보는 두 사람의 인식구조가 다르다는 것이다. 우봉지는 주체적으로 자율적 결정에 의하여, 정말 한경을 사랑했기 때문에,

결혼할 만한 상대였기에, 한경의 내면의 장점까지 다 확인해보고 결혼한 것이다. 그런데 장학량은 타율적으로, 주체적인 결단이 없이, 아버지가 하라니깐 했다는 것이다.

한경은 말년의 회고에서 이와 같이 말한다: "우리 마누라하구 말야, 난 그렇게 마누라를 좋아하지 않았어. 우린 중매로, 부모의 명령으로 맺어진 거잖아. 우봉지는 너무 현처양모賢妻良母(우리나라사람은 '현모양처'라고 하는데 중국인들은 '현처양모'라고 한다. 중국인들의 어법이 좀 더 정확한 것 같다. 부인으로서는 슬기로워야 하고 엄마로서는 훌륭해야 한다) 타입의 여인이지. 그런데 나 이 장학량 같은 놈이 현처양모 좋아하게 생겼나?"

이런 말을 들으면 모든 남자는 도둑놈이라는 생각밖에는 들지 않는다. 평생 우봉지라는 현처양모의 덕으로 살아남은 장학량이 이따위 소리를 뇌까리기

대청루 2층의 장학량·우봉지의 기거실起居室. 우봉지의 손때가 가장 많이 묻어있는 정겨운 곳이다. 이곳에서 두 사람은 가장 많은 대화를 나누었을 것이다.

때문이다. 그러니까 늙어서 "구술" 같은 것은 하지 않는 것이 좋다. 사적인 이야기는 많은 왜곡과 일시적 감정을 동반하기 때문이다. 우리는 본인의 구술이 본인의 역사를 가장 정확하게 전달하고 있다는 착각에서 벗어나야 한다. 그것은 가장 부정확한 엉터리일 수가 있는 것이다.

우리는 장학량의 말을 액면 그대로 읽어내면 안된다. 장학량이 우봉지를 좋아하지 않았다("워뿌시후안워더타이타이我不喜歡我的太太"라는 표현을 썼다)는 표현이 곧 장학량이 우봉지를 사랑하지 않았다는 말로 곡해되어서는 아니 된다는 것이다. 장학량은 평생을 우봉지의 품속에서 살았다.

장학량이라는 역사적 인격체는 기실 우봉지가 없으면 탄생되지 않았다고 말해도 과언이 아니다. 우봉지는 장학량에게 있어서는 "물과 공기"와 같은 것이었다. 의식은 안되지만 존재의 기저를 형성하는 없어서는 아니 되는 자양분 같은 것이었다.

우봉지는 세속적으로 매혹적인 여인이 아니다. 그러나 실제적으로 우봉지는 잘생긴 여인이었고 무엇보다 인간적으로 품격이 높은 개체였다. 품격이 높은 여인은 남성에게 "매혹"을 던져주지는 않는다. 그러나 그러한 여인의 마력은 남자의 존재의 저변에 소리없이 스며든다. 우봉지는 우선 장작림이 간파했듯이 매우 지적인 여인이다. 인생의 간난을 시사詩詞로 표현할 정도의 문자실력을 갖춘 여인이다. 그래서 판단력이 매우 신중하다.

그리고 전통적인 품덕을 갖춘 여인이다. 얌전하고 단호하고 행동거지에 우아한 품격이 있다. 장수부의 주인으로서 조금도 손색이 없는 카리스마를 갖추고 있었다. 생긴 것도 가냘프면서도 단정한 아름다움을 보지하고 있다. 은은하고도 엘레직한 매력elegiac strains의 여인이었다.

그러니까 장학량이 결혼의 대상인 우봉지에게 남녀간의 애틋한 사랑 같은 것을 못 느낀 것은 너무도 당연한 일이다. 장학량은 연애다운 연애를 할 수 있는 입장에 있는 나이가 아니었다. 그러니까 장학량은 우봉지를 "따지에大姐"(큰누나)라고 불렀고, 우봉지는 장학량을 어린 동생처럼 보살폈다. 어머니가 돌아가시고 불과 2년만에 어머니의 자리를 차지한 여인 우봉지는 차라리 장학량의 "엄마"와 같은 이미지였다.

우봉지는 지적인 만큼 개념적 판단력이 있었고, 그래서 역사의식이 있었고 사회의식이 있었다. 시아버지가 돌아가셨을 때도 수부인과 함께 장작림이 죽지 않고 살아있는 것처럼 외관을 꾸미고 각 방면의 세력이 망동치 못하게 하고, 남편 장학량이 순리順利롭게 동북군정의 대권을 계승하도록 만들었다.

양·상의 문제에 있어서도 장학량이 은밀하게 부인에게 상의했을 때도 우봉지는 단호하게 처단할 것을 권유했다. "일언홍방一言興邦, 일언상방一言喪邦"의 절기절묘한 시점에 우봉지는 단호했다. 우봉지는 서안사변에 대해서도 뚜렷한 역사의식을 가지고 장학량의 행위가 도덕적으로나 인도주의적으로나 정치사적으로 후대에 크게 평가받을 수 있는 절대선의 행위라고 믿었고, 장학량을 고무시키고 격려시켰다.

이러한 판단력과 격려는 보통의 여인으로서 할 수 있는 것이 아니다. 한 가정과 남편의 전도가 다 파괴되는 행위를 위대한 결단의 행동이라고 믿는 여인은 참으로 위대한 여인이 아닐 수 없다.

장학량이 자살하고 싶어하는 절망감을 문천상文天祥, 1236~1283의 기개를
배우도록 종용하면서 장학량의 구금은 불법적 악랄한 행동이라고 규탄했다.
우리들의 마음에는 양심과 정의가 있고, 역사에는 정의로운 판결이 있는데
어찌 신심信心을 잃을까보냐 하고 자신의 고귀한 생명을 보주保住하여 하늘
에서 굽어보고 계신 대수大帥의 영령靈에 보답해야 할 것이라고 피 토하는 권
유를 했다. 우봉지는 장개석이라는 인간의 더티함의 알파와 오메가를 꿰뚫
어보고 있었다.

아버지가 장학량에게 우봉지와의 결혼을 종용할 당시, 장학량은 왜 하필
이 너른 심양을 두고 정가둔의 여자를 데려오냐고 항의했다고 한다. 장작림은
이미 그 일은 끝난 이야기이기 때문에 번복할 수 없다고 했다. 장작림은 말
했다:

> "정실원배만은 너는 내 말을 듣지 않으면 안돼. 아버지의 생명의 은인
> 과 이미 약정이 끝난 이야기를 바꿀 수 없는 게야. 그 분이 살아계시
> 다면 다시 말해볼 수도 있겠지만, 이미 돌아가시고 고상약녀孤孀弱
> 女(외로운 과부와 연약한 딸)만 남았는데 어찌 '부不'를 말해? 인간은 의
> 리를 지키지 않으면 안돼. 내 입에선 그런 불의는 나올 수가 없단다."

그러나 장작림은 장학량에게 이 한마디를 덧붙였다:

> "일단 네가 좋든 싫든, 우봉지와 성친成親한 후에는 너가 딴 여자를
> 들이겠다면 난 반대 안해."

이 자오피엔照片은 장학량 15세 때의 사진으로 고증되고 있다. 바로 우봉지와 결혼한 지
얼마 안되는 새신랑의 사진이다. 그가 입은 세련된 패션, 오늘의 감각으로 보아도 놀라
웁게 매력적인 의상들이 모두 우봉지가 마련해준 것이다. 장학량은 시종일관 "우봉지의
남자"였다. 그 사실을 장학량만 잘 알지 못했다.

어쩌면 이 한마디가 장학량의 일생을 파란만장의 로맨스로 집어넣었을지도 모른다. "세컨드"에 대한 아버지의 암시만 없었어도, 장학량은 그 광막한 여인들의 대지를 밟고 헤매는 "후아후아꽁쯔"의 방황을 안 했을지도 모른다. 모든 것이 운명이랄까? 하여튼 그렇게 해서 폭죽은 터졌던 것이다.

장학량은 결혼 직후부터 우봉지를 굉장히 사랑했던 것 같다. 특히 성적으로 우봉지의 매력에 폭 빠진 것 같다. 섹스에 대한 감각이 일찍 개발된 것이다. 우봉지는 엄청 다산이었다. 맏딸 여영閭暎을 1916년에 낳았고, 맏아들 여순閭珣을 1917년에 낳았다. 그리고 둘째아들 여우閭玗를 1918년에 낳았고, 셋째아들 여기閭琪를 1919년에 낳았다(자식들의 이름은 요녕성 북진현北鎭縣의 서쪽에 있는 의무려醫巫閭산에서 나는 유명한 옥玉의 이름을 쓴 것이다).

연년생連年生으로 내리 넷을 낳았으니, 금슬이 좋지 않았다면 어찌 가능한 일이겠는가? 장학량이 자기 부인을 좋아하지 않았다는 것은 개소리일 수밖에 없다. 평생 충직한 부인에 대하여 그따위 소리를 하면 안된다. 우봉지의 문제는 잠깐 미루어두고, 장학량의 제2부인(정식으로 결혼함)에 관해 잠깐 이야기해보자!

곡서옥谷瑞玉

이 제2부인도 미스터리에 가려있는 인물로서 여러 가지 이야기가 회자되고 있는 캐릭터이다. 삼류소설가적인 상상력에 의한 무수한 스토리텔링의 테마로 둔갑되곤 하는데 대부분이 천박한 날조에 지나지 않는다. 최근 본인의 구술과 정황을 아는 사람들의 도움으로 정리된 그 시말이 실린, 장씨수부박물관 대수부구침鉤沉 총서편위회 자료를 중심으로 논의해보겠다("구침"이란 심오한 도리를 탐색한다는 뜻이다. 너무도 황당한 이야기들이 많은데, 이 박물관 자료가 가장 정확하고도 진실한 내용을 담고 있는 것으로 보인다).

우선 꾸 르웨이위谷瑞玉Gu Rui-yu는 천진 사람이며 몰락한 경상세가經商世家의 자녀이다. 1904년 2월 출생이니, … 마치 그녀가 순수한 중국인인 것처럼 얘기하는 스토리를 인터넷상에서 쉽게 찾아볼 수 있다. 두 차례의 직봉전쟁直奉戰爭중에 목숨 걸고 장학량 곁에 있었던 여인 운운, 전혀 실상에 맞지 않는 천부당만부당의 이야기들이다.

곡서옥은 장학량과 동갑의 여인이며 혼혈녀이다. 그 어머니가 중국인이며 아버지가 러시아 사람이다. 혼혈의 장처를 지닌 그 모습을 쉽게 상상할 수 있겠지만 곡서옥은 천하에 둘째가라면 서러운 미녀이다. 키가 1미터 70을 넘고, 풍만하기 그지없는 가슴과 유윤腴潤한 히프를 지녔으나 수기秀氣가 흘러넘치고, 갈색조의 영롱한 눈동자에서는 총명영리伶俐한 기운이 광채를 발하고, 널찍한 미우간眉宇間에는 고귀한 기식氣息이 투로透露한다. 장학량에게 있어서 곡서옥은 일종의 색다른 체험이자, 정실부인 우봉지의 가냘프고 조신한 전통적 색채감에 대해 매우 도전적인 어떤 컬쳐 쇼크였을 것이다.

우봉지는 주어진 물과 공기 같은 것이었다면 곡서옥은 애써 주체적으로 발견한 수려한 산수였다. 우봉지에게는 피동적으로, 곡서옥에게는 능동적으로 대처했다. 무엇보다도 곡서옥은 장학량에게 여성의 매력이 무엇인지, 그리고 남녀간의 사랑이 무엇인지를 가르쳐준 첫 여인이었다.

그리고 곡서옥은 순결한 중국인이 아니었다. 중국말을 완벽하게 했지만, 그녀에게는 러시아의 토착적 문화와 그 문화에 배어있는 서구적 가치가 배어있었다. 장학량은 곡서옥을 통해 서양을 배운 것이다. 그것은 인간을 바라보는 인식의 지평의 확대이기도 했다. 그리고 송미령을 만나는 징검다리이기도 했다.

송미령은 자기 자신을 평하는 다음과 같은 유명한 말을 남겼다: "The only thing Oriental about me is my face."(나의 존재에서 동방적 가치를 운운한다면 얼굴 생긴 것밖에는 없다). 그토록 자신의 존재를 서구적으로 이해한 송미령과 멋드러진 사랑을 나눌 수 있었던 장학량의 존재요소에는 곡서옥과의 짙은 연정의 체험이 깔려있었다고 나는 말하고 싶다. 곡서옥은 장학량이 넓은 세계로 나아가는 징검다리였다. 장학량은 어떻게 이 여인을 만나게 되었을까?

곡서옥(꾸 르웨이위)의 집안내력은 정확히 알려진 바가 없다. 곡서옥의 러시아인 아버지 이름 속에 "곡谷"자가 들어있거나 어머니가 곡씨이거나 할 것이다. 그리고 서옥에게는 여동생이 하나 더 있었다. 서옥은 흑룡강성의 러시아 접경지대에서 태어난 것 같은데 그래도 양호한 교육을 받고 자라났고, 독서를 제대로 하여 이치에 통달한 여인이었다.

흑룡강성 하얼삔의 러시아거리. 중국문명 내에는 우리가 생각하는 것보다
훨씬 더 러시아적 요소가 많이 침투되어 있다.

그녀는 중학교를 나와서 지아무쓰佳木斯(흑룡강성의 하바로프스크 쪽으로 있는 도시 이름. 학강시鶴崗市 아래, 쌍압산시雙鴨山市 서쪽)에서 소학교 선생님을 했다. 자신이 습득한 지식으로 타인을 가르친다는 것에 관해 무한한 자부감을 느끼고 열심히 아동들을 훈육하고 지도했다. 그러기를 1년 정도 했을 때, 그녀의 평정한 생활이 파괴되는 불가항력적인 사건이 발생했다.

1920년 겨울, 라오잔똥老占東이라는 토비가 지아무쓰성을 점령해버린 것이다. 그 성을 지키고 있던 동북군은 대항을 못하고 성밖으로 도망가버리고 라오잔똥은 지아무쓰의 통치자로 군림하게 되었다. 하여튼 당대의 "토비"라는 것은 우리 감각으로는 잘 이해가 되질 않지만 황야의 무법자들이었다.

훗날 이 지역의 역사를 꿰고 있는 중의中醫 이춘과李春科는 라오잔똥이 지아무쓰를 침략하는 과정을 목도했다고 하면서 증언하는 바는 다음과 같다: "라오잔똥의 본성本姓은 손孫이며, 산동 사람이었다. 당시 나이가 56세, 57세 정도였고, 무예를 몸에 좀 익힌 인물이었다."

사료의 기재에 의하면 라오잔똥과 그 패거리들은 성에 진입한 후, 성리의 상점이나 가옥을 닥치는 대로 약탈했다. 의복, 구두, 모자, 금은장식, 모조리 거두어갔다. 나중에 라오잔똥은 기강이 너무 개판이 되자 규약을 반포하지 않을 수 없었다: "부녀를 겁탈하지 말라! 사람을 죽이지 말라!"

라오잔똥은 지아무쓰를 장기점령하여 새로운 근거지를 만든다고 하는 순진한 생각을 하고 있었다. 19세밖에 안된 곡서옥은 소녀의 청초한 얼굴과 장중하고 당당한 육체를 지니고 있었는데 거민들은 월성하여 도주했지만 그녀는 보호해야 할 학생들을 방치하고 도망칠 수가 없었다. 그래서 학교에 남아 있었다.

곡서옥을 발견한 라오잔똥은 품격이 높은 이 의외의 "전리품"에 충격을 받았다. 문화미文化味가 흐르는 싱싱한 여인의 냄새를 도무지 가까이서 맡아본 적이 없는 이 라오잔똥은 곡을 자세히 훑어보더니 정복자의 위세로써 물었다.

"딴 사람들은 다 도망쳤는데, 넌 왜 도망가지 않았니?"

곡은 사호絲毫의 공구심도 없이 냉정하게 말했다:
"내가 지도하던 학생들을 위해서 남았소. 그 아이들만은 지켜주시오."

라오잔똥은 가차없이 말했다:
"너는 이미 내 품안에 들어온 물건이다. 네 말은 들어주겠지만, 그 이상은 네 뜻대로 될 일이 없을 것이다."

이날 밤, 곡서옥의 순결하고도 싱싱한 처녀성은 탐욕스러운 라오잔똥에 의하여 파열되는 수밖에 없었다. 라오잔똥은 곡서옥을 자세히 보고 또 보았다. 라오잔똥은 오랫동안 중러변경의 심산노림深山老林 속에서 활동하면서 수하에 일곱·여덟 명의 러시아인 토비도 데리고 있었기 때문에 러시아말까지 몇 마디 할 줄 알았다. 그래서 러시아사람의 모습이나 기질에 대하여 묘한 매력과 동경이 있었다. 곡서옥은 혼혈아였다. 거대하고도 후리미끈한 말같이 느껴지는 그녀의 알몸이 풍기는 체취는 사람을 취하게 만들었다.

거듭거듭 그 심연 속으로 빠져들어가게 만들었다. 서옥의 모습 속에서 러시아풍의 이상적 풍모를 발견한 라오잔똥은 한 시각이라도 더 빨리 그것을 자기의 소유로 만들지 않고서는 배길 수가 없었다. 그것은 심오한 에소테릭

컬트의 한 제식과도 같은 것이었다.

자기의 알몸뚱이를 라오잔똥에게 내어주는 서옥의 심정은 어뗘했을까? 분만憤懣이었을까? 어찌할 수 없음의 포기였을까? 비상悲傷이었을까? 이 질문의 해답은 서옥 본인만이 가지고 있는 것이다. 그러나 한 가지 정확한 사실은 라오잔똥의 출현은 곡서옥이 미래인생에 대하여 가지고 있던 모든 동경憧憬을 여지없이 분쇄시켰다는 것이다.

그러나 그 분쇄가 부정적인 것만은 아니었다는 것이다. 서방 여자가 지니는 특이한 초월과 해탈의 논리, 신체의 던짐을 통해 더 넓은 세계를 발견하는 것이다. 이상적인 낭군을 그리던 소녀의 꿈이 늙고 거칠고 문화가 없는 토비두목에 의하여 점유되는 비극 속에서 그녀는 자신의 신념 속에서 살 길을 선택했던 것이다. 불행한 조우遭遇는 명命일 뿐이다. 라오잔똥의 음위淫威에 자신의 비곗덩어리를 내준다 해서 자신의 교육자로서의 선택이 그릇된 것은 아니라는 신념, 그리고 라오잔똥이 지아무쓰를 점거하는 시간은 길 수가 없다는 예견을 버리지 않았다.

라오잔똥은 지아무쓰를 점거한 지 불과 1개월만에 강적에 의하여 체포되고 그의 비적조직은 완전히 초멸剿滅되고 만다. 그를 지혜롭게 생포한 강적이 바로 봉군 신예군관 곽송령이었다. 지아무쓰성은 해방되었고 평온을 되찾았다. 곽송령은 장작림 위대려衛隊旅 참모장 겸 제2단 단장이었다. 그 위대려의 총 여장이 바로 장학량이었다. 장학량은 지아무쓰에 승리자로서 입성하였다.

라오잔똥을 처결시키고, 사람들이 산적두목의 부인(중국말로 "야자이후우르언

壓寨夫人"이라고 한다)이라고 지목한 곡서옥과 해후하게 된다. 곡서옥을 보자마자, 그 이색적인 얼굴표정과 그 풍격風格, 그 기도氣度에 압도적인 매력을 느끼고 만다.

어느새, 그녀와 깊은 대화의 심연으로 빠져들어가고 있었다. 그녀의 특수신세特殊身世와 경력을 알게 되었고, 소학교 선생으로서 순수하게 학생들을 보호하기 위하여 비적에게 덮침을 당하고 만 그녀의 책임감과 비운을 들었을 때, 장학량의 가슴은 벌렁거리기 시작했다.

생각해보라! 장학량은 이미 장군이다. 그러나 한참 나이 19세! 이미 우봉지를 통해 여자의 느낌을 만끽한 열혈청년. 같은 나이 이색적 혼혈의 짙은 미목眉目의 여인! 장학량은 키가 170cm! 결코 작은 키는 아니지만, 곡서옥의 키도 170cm! 당시로서는 장쾌한 여인의 몸매였다.

그것도 지아무쓰라는 편벽한 성촌에서, 그것도 북풍이 휘몰아치는 한겨울, 이 두 청춘남녀는 눈이 마주치는 그 한순간에 이미 애하愛河의 격류 속으로 휩쓸려 들어가고 있었다. 곡서옥의 눈에 비친 장학량은 차이코프스키 무도곡 백조의 호수에 나타난 왕자처럼, 의지하지 않을 수 없는 남자였다. 지아무쓰의 동천冬天은 너무도 한랭했지만, 두 사람의 가슴은 맞닿으면 델 정도로 뜨거웠다.

두 사람은 다소곳이 동거일실同居一室 하면서 국학國學을 얘기하고, 역사를 말하고, 삶을 말하고, 기독교에 관해 이야기했다. 장학량은 이미 봉천기독교청년회의 활동을 통하여 서방의 자유, 평등, 박애의 사상과 관념을 흡수했다.

학량은 그 새로운 신문화의 본질을 곡서옥이라는 묘령의 여인에게 열강熱講했다. 서옥은 가슴을 활짝 열고 감격적으로 그의 사상을 받아들였다. 장학량은 의외의 벽지에서 생애 최초로 자유연애의 첨밀甜蜜(달콤함)을 체험했다.

곡서옥의 존재는 초비의 부대원들에게도 곧 인식되었다. 관건은 장학량의 참모장이면서 스승이며 지혜주머니인 곽송령의 태도였다. 곽의 태도는 학량의 서옥에 대한 자세에 영향을 미치지 않을 수 없었다. 그런데 의외로 곽은 장학량의 혼외연애에 대하여 환영하는 태도를 취했다. 아마도 그것이 장학량의 인품과 세계의 지평을 넓혀준다고 생각했을 것이다. **남자는 기실 여자를 통해서 성장하는 것이다.**

곽송령이 곡서옥을 흠상하게 된 이유는 학생을 보전하기 위해 자신을 던진 그 희생정신에 있었다. 여교사가 학생을 내팽개치고 자기 순결을 보지한 것과, 학생을 보호하기 위해 몸을 더럽혔다 한들 과연 그것이 신체적 순결성의 상실이라 볼 수 있겠는가? 이러한 상황윤리Situational Ethics라는 것은 그 순간의 상황에 대한 적합성을 어떻게 규정하느냐에 따라 무한한 가치판단의 배리애이션이 있을 수 있지만, 문제는 곡서옥의 경우, 태연자약하고도 당당한 결단, 그것은 그 자체로서 이미 절대적인 가치를 지니는 것이다. 곽송령은 곡서옥이 자기의 부인 한숙수韓淑秀와 공통의 직업을 가지고 있으며 기초교육 공작자로서 큰 사업을 벌일 수 있는 인재로 보았다.

곽송령은 심지어 장학량을 고동鼓動하면서 이와 같이 말했다: "봉천에 데려가지 그래, 우리 숙수가 창판創辦한 봉천빈아학교貧兒學校의 훌륭한 조수깜이야." 장학량의 서옥에 대한 애모는, 결혼한 장학량으로서는 일시적 충동일 수도 있고, 외도일 수도 있고, 여론이 악화되면 손을 놓을 수도 있다. 그런데 곽송령의 지지를 얻고 보니 그 뜨거운 감정의 손을 풀 수가 없었다.

서옥의 손을 잡고 봉천에 입성하기로 결단했다. 부대 관병들에게 이미 서옥은 대단한 작호綽號(=별명)를 얻었다: "따양마大洋馬." 거대한 서양 말이라는 뜻이다. 신재고대身材高大하고 체태풍만體態豊滿한 혼혈녀 서옥에게는 정말 어울리는 별호였다. 장학량이 이 작호를 싫어하질 않았다. 부하들의 인가認可로 생각했다.

1921년 봄, 매화가 피기 시작할 무렵 서옥은 학량을 따라 봉천에 왔다. 학량의 가장 큰 난제는 어떻게 부친과 결발처자結髮妻子(같이 처음으로 상투를 틀었다는 뜻으로 첫 결혼의 부인에게만 쓴다. 결발부처結髮夫妻)인 우봉지로 하여금 서옥을 용납하게 하느냐는 것이었다. 우봉지를 직접 선택한 장작림으로서는 아들의 신환新歡(새로 생긴 여자)을 접수하기 어렵다. 게다가 우봉지는 대수부를 확고하게 장악하고 있었고 상상하하上上下下 모두 우봉지의 품격과 풍도에 감복하고 있었다. 이런 분위기에 이질적 요소는 집안을 크게 해치는 것이다. 그렇다고 서옥을 상처 깊은 지아무쓰로 되돌려 보낼 수도 없었다.

학량은 서옥의 문제는 "천천히" 해결해야 한다고 생각했다. 그래서 이렇게 서옥에게 권유했다: "우리의 혼사는 아버지 허락이 있어야 하는데 서두를 일이 아냐. 봉천은 교육이 발달된 곳이야. 너는 배움에 뜻이 있지 않니? 우선 다닐 학교를 찾아보자!"

서옥은 이러한 장학량의 의젓한 태도에 감복했다. 학량은 타인의 삶에 관해

진지했다. 유수호한游手好閑(놀기 좋아하고 방탕한)의 꽁쯔꺼公子哥가 아니었던 것이다. 학량의 소개로 서옥은 봉천고등사범학교에 입학한다. 그 학교의 국문교사가 바로 학량의 어릴 적 선생님 백영정白永貞이었다. 서옥은 백 선생의 귀여움을 받으며 그의 연박淵博한 학식을 흡수했다. 서옥의 성적은 매우 급성장했다.

당시 길림성과 흑룡강에는 토비들이 아직도 날뛰고 있었다. 마지막 토비들의 잔당을 청소하는 문제는 높은 계급장을 단 장학량의 과제였다. 그것은 그에게 부과된 중요한 실전군사훈련이기도 했다. 학량이 출정할 때마다, 참모장 곽송령은 반드시 동행했다. 따라서 서옥을 보살피는 문제는 현명하고 학식이 높은 곽부인 한숙수의 책임이 되었다. 점점 양인은 서로를 아끼는 하오지에 메이好姐妹가 되어갔다. 서옥에게 곽송령 부부의 능력과 재학才學, 그리고 그들의 이상주의적 결백성은 모범의 준승이었다.

반년의 초비사명을 완수하고 돌아온 장학량은 봉천에서 휴정休整(휴식하며 정돈함)하게 되었는데 장작림은 아들의 심신心神이 불녕不寧한 것을 발견하게 된다. 가슴이 온통 서옥의 잔상으로 도배질이 되어 있으니 앞에 우봉지가 어른거려도 눈에 보이질 않았다. 어느 날 드디어 큰 결심을 하고 학량은 아버지에게 고백한다: "아버지! 전 아버지를 괴롭힐 생각은 정말 없어요. 그런데 전 서옥이를 진심으로 좋아해요. 개은開恩하여 주시옵기를 앙망하옵니다 …."

이때, 장작림은 이미 다섯 부인이 있었다(제6부인 마월청馬月淸을 1923년 가을에 취했다). 삼처사첩三妻四妾은 부귀인가의 상사常事, 이상할 것이 없었다. 1922년 드디어 장작림은 동의했다.

서옥은 학량과 혼례를 올렸지만, 대수부에 들어가서 산 적이 없다. 혼례를 올려준 마당에 장작림이 매정하게 "너는 대수부에 들어올 수 없다. 不准進門"

곡서옥이 다닌 난카이대학. 주은래도 이 대학을 다녔다.

라고 말했을 리가 없다. 서옥은 어찌되었든, 서양의 피가 섞인 여자다. 자신의 독자적 삶을 원하지, 장수부라는 대가大家의 보이지 않는 도덕적 거미줄에 얽혀 살 여자가 아니었다.

그것은 서옥 자신의 결정이었다. 서옥은 자유롭고 싶었고 독립된 생활공간을 마련하고 싶었다. 그녀의 눈에 비친 장학량과 우봉지의 관계는 진정한 이성간의 사랑의 관계가 아니었다. 그러한 서옥의 시각을 감지 못할 우봉지가 아니었다. 서옥의 출현이 장수부 내의 우봉지의 위상을 흔드는 것은 아니었지만, 우봉지는 서옥을 시종일관 인가認可하지 않았다.

그 첫째 이유는 서옥이 산적의 여편네 노릇을 했다는 것이었다. 우봉지는 그러한 여자를 인간애를 운운하며 받아들일 그런 개방성은 없었다. 서옥에게는 토비부인의 경력이야말로 지워버리고 싶은, 생각하기도 싫은, 숨겨야만 할 과거였다. 그러나 우봉지는 서옥이 얘기만 나오면 걔는 토비부인이었다고 거침없이 얘기했다. 우봉지가 서옥에게 가장 한恨하는 것은 장학량을 화화공자花花公子로 만든 것이 바로 그녀였다는 것이다.

그것도 사실, 맞는 얘기다! 학량은 서옥으로부터 모종의 개방성을 물려받았다. 인간이 정배를 얻는다는 것은 성의 개방을 의미하지 않는다. 그것은 한 여자하고만 섹스할 수 있는 특허권을 획득하는 것이기 때문에 성모랄은 폐쇄적이 된다. 폐쇄적이어야만 하는 것이다.

그러나 일단 서옥과 같은 여자를 만나면 성의 체험 그 자체가 개방되어 버린다. 폐쇄적인 성모랄에서 벗어나는 희비의 삶을 살게 되는 것이다. 그런 체

험을 한 사람은 평생 여자를 추구하며 굴곡이 심한 전변을 거친다. 그렇지
않은 사람은 안정적이지만 답답한 삶을 살아간다. 학량에게 서옥은 "개방의
로맨스" 그 자체였다.

서옥은 근분상진勤奮上進(근면하게 상달의 노력을 함)하는 여자였다. 학량과
결혼한 지 1년만에 그녀는 천진의 난카이대학南開大學에 들어갔다. 난카이대
학의 총장은 학량이 존경하고 흠모하는 교육가 장백령張伯苓이었기에, 그녀
의 입학을 도와주었다. 서옥은 당당하게 물리학과에 입학하였다. 학량은 비
록 군인으로서의 길을 걷고 있지만, 진실로 새 시대의 신청년으로서 정규대
학에서 학문을 공독하는 것은 그의 꿈이었다. 서옥은 천진에 계속 살면서
남편의 꿈을 스스로 대신 일궈나갔다. 그녀는 열심히 공부하여 물리학과 수
석반열에 올랐고 1927년에는 "뻔커本科"(중국에서는 학부를 뻔커라고 한다)를 졸
업하는 영예를 안았다.

서옥은 남에게 으시대거나 장양張揚(은밀한 것들을 밖으로 선전함)하는 성미
가 아니었다. 학부를 다니면서도 아무개 부인이라는 티를 전혀 내질 않았다.
학교 내에서 자연스럽게 그녀가 바로 당대 혁혁방명의 똥뻬이 소수少帥 장학
량의 부인이라는 것을 아는 사람은 거의 없었다. 그러나 그녀는 기혼녀라는
사실만은 문제가 될 때마다 항상 외부에 알렸다. 왜냐하면 그녀는 워낙 아
름다웠기에 추근거리는 학생들이 항상 따랐기 때문이었다.

1924년, 제2차 직봉전쟁直奉戰爭이 봉계의 승리로 끝났는데 장학량부대의
활약이 눈부셨다. 봉군은 직계直系가 다스리던 천진시와 직례성直隷省 부분
구역을 접관接管하게 되어, 편의상 진유주군사령부津楡駐軍司令部를 설치하였다.

장작림은 아들의 권위를 높이기 위해 장학량을 총사령으로, 곽송령을 부사령으로 임명하였다. 사령부는 천진에 상주하였고, 장학량은 1925년 4월, 육군 중장陸軍中將으로 승진하였으니 전국 최연소의 중장이었다(24세).

장학량이 천진에서 주군駐軍하고 있는 기간 동안에 당연히 제2부인인 곡서옥과 같이 생활하였다. 우봉지는 가끔 봉천에서 내려와 남편을 살피러 왔는데 며칠을 머물다간 돌아가곤 했다. 그 서운한 마음 다 헤아릴 수 있겠냐마는 정실부인의 아량으로 포용하는 수밖에! 천진에서 장학량과 서옥은 어느 시기 동안 무우무려無憂無慮의 행복한 시광時光을 보냈다.

이 두 사람의 생애에 있어서 가장 행복한, 두 번 다시 돌아올 수 없는 아름다운 시절이었다. 서옥은 대학생이었기에 학교를 다니는 일과 방과후의 생활이 모두 다채로운 체험으로 충만할 수밖에 없었다. 학교를 떠나면 총사령의 부인이었으니, 젊은 그녀의 아름다움이 오죽 빛났으랴!

그러나 이 두 사람의 아름다운 청춘의 만개도 찰나에 불과했다. 1925년 11월 곽송령의 반봉反奉이 폭발했다. 곽송령의 도과는 이 두 사람의 관계를 파국으로 휘몰아갈 수밖에 없었다. 서옥은 곽송령 부인 한숙수와 특별한 관계에 있었다. 그리고 진심으로 한숙수를 존경하고 따랐다. 서옥은 한숙수와 끊임없이 서신을 주고받았는데, 한숙수의 인도주의적인 애국·애족의 사상에 서옥은 깊게 찬동하였다.

아마도 서옥은 한숙수가 도과의 불가피성을 역설하면 그 논리의 정당성을 인정할 수밖에 없는 입장이었을 것이다. 곽송령과 그 부인이, 말하자면 자기

남편인 장학량 장군에 의하여 타도되고 또 처형되어 폭시暴尸의 처참한 광경이 일반인들에게 공개되었을 때, 서옥의 가슴이 오죽 쓰렸으랴!

양우정은 처형 후 곽송령의 주택을 샅샅이 수사했다. 그리고 많은 편지를 검출했는데 그 중에 서옥이가 한숙수에게 보낸 10여 통의 편지가 발견되었다. 이 편지는 범죄자료로서 장작림에게 보고되었다. 그 편지는 장작림을 타도하는 것에 관해 호의적인 내용을 시사하고 있었다. 장작림의 분노는 벼락을 때리는 것과도 같이 대발大發했다.

장작림은 장학량에게 즉각 이혼할 것을 명령했다. 장학량은 이러한 상황에서도 매우 인간적이었다. 아버지의 말대로 즉각 이행해야 할 입장이었지만, 아버지에게 최후의 간청을 했다: "아버지! 용서해주세요. 아버지 말씀대로 꼭 이혼하겠습니다. 그러나 서옥이는 지금 학교 다니고 있잖아요? 그러니 졸업할 때까지만 기다려줍시다. 졸업 후에 이혼수속을 밟겠습니다."

장작림은 아들의 간청을 받아들이는 수밖에 없었다. 서옥은 1927년 남개대학 물리학과를 우수한 성적으로 졸업한다. 졸업할 당시, 장작림은 북경에서 군정대사를 처리하느라고 여념이 없었다. 아들의 이혼사정까지 관장할 수가 없었다. 그래서 서옥의 혼인서류는 당분간 그대로 머물러 있었다.

그런데 1927년 "자오쓰샤오지에"라는 또 하나의 여인이 때에 맞추어 장학량의 삶의 무대에 등장한다. 이러한 등장은 신이 연출한 듯이 보이지만 기실 인간의 의식의 초점의 밀도에 따라 자연스럽게 그 무대는 이동되기 마련이다. 학량의 정감이 별련別戀으로 옮아가면서 서옥은 점점 과거의 로맨스로 옅어져 갔다. 그리고 서옥은 천진에만 오래 살았기 때문에 대수부라는 무대에서는 존재감이 없었다. 학량의 무대의 사람들에게는 잊혀진 부호符號가 되고 말았다.

1930년, 장학량과 곡서옥은 이혼서류에 싸인한다. 장학량은 서옥을 위해 천진에서 구입한 아름다운 작은 집을 서옥에게 선물했다. 그리고 생활비로서 10만 위앤을 일시불로 주었다. 그리고 두 가지 사항을 명기했다: 1) "장학량 부인"이라는 명의를 사용하지 말 것. 2) 개가改嫁할 수 있다.

서옥이가 학량을 떠난 것은, 본인이 떠나고 싶어서 떠난 것이 아니다. "곽송령의 도과"라는 터무니없는 사건이 그의 조용하고도 행복한 삶에 파절波折을 일으킨 결과일 뿐이다. 서옥은 현명하게 군소리 없이 그 결과를 수용했을 뿐이다. 그러나 서옥은 진실로 웅자영발雄姿英發의 소수少帥를 연모하였다. 이혼 후에도 그 마음가짐에 변함이 없었다. 그녀는 계속해서 천진에서 살았다.

그녀는 은신을 위해 이름을 "맹효옥孟曉玉"이라고 개명했다. 그리고 모 대학의 물리학과 교수가 되었다. 그녀가 얼마나 교양물리를 잘 가르쳤는지 수강생이 항상 천 명 이상이 몰려들었다고 한다. 그런데도 아무도 그녀가 장학량의 부인이라는 사실을 아는 사람은 없었다. 그만큼 그녀는 행실이 바르고 실력이 있었다. 1958년 그녀는 "맹효옥 교수"라는 이름으로 정년퇴직을 했고, 그 후 학량이 선물한 집에서 편안한 만년을 지내었다.

곡서옥의 조우에 대하여 장학량의 남동생들과 여동생들은 동정을 표시했다. 정말 그녀의 정황은 그녀의 잘못이 아니었기 때문이었다. 신중국 성립 이

후, 천진에 정거定居한 장학량의 동복동생 장학명, 이복여동생 장회영張懷英과 장회경張懷卿(둘 다 노씨부인 소생)은 서옥의 생활을 보살펴주었다. 특히 장작림의 4녀인 회경은 시종일관되게 연락을 유지했다.

서옥은 장학량과 헤어진 반세기의 삶 속에서 재혼을 하지 않았고 서세逝世할 때까지 장학량의 사진을 집안의 벽에 항상 걸어놓고 살았다. 장학량은 그녀의 "영원한 남편永遠的丈夫"이었다. 1982년, 그녀는 심양시 문사학자의 탐방을 받았는데, 지난 삶에 관해 구술했다. 그리고 장학량이 자유를 회복하기를 갈망한다고 말했다. 다음 해 그녀는 세상을 떴다. 향년 83세. 일생 자녀를 남기지 않았다. 서옥은 장학량의 세 부인 중에서 가장 먼저 별세하였다.

그리고 명운命運이 가장 불행하였다고 사가들은 말하나 나는 그렇게 생각하지 않는다. 서옥은 가장 담담하고 깨끗하게 이승을 정리했다. 산적두목 부인, 당대의 젊은이들의 존경을 받는 물리학교수, 그리고 똥뻬이 최고군권통치자의 아내, 이 몇 개의 코드가 한 몸에 겹치는 이 사실만으로도 이들이 산 시대가 얼마나 격변의 드라마였는가 하는 것을 잘 대변해주고 있다.

— 장학량의 로맨스는 제6권으로 계속 이어집니다 —

【1920년대 군벌의 계파 일람표】

명칭	계파	세력범위	대표인물	지원하는 외국세력
직계 直系	북양파	직례성(하북성)冀)및 양자강중하류지역·하남성(豫)	풍국장馮國璋·조곤曹錕 오패부吳佩孚·손전방孫傳芳	미국·영국
환계 皖系	북양파	안휘성(皖)·절강성(浙) 산동성(魯)·복건성(閩)·섬서성(陝)	단기서段祺瑞·서수쟁徐樹錚 노영상盧永祥·예사충倪嗣冲	일본
봉계 奉系	북양파	봉천성(요녕성遼)·흑룡강성(黑) 길림성(吉) / **동북군**	장작림張作霖·장학량張學良 장종창張宗昌	일본
진계 晉系	북양파	산서성(晉)	염석산閻錫山·부작의傅作儀	일본
풍계 馮系	북양파	서북지구 / **국민군**	풍옥상馮玉祥·양호성楊虎城	소련
천군 川軍	북양파	사천성(川)	유상劉湘·유문휘劉文輝 등석후鄧錫侯·양삼楊森	
검군 黔軍	북양파	귀주성(黔)	원조명袁祖銘·왕가열王家烈 팽한장彭漢章·주서성周西成	
계계 桂系	중국국민당	광서성(桂)	이종인李宗仁·백숭희白崇禧 육영정陸榮廷·황소횡黃紹竑	영국
전계 滇系	중국국민당	운남성(滇)	당계요唐繼堯·노한盧漢	프랑스
월계 粵系	중국국민당	광동성 (粵)	진형명陳炯明·장발규張發奎 용제광龍濟光·진제당陳濟棠	
상계 湘系	중국국민당	호남성(湘)	당생지唐生智·하건何鍵	

【1930년 군벌 분포도】

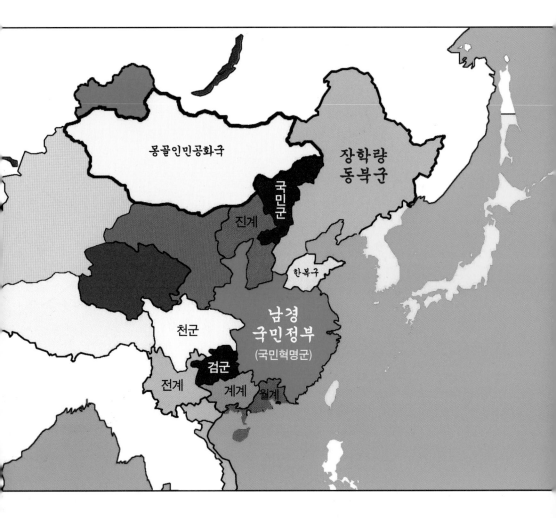

몽골인민공화국

장학량
동북군

국민군

진계

한복구

천군

남경
국민정부
(국민혁명군)

검군

전계

계계

월계

군벌의 계파 일람표

1945년 중화민국행정구획

신강
新疆

티벹
西藏

청해
青海

서ⁿ
西ⁿ

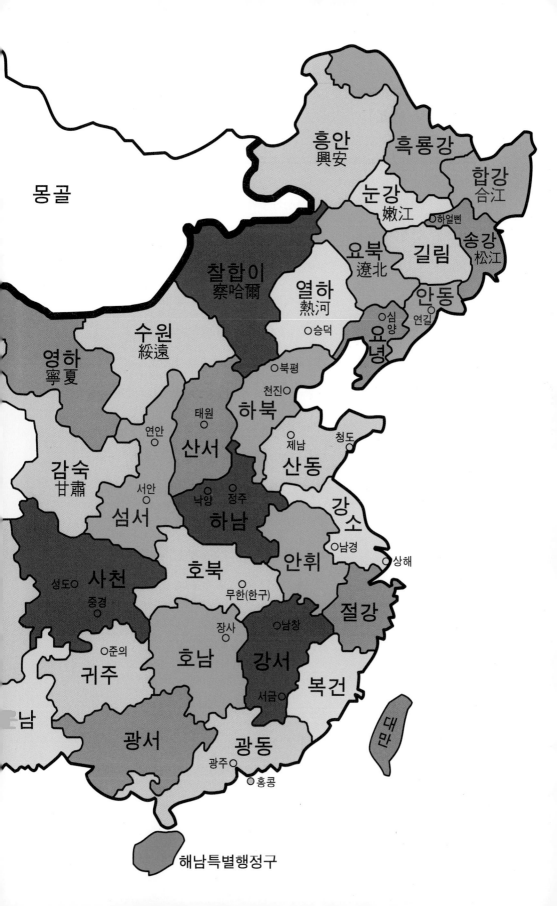

몽골

흥안
興安

흑룡강

합강
合江

눈강
嫩江

○하얼삔

송강
松江

요북
遼北

길림

찰합이
察哈爾

열하
熱河

안동

수원
綏遠

○심양
연길

영하
寧夏

○승덕

요녕

○북평

천진○

하북

태원
○

산서

○제남

청도○

산동

감숙
甘肅

연안
○

서안
○

섬서

낙양
○

정주
○

하남

강소

○남경

상해
○

사천

성도○

중경
○

호북

무한(한구)
○

안휘

절강

장사
○

○남창

귀주

○준의

호남

강서

복건

○남

서금○

광서

광동

광주○

○홍콩

대만

해남특별행정구

【장학량 연표】

1866년	11월	12일	광동성 향산현 취형촌에서 손문 출생
1875년	3월	19일	요녕성 해성현 가장사촌에서 장작림 출생
1894년			장작림 청일전쟁 참전 / 동학농민혁명
1896년	5월	13일	원세개 신건육군행영무비학당 개교(천진 보정부)
	6월	3일	이홍장과 비테 "중로밀약"(동청철로 시설권)
1898년	6월	9일	영국 구룡반도 신계지구를 99년간 조차
	6월	11일	무술변법(6월 11일 ~ 9월 21일 100일유신) / 북경대학 설립
1900년	6월		의화단운동 / 8개국연합군 북경 진입(8월 14일)
1901년	6월	3일	요녕성 태안현에서 장학량 출생
1902년	6월	17일	『대공보』 창간(천진)
1905년	8월	20일	중국동맹회 결성(일본 동경), 『민보』 창간(11월 26일)
	9월	2일	청나라 과거제도 폐지 / 을사늑약(11월 17일)
1907년	7월	15일	중국동맹회·광복회 소속 추근秋瑾 열사 능지처참
1908년	12월	2일	12대 청조 선통제 부의 즉위
1909년	9월	4일	청·일 간도협약
	10월	26일	안중근 의사 이토오 히로부미 저격(하얼삔역)
1910년	8월	29일	경술국치
1911년	10월	10일	무창기의 발발(신해혁명)
1912년	1월	1일	중화민국성립

1912년	3월		모친 조춘계(장작림 원배) 별세
	9월		장작림 제27사 사장 취임
1914년	여름		장작림 대수부 사합원 건축시작
1914년	11월	25일	우봉지와 혼인
1915년	2월		장작림 교육개혁에 관한 안건 원세개 총통에게 상서
	5월	9일	북양정부 일본 21조요구 승인(5·7국치일)
	9월	15일	진독수의 『신청년』 창간(상해), 신문화운동 선도
	10월	25일	손문과 송경령 혼인(동경)
1916년	4월	22일	장작림 성무장군독리봉천군무 겸 봉천순무사 취임
	6월	6일	원세개 서세
	12월	26일	채원배 북경대학교장 취임
1917년			봉천기독교청년회(YMCA) 가입
	8월	6일	풍국장 임시대총통, 단기서 국무총리 취임
	9월	10일	중화민국군정부(호법군정부, 손문 대원수 취임) 건립
	10월		볼셰비키혁명
1918년	5월	15일	노신의 「광인일기」 발표(『신청년』)
1918년	9월		이대조가 북경대학에 마르크스주의연구회 조직
	9월		장작림 동3성순열사 취임
	10월	10일	중화민국 제2대 대총통 서세창 취임
	12월	1일	봉천국립고등사범학교 개교
1919년	3월		동3성육군강무당 제1기 포병과 입학 / 3·1민중독립항쟁
	3월	13일	용정 3·13 반일독립만세운동

1919년	5월		5·4운동 / 약산의 의열단 결성(11월 11일. 길림)
1920년	3월		강무당 졸업, 순열사서위대여장 취임, 길동초비부사령
	6월	29일	북경정부 국제연맹 가입
	7월		장작림 동3성 항공처 설립. 동북항공군 주건
	7월	14일	안직전쟁(직례파의 승리, 단기서 사임)
	10월		봉오동·청산리대첩, 경신참변
	11월		육군소장 승진 / 지아무쓰성 토비 토벌
	12월		이대조 북경대학에 사회주의연구회 설립
1921년	5월	5일	광동호법정부 성립(손문 비상대총통 취임)
	5월		봉군 제3혼성려 여장
	7월	23일	중국공산당 창립대회(상해)
	10월		일본 방문하여 관병식 참관
1922년	4월	5일	제1차 직봉전쟁, 동로군 제2제대 참전
	5월	12일	봉군패배 / 장작림 동북3성독립선언, 원수 호칭
	9월		동3성항공학교 개교(봉천) / 동3성육군정리처 참모장 취임
	12월	30일	소비에트사회주의공화국연맹 출범 → 소련蘇聯의 탄생
1923년	1월	1일	해풍현총농회 성립(광동성, 팽배지도, 10만 회원)
	3월		제2부인 곡서옥 난카이대학 입학
	4월	26일	동북대학 개교
	9월		제2려장 겸 항공처 총재취임, 항공학교장
	10월	10일	중화민국 제3대 대총통 조곤 취임
1924년	1월	20일	국민당 제1차 전국대표대회, 제1차 국공합작

1924년	1월	25일	레닌 서세
	2월	7일	전국철도총공회 성립(북경)
	4월		제27사 사장
	5월	31일	중·소 국교수립
	6월	16일	황포군관학교(중국국민당육군군관학교) 개교
	9월	4일	제2차 직봉전쟁, 제3군장으로 참전(부군장: 곽송령), 봉군 승리
	10월 ~ 11월		풍옥상의 북경정변, 봉군입관(장작림 입경 11월 24일)
1925년	2월	1일	국민당군 제1차동정(진형명을 토벌)
1925년	3월	12일	손중산 서거(북경)
	4월		진유주군사령부(천진) 총사령(부사령: 곽송령) / 육군중장 승진
	5월	30일	상해 5·30사건 발발 / 장학량 육군대학 감독
	7월		제3군단 단장
1925년	11월	21일	곽송령의 반봉(반봉전쟁)
1926년	6월	28일	장작림 북경에서 오패부와 회담
	7월	9일	광주국민정부는 장개석을 국민혁명군 총사령으로 임명, 북벌개시
	12월		장작림 안국군총사령으로 취임하여 북경정권 장악
1927년	1월	1일	국민당 무한정부 성립
	2월 ~ 4월		하남성 일대에서 북벌군과 대치
	3월	24일	남경참안(열강 남경포격)
	4월	6일	장작림 북경 소련대사관 침입해서 공산당원 체포(이대조 포함)
		12일	장개석의 상해 4·12반공백색테러 / 제1차 국공내전
	4월	18일	장개석 남경국민정부 설립

1927년	5월		봉군 정주 퇴각(장학량이 백숭희에게 보낸 서신)
1927년	6월	18일	장작림 육해군대원수 취임 / 장학량 육군대장 취임
	8월	1일	남창기의(중국공산당의 건군절)
	9월	9일	모택동 추수기의
	10월	30일	동강폭동(해륙풍 농민기의)
	12월	1일	장개석과 송미령 혼인
		10일	광주기의(공산당 광동꼬뮨 3일천하, 12월 10일 ~ 18일)
1928년	1월	12일	장학량 칠전탁주七戰涿州(부작의 진군 퇴각수용)
	5월	3일	5·3제남참안(일본군 산동성 제남 점령)
	6월	2일	장작림 동북군 북경 철회선언
1928년	6월	4일	장작림폭사(황고둔사건)
		8일	국민혁명군 북경입성
	6월	20일	직례성이 하북성으로, 북경北京이 북평北平으로 개칭
	7월	9일	동3성보안총사령 겸 봉천보안총사령 취임
	8월		동북대학 교장 겸임(1928년 8월 ~ 1937년 1월)
	11월	5일	미국 남경국민정부 승인
1928년	12월	29일	동북역치
1929년	1월	4일	남경국민정부 동북변방군총사령 임명(심양취임식은 2월 4일)
	1월	10일	양우정·상음괴 처단
	3월	1일	봉천성이 요녕성으로, 봉천이 심양시로 개칭
	4월	18일	국민정부통일기념우표 발행(장학량초상)
	5월	27일	5·27사건(주심양, 주하얼삔소련영사관 포위, 관원체포·서적압류)

1929년	6월	1일	손문 남경 중산릉 안장
	7월	7일	장학량과 장개석 회담(북평)
1929년	7월	10일	중동로사건(만소전쟁)
		19일	국민정부 소련과 국교단절
	12월	22일	중·소 하바로프스크회의협정(만소전쟁종결)
1930년	3월	15일	풍옥상·염석산·이종인 3개 집단 반장통전 발출
1930년	9월	18일	중원대전 조정(9·18교전)
1930년	10월	9일	중화민국육해공군부총사령 취임
	10월		국민당 위초작전 개시(장사)
1930년	11월	12일	국민당3기 4중전회 참석(국민정부위원 자격), 중산릉 참배
	12월		북평 부총사령행영 준비실 설치(1931년 4월부터 북평행영 거주)
1931년	2월	10일	국민당 제2차 위초작전
	3월	1일	장개석 호한민 탕산에 감금
	3월		국민당동북당무지도위원회 주임위원에 임명
	7월	1일	국민당 제3차 위초작전
1931년	7월	2일	만보산사건(관동군에 의한 농민살해, 중조이간술)
	8월	17일	나카무라대위사건 공포
1931년	9월	18일	9·18만주사변 발발(관동군에 의한 유조호 만철 폭파)
		19일	관동군 심양 점령
		23일	동북변방군공서·요녕성정부는 금주로 피난
		27일	동북민중항일구국회 조직
	11월	7일	중화소비에트공화국 수립(강서성 서금)

345

1931년	11월	20일	마군무의 "애심양" 『시사신보』(상해)에 발표
	12월	15일	장개석 2차 하야(국민정부주석과 행정원장 사임)
1931년	12월	16일	전국 육해공군부총사령 사임, 북평수정공서 주임으로 임명됨
1932년	1월	28일	상해사변
	3월	1일	만주국 성립(집정 부의)
	4월	11일	국제연맹조사단장에게 일본의 만주침략 규탄
		29일	윤봉길 의사의 홍구공원의거
	8월	19일	군사위원회 북평분회 대리위원장 취임
1933년	1월	1일	관동군 산해관 습격
	2월		국민당 제4차 위초작전
	2월	24일	국제연맹 만주국 불인정
	3월	4일	일본 열하성 점령
	3월	9일	장개석이 장학량을 하북성 보정에서 만나 사직 종용
		11일	군사위원회 북평분회 대리위원장 사직 통전
		12일	우봉지·조일적과 함께 상해로 와서 보름간 아편단절 치료(평생 다시 손 안댐)
		27일	일본 국제연맹 탈퇴
1933년	4월	11일	상해에서 이태리로 출국
	5월	7일	무쏠리니 접견
	5월	8일	로마에서 마점산 만남
	5월	31일	일본과 당고정전협정(하북성 동쪽지역 비무장화, 관동군에 편입)
	7월		로마에서 송자문 만남

1933년	9월	12일	국민당 제5차 위초작전
	10월	30일	세계반제대동맹대회(상해, 송경령 주최)
	11월	20일	복건사변(제19로군의 이제심 중화공화국인민혁명정부설립: 반장항일선포)
	12월	18일	장개석의 귀국요청
1934년	1월	8일	홍콩으로부터 상해 도착
	2월	19일	장개석의 "신생활운동"(禮·義·廉·恥) 발기
	3월	1일	만주제국 성립(황제 부의)
		1일	하남(豫)·호북(鄂)·안휘(皖) 3성초비부총사령 취임
	10월 초		장개석·송미령·장학량·도널드 일행 북부순찰(무한 → 낙양 → 서안 → 감숙성 → 베이징 → 몽골 → 남경)
	10월	16일	중국공산당 강서성 서금에서 장정 개시
1935년	1월	15일	중국공산당 준의회의
	4월		자가비행기 몰고 서안의 양호성부대 방문
	6월	10일	동북군 화북철수 요청받음
	7월	25일	국제코민테른 제7차대회
	8월	1일	중국공산당 8·1선언(항일구국통일전선)
	10월	1일	동북군 노산전역 참패
1935년	10월	2일	서안 서북초비총사령부 부총사령 취임
		19일	중국공산당 장정 종료. 섬서에 근거지 수립
1935년	11월	1일	국민당4기 6중전회에서 국민당 중앙집행위원회 위원으로 당선
	11월	12일	국민당 제5차전국대표대회 개최(국민당 중앙집행위원에 당선)
	12월	9일	북평 12·9운동 진압(북경학생들 데모: "일본제국주의타도")

1935년	12월	16일	기찰정무위원회 성립(북평, 송철원 위원장)
	12월	25일	중국공산당 중앙선언: "항일반장"(抗日反蔣)
1936년	1월		동북항일연군 성립
	1월	20일	중공대표 이극농이 낙천에서 장학량과 회견
	2월	26일	일본 육군청년장교들의 2·26쿠데타
1936년	4월	9일	장학량과 주은래 제1차 연안회담(항일회담)
	6월		전국각계구국연합회가 상해에서 성립
	6월	15일	장학량과 양호성은 "장안군관훈련단" 설립(서안 왕곡진)
	6월	22일	장학량 서안에서 강연: "중국의 출로는 오직 항일이다."
	7월		서안에서 항일동지회 결성
	9월 초		동북군 내에 "항일동지회" 조직
	10월 말		태원에서 염석산과 공동항일협정
1936년	10월	29일	낙양에서 장개석50세생일경축회에서 장학량은 "정지내전·일치항일" 역설(連共抗日)
	11월	1일	장개석 중앙육군군관학교 낙양분교 열병식 훈화
		23일	7군자사건
1936년	12월	7일	화청지에서 장개석에게 "곡간哭諫"(7일과 11일 양일간)
		9일	서안 전국학생구국항일데모: "내전정지·일치항일"
1936년	12월	12일	오전 9시 장개석 신성대루 감금(서안사변), 병간실행(兵諫實行)
		17일	주은래 서안 도착
		22일	송미령·송자문 서안 도착
		23일	주은래와 송미령·송자문 회담

1936년	12월	24일	장학량의 주장(6조)에 장개석 동의
		25일	오후 3시 반, 장개석 석방
		26일	장개석 남경 도착 / 장학량 구속
		30일	남경정부 군사재판
1936년	12월	31일	"징역 10년, 공민권 5년 박탈" 판결
1937년	1월		특사령 기대, 그러나 "엄중구속"으로 유폐
	2월	2일	2·2사건(동북군 분열)
	7월	7일	노구교사건, 중일전쟁 발발
	8월	25일	홍군이 국민혁명제8로군으로 개편(팔로군)
	9월	23일	제2차 국공합작
	10월	2일	국민혁명군신편제4군(신사군) 성립
	11월	12일	상해 함락됨
		20일	장개석 남경에서 중경으로 천도(중경국민정부)
	12월	13일	남경대학살(1937년 12월 13일 ~ 1938년 1월)
1938년	10월	10일	조선의용대 성립(호북성 한구)
1940년	2월		우봉지 지병으로 도미
	9월		한국광복군 성립(중경)
1945년	8월		일본 항복, 중일전쟁 종결, 장개석과 모택동 중경회담
1946년	1월		주은래는 중경 정치협상회의석상에서 "장학량은 천고공신이다."
	6월		제2차 국공내전 폭발
1946년	11월		대만으로 이송, 유폐
1947년	2월	28일	대만 2·28참안

1948년	5월	20일	장개석 중화민국총통취임
1949년	3월	20일	연변대학 개교
	4월	21일	인민해방군 양자강 도강 / 남경 접수(23일)
1949년	9월	6일	장개석, 양호성 전가족을 학살함
	9월	27일	북평시가 북경시로 개칭
	10월	1일	중화인민공화국 성립
		2일	소련 중화인민공화국 승인
		4일	미국 중화인민공화국 불승인
	12월	10일	장개석 성도출발 대만행
1950년	6월	25일	6·25전쟁 / 항미원조전역(10월 19일 압록강 건너다)
1952년	9월	3일	연변조선족자치구 성립
1954년	5월		장학량 18년만에 장개석과 회견
1958년	5월		대약진운동(1958년 ~ 1961년 1월 14일)
1959년	7월	14일	강서성 여산회의(중공8기 중앙위원회8차회의)에서 팽덕회가 "대약진운동" 실책 성토
1961년	12월	12일	북경에서 주은래 주최로 서안사변25주년기념식 개최
1964년	7월	4일	조일적과 혼례(장개석과 송미령의 강권에 의함)
1966년	5월	16일	문화대혁명(1966년 ~ 1976년 10월 6일)
1972년	2월	21일	미국 닉슨 대통령 방중
1975년	4월	5일	장개석 서세
1976년	1월	8일	주은래 서세
	7월	6일	주덕 서세

1976년	9월	9일	모택동 서세
1978년	10월	22일	등소평 일본방문, 동경에서 중·일평화우호조약 비준
1978년	12월	18일	개혁개방(對內改革, 對外開放) 선포(중공11기 3중전회)
1979년	1월	1일	중·미 국교회복, 대만 단교
		29일	부총리 등소평 미국방문(~2월 5일)
1980년	10월		장학량 금문도 방문
1986년	12월	12일	미국에서 서안사변50주년행사 개최
1988년	1월	13일	장경국 서세(죽을 때까지 연금 해제안함)
			심양시 장수부 내에 장학량기념관 건립
1989년	6월	4일	천안문 6·4참안
1990년	3월	20일	우봉지 서세
	6월	1일	90세 생일공개잔치(장군張群 주최, 대만정부가 원산대반점에서 개최)
1990년	6월	17일	연금해제(1936년~1990년)
	10월	3일	독일 통일(동·서독이 하나가 됨)
1991년	3월		장학량은 조일적과 함께 우봉지묘 참배
	12월	25일	소련(USSR / CCCP) 해체(크레믈린궁의 소비에트 깃발 최종 하강식)
1992년	8월	24일	한중수교
1993년	12월		미국 하와이 이주
1997년	7월	1일	홍콩 중국에 반환됨
2000년	6월	22일	조일적 서세
2001년	10월	14일	한경漢卿 장학량張學良 서거逝去(중국시간: 2001년 10월 15일)
2003년	10월	23일	송미령 서세

도올의 중국일기 제5권 — 세기의 대결
Doh-ol's Diary in China

2015년 12월 12일 초판 발행
2016년 6월 21일 1판 2쇄

지은이 도올 김용옥
펴낸이 남호섭
편집책임 김인혜
편집·사진 임진권
편집·제작 오성룡, 신수기
표지디자인 박현택
인쇄판출력 발해
라미네이팅 금성L&S
인쇄 봉덕인쇄
제책 제일문화사
펴낸곳 통나무

주소: 서울시 종로구 동숭동 199-27
전화: (02) 744-7992
팩스: (02) 762-8520
출판등록 1989. 11. 3. 제1-970호
값 19,000원

ISBN 978-89-8264-455-9 (04910)
ISBN 978-89-8264-450-4 (세 트)